UNE ENFANCE AU KANEM

Mahamat Massoud

Une enfance au Kanem

Récit

L'HARMATTAN

© L'Harmattan, 2015
5-7, rue de l'École-Polytechnique ; 75005 Paris

www.harmattan.fr
diffusion.harmattan@wanadoo.fr
harmattan1@wanadoo.fr

ISBN : 978-2-343-05156-7
EAN : 9782343051567

A ma mère

Merci à Henry TOURNEUX, Mahamat Nour BECHIR, Mahamat Tahir OUCHAR, Aboubakar SALAO, Djimadoum MANDEKOR, Djah-Beimna TEDEBAY et Jean-Claude NGUE pour vos suggestions, corrections ou efforts de lecture.

Sommaire

Avant-propos 13
Des lieux et des gens 17
Une échappée nocturne 45
Un matin calme et incertain... 73
Des fragments de vie 103
Un itinéraire inachevé 139
Une retraite salutaire 165
Des répits bienvenus... 183
Un regard tendre 197
Des destins inéluctables.. 221
Un aller simple 239

Avant-propos

A l'âge où d'autres songent à écrire leurs mémoires ou préparer leur retraite, Kali[1], amoureux de son terroir, se penche sur son enfance. Il partage quelques pans de son existence. A travers ses pérégrinations, le film d'une genèse prend corps pour laisser profiler sa vie d'homme. Année après année, alors que sa tendresse pour les siens et son attachement à sa terre natale se bonifient, de lointains souvenirs ressurgissent. Il décrypte, avec bonheur, son itinéraire d'une enfance au Kanem[2]. Dans sa narration, il fait se côtoyer des hommes dignes et des femmes magnifiques. Dans son imaginaire, il introduit un peu d'humanité dans des rapports qui n'étaient pas que cordiaux. En laissant le lecteur deviner les senteurs des parfums insaisissables, il transmet une partie de sa mémoire, celle d'un collecteur de sens. Il revisite le passé pour ne pas oublier. Il se caresse le regard par l'entremise de paysages généreux. Il débrouille la charge de l'oubli. Plus que d'écrire ce qu'il retient de la vie d'antan, il se raconte une histoire, la sienne, pour dissiper les embruns et rendre limpide le lointain horizon. Pour s'émanciper du stress de la vie citadine, il s'éclipse. Il se pose en observateur. Cette posture lui convient. C'est une manière de discerner les embûches. Il s'y adosse pour narrer ce que fut la vie des siens. En tâchant de ne rien oublier, il exprime son respect des *Anciens*, des aïeux.

Kali revient sur des moments historiques. Il retourne sur les lieux qui l'ont vu naître et passer son enfance. Il revoit un environnement dissipé ou bouleversé par l'exode et l'avancée inexorable du désert. Il évoque la félicité d'être enfant dans un monde démuni mais riche de ses mille et une composantes. Il ne tarit pas d'éloges à l'endroit de son père qui était un homme droit, fier et au parcours tortueux. Il perçoit des odeurs, revoit des couleurs et ressent des goûts enfouis au fin fond de sa mé-

---

[1] *Garçon, jeune homme* ou *homme à l'allure altière,* en kanembu et en dazzaga.
[2] De nos jours, une des 23 régions du Tchad. Royaume regroupant tout ou partie du Tchad, du Nigéria et de la Lybie, entre le début du VIIIème siècle et la fin du XIVème siècle (700 – 1376).

moire. Elle les lui renvoie comme pour suggérer une direction ou imprimer un sens à ses idées ou ses interrogations. Ces couleurs chatoyantes et ces senteurs subtiles s'organisent en un chemin de vie.

Kali n'invite pas à suivre son regard ou à deviner le sens de sa quête. Il se contente d'observer. Il décortique et explique un mode de vie. Il raconte une histoire qui tend à disparaître. La communauté à l'ancienne s'est lassée de la modernité. Elle s'est éreintée à s'adapter, en vain. Les temps d'une jeunesse joyeuse et d'un monde paisible se sont dilués puis effacés. Ils ont laissé poindre des lendemains incertains, peut-être hostiles. Kali ne les raconte pas. Il préfère revoir ce qu'il refuse d'oublier. A l'entendre, hier s'éloigne beaucoup plus vite que s'annonce demain. Puisqu'il ne peut retarder la succession des jours puis des nuits, il s'est fixé comme urgence de rappeler la mémoire des ancêtres.

Sur le chemin de son retour vers l'enfance, Kali se penche sur la situation de la femme. Il porte sur elle un regard plein de tendresse. Il la revoit vaquant à ses occupations quotidiennes. Il chante sa beauté. Comme le griot, il lui réserve une place de choix dans ce que fut son enfance mais aussi dans la vie au jour le jour. Elle occupait une position axiale. Comme le conteur, il reconnaît la vaillance de l'homme. Il n'oublie pas que ce dernier avait tendance à réduire sa compagne au rôle de faire-valoir.

Lorsque ses occupations lui laissent un peu de temps libre, Kali s'isole pour s'enfoncer dans le passé. Il plonge dans la douceur de la brise. Il écoute le chant matinal des oiseaux. Il se pénètre de l'appel du muezzin[3]. Il surprend le sourire d'une mère, enfin au repos, contant des scènes de vie à ses enfants. Il accompagne le clin d'œil furtif d'une adolescente voyant passer son promis. Autant d'instants et de souvenirs qu'il se remémore avec volupté. Il les évoque pour son plaisir. Il serait heureux de les partager. On croit deviner ce qui le rattache avec tant de force à son enfance et au mode de vie passé.

Dans la société d'hier, le plaisir se communiquait d'un individu à l'autre. Le bonheur se partageait, comme le repas, et la douleur était assumée en silence. On cultivait le stoïcisme. On se montrait généreux. On vivait pour les autres, c'est-à-dire pour la communauté. La femme

---

[3] Personne en charge d'appeler les fidèles à la prière.

faisait mine de vivre à l'ombre de l'homme. Kali la replace dans son rôle de matrice, de charpente, de pilier. Non, jamais il n'accepte qu'elle soit considérée comme un être de second plan. Il ne peut oublier qu'en tant que mère, sœur, épouse ou confidente, elle était essentielle à la société. A travers sa description des pileuses de mil, des batteuses de lait et des cuisinières, il donne des indications de son attachement à la femme. Elle lui est chère. Il la couve d'un regard déférent. Est-ce sérénité ou sublimation ? Pour se confier, il avoue : la femme est une mère. La mère est un dieu. Elle porte et donne la vie.

Au-delà des femmes et des hommes, Kali se penche sur le sort des animaux. Il croit entendre les lointains beuglements, bêlements, hennissements et blatèrements. Il se sent proche de ces compagnons que la société des hommes a eu tendance à mépriser. N'ont-ils pas toujours fait partie de l'environnement familial ?

D'un pâturage à l'autre, d'un campement à l'autre, d'un individu à l'autre, tout au long de la trajectoire de Kali, dans son retour vers le passé, l'émotion est constante. Il conte pour susciter la curiosité. Il capte l'écoute. Pour son plaisir, il peint des paysages et des êtres dans l'état où il les avait quittés pour rejoindre la ville. Hommes, femmes, animaux, paysages et climats sont superbes. Rien n'a changé. Tous sont restés en l'état, dans sa mémoire. Kali aime la nature généreuse de son terroir. En revivant son enfance, il revisite sa terre natale. Il parcourt les cinquante dernières années à rebrousse-poil. Il est parvenu à dompter le temps. Il peine à vaincre les pesanteurs de la vie citadine dont il voudrait se dégager. Comment se défaire des charges modernes pour entreprendre le pèlerinage des espaces naguère parcourus librement ? Il sait que son ennemi est moins le temps que la distance. Il en a la volonté. Aurait-il la disponibilité ?

Les pâturages s'amenuisent et disparaissent. Les éleveurs migrent. Autrefois, ils transhumaient comme le firent leurs aïeux. De nos jours, ils imaginent d'autres futurs et rejoignent la ville. Kali sourit. Il est rassuré par la course vers la terre des ancêtres, chaque année, dès les premières pluies. En cette saison, la terre est parcourue de dunes. Peu avant, elle l'était par un soleil que rien n'estompe ni ne retarde. Les exilés reviennent pour se retrouver. A travers ce retour, ils manifestent leurs liens avec les contemporains et leur foi dans le passé. C'est ainsi qu'ils préservent, de génération en génération, la matrice léguée par les *anciens*. Ils y accourent pour entretenir l'illusion que les pâturages reverdiront. En effet, pensent-ils, tout paraît de l'ordre du possible puisque la mer paléo-tchadienne survit en un Lac Tchad rabougri, déserté par ses géants court vêtus de peau.

La vie d'hier dictait un solide code social. La solidarité était dans la nature des choses. On ne s'en accommodait pas. Elle ne s'imposait pas. Elle était respiration et faisait partie des modalités de la vie. Dans ce monde-là, même le noble sentiment d'aimer faiblissait sous la charge d'une culture qui enjoignait à la pudeur. Le silence face à la douleur était la principale caractéristique. A dire vrai, la retenue et le silence étaient aussi l'essentiel des richesses d'un Sahel embrumé dans ses traditions et jaloux de son histoire.

L'introspection de Kali ne confine pas à la mélancolie. Dans son évocation du passé, ses gestes, ses paroles et la plus petite de ses sensations le ramènent à la vie ordinaire. Il semble dire à qui voudrait l'entendre : tel était mon monde et telle est la vision que j'en conserve. Seul, assis sur le confortable divan de ses souvenirs, il jalonne un mode de vie déliquescent. Il confie sa peine. Plutôt qu'un journal des jours heureux, il construit le parcours fléché d'un retour aux sources. Les souvenirs peuvent s'évaporer. Le temps peut s'échapper. La mémoire peut flancher. Kali s'est arrangé pour préserver l'essentiel, à savoir, des références vivaces du temps qui fuit.

Si un monde s'est éloigné, Kali n'en a pas moins conservé un doux souvenir. Il se veut un lien avec le monde d'hier. Il se perçoit comme une translation vers un ailleurs qui ne lui convient pas tout à fait. Comment ne pas le comprendre ? Dans sa tentative de préserver ou de faire perdurer le lien ombilical avec la terre nourricière, l'ennemi à vaincre est moins son incapacité à se souvenir que sa probable incapacité à demeurer tel qu'il voudrait être. Comme un funambule, il lui faut conserver un équilibre vital. Tel est le sens qu'il donne à *Une enfance au Kanem*. Il y relate un parcours initiatique fait de fidélité et d'attachement. En exposant ses souvenirs, il se dévoile. Il s'interroge. De la vie d'antan, il montre ce qui mérite d'être perpétué. Confronté à son impuissance, il prêche la tolérance. Il le fait dans un florilège d'images d'hier revues, mais non corrigées, par sa mémoire adulte. Il s'offre moult prétextes pour exciter la curiosité du lecteur et titiller son penchant pour l'évasion.

Des lieux et des gens

Dans le bousculement de ses souvenirs, Kali croit déceler la silhouette de Ngar[4]. C'était un homme à la carrure massive et à la conduite affable. L'adjudant ne quittait qu'occasionnellement son calot élégamment vissé sur la tête. Son menton, envahi par les boursouflures d'une peau grasse, soutenait mal la comparaison avec la vivacité de son regard. Son visage était serein et avenant. Son corps paraissait massif et gauche. Sous-officier dans la Garde nationale, il s'était lié d'amitié avec Rahma[5], le père de Kali.

Kali se revoit gambadant entre l'oued, où allaient se désaltérer les animaux, et la maison familiale, où sa mère régnait en maîtresse absolue. Entre ces domaines familiers, il guidait les veaux et les menait aux abreuvoirs. Par moments, il s'amusait en compagnie des enfants de son âge. Les jeux se déroulaient entre les espaces libres des habitations mitoyennes.

Kali se remémore ses rencontres hebdomadaires avec Ngar qui s'était pris au jeu de l'apprivoiser. Chaque fois que leurs chemins se croisaient, l'adjudant faisait mine de l'attraper, sans vraiment se donner les moyens d'y parvenir. Pour l'adulte, c'était un jeu. Pour Kali, c'était une confrontation de laquelle il tenait à sortir vainqueur.

Pour échapper aux tentatives de son partenaire de le rattraper, Kali comptait sur son agilité et une parfaite coordination des mouvements. Il mesurait la distance qui le séparait de Ngar. Il s'emparait du billet de banque posé à même le sol. Il détalait à grandes enjambées. Il courait bien et en faisait la démonstration lors de chacune des parties. Telles étaient les conditions qu'il se devait de réunir pour capter et emporter la mise.

---

[4] *Chef* ou *roi*, en sara ; dans le contexte, nom d'un sous-officier de la Garde nationale qui avait servi au Kanem. Il était originaire des Pays Sara.
[5] *Charitable* ou *miséricordieux*, en arabe tchadien ; dans le contexte, nom du père de Kali.

Pour encourager Kali à faire preuve de témérité, Ngar lui consentait un avantage. Il plaçait le billet de banque, sa mise, à une distance que le garçonnet jugeait suffisante pour échapper à son acolyte. La magnanimité de l'adjudant n'était pas sans arrière-pensée. Sans cette précaution, l'enfant se serait méfié. Il n'acceptait de s'engager qu'après avoir calculé ses chances de gagner. La concession de quelques foulées lui paraissait suffisante. C'était une sorte de compensation pour donner au challenge un semblant d'équilibre. C'était surtout une condition indispensable pour inciter Kali à accepter le risque. Il lui fallait gagner le billet de banque tout en sachant que l'adulte courait plus vite. Il pouvait le rattraper en dépit des dix mètres qui les séparaient.

Les spectateurs voyaient plus clair dans le stratagème de Ngar. Certes, sa ruse amadouait Kali, mais elle ne parvenait pas à le prendre à défaut. Il était méfiant, particulièrement sur ses gardes pour ne pas perdre la face. A chaque tentative, il captait le billet de banque et distançait son adversaire. Tout se passait comme si, par une sorte de dessein tacite, le résultat du jeu était écrit d'avance. La providence faisait pencher la balance du côté de Kali. Il était le plus faible. Le dénouement qui lui était favorable gommait le déséquilibre entre ses atouts et ceux de Ngar.

A l'évocation de ces souvenirs, Kali a les larmes aux yeux. Il esquisse un sourire qui cache à peine ses émotions. Le débit haché de sa locution traduit un attachement foncier à ses souvenirs et à son enfance. Sa relation à sa terre natale est encore plus intense. Il est resté attaché à cette patrie de femmes superbes et d'hommes valeureux que lui renvoie l'évocation de son tendre âge. Le rappel de ses joutes avec Ngar est à la dimension de la fierté qu'il éprouvait naguère. Toute occasion était alors bonne pour montrer combien les enseignements transmis par sa mère contribuaient à nourrir sa fierté de ne pas baisser les yeux. Les douces paroles d'une mère comme les chansons de jeunes filles incitaient à se montrer digne des aïeux. En revisitant la clameur des fêtes ou la mélopée des adolescentes, transmettant ce qu'elles avaient retenu des plus âgées, Kali se laisse submerger par la nostalgie.

Lors de ses courses-poursuites avec Ngar, Kali était âgé de cinq ans. Il bravait la cohue des adultes et emportait le billet de cinq francs, en dépit de la frousse que lui inspirait l'homme au complet kaki. A chaque confrontation, le plaisir de dominer la peur l'emportait sur l'obligation à la prudence dictée par la différence des atouts des deux protagonistes. Il jubilait. Il faisait un pied de nez aux spectateurs qu'il prenait, un peu vite, comme les complices de l'adjudant. Dans ce théâtre où s'affrontaient deux gladiateurs aux aptitudes et aux vertus inégales, les spectateurs, forcément partisans, exacerbaient la tension. Ils décuplaient la hardiesse de Kali attiré inexorablement par la couleur bleue pâle du billet de banque. A la fois symbole et trophée, la mise de l'adjudant agissait comme un aimant. Pour Kali, peu importait la valeur en jeu, seul le triomphe comptait.

Telle est encore la clef d'un jeu dans lequel les acteurs tournent autour d'une cible et marquent les concurrents à la culotte. L'objectif commun est de subtiliser le témoin et de le porter jusqu'au repère de ralliement retenu d'un commun accord. L'exploit exige de la rapidité et une extrême vigilance. Il n'est pas aisé de tromper des rivaux méfiants et susceptibles. Une chemise, un short, un chapeau, un bonnet, une chaussure ou un morceau de bois peut servir d'appât. Une fois le témoin capté, la suite n'est pas moins périlleuse. En effet, se faire rattraper est une humiliation. Il vaut mieux donc ne pas relever le défi si l'on ne peut parier sur la vigueur de ses jambes et la promptitude de ses mouvements. Ces prédispositions conditionnent un dénouement heureux. Les invalides et les indécis sont condamnés au rôle d'observateurs ou de spectateurs. Ils applaudissent l'exploit des plus aptes qu'ils jalousent secrètement. On ne fait pas de différence entre les aptitudes ou entre les forts et les faibles. Dès lors qu'on s'engage à relever le défi, seul le résultat prime. Peu importe que la nature n'ait pas doté tous les concurrents de potentiels comparables. La règle acceptée de tous est d'éviter la honte de l'échec. Prendre des risques, oui ! Faillir, jamais ! Telle restera pour toujours la règle de ce jeu d'enfants. La tyrannie infantile envers les perdants est sans mesure. Malheur au chétif, au maladroit ou au froussard qui croise le fer avec des rivaux plus aptes ou plus entreprenants. Chaque compétiteur veut gagner, à tout prix. La compassion n'est pas de mise. On humilie le plus fidèle copain pour se voir admiré. On pleure à chaudes larmes. On paraît inconsolable la seule et unique fois où l'échec contrarie l'aspiration à la victoire. Le vocable *perdant* ne fait pas partie du vocabulaire usité à cet âge.

Pour les enfants de Hilwé[6], comme pour ceux d'autres contrées, la loi du plus fort semblait la meilleure. Réussir transformait l'apprenti héros en référence et l'installait sur un piédestal. Il devenait une norme, comme le mètre pour la longueur, le sourire pour la satisfaction, la grâce pour la féminité, le stoïcisme pour le caractère. Dans les confrontations ludiques, gagner était l'unique objectif. Le vainqueur s'instaurait en modèle quasi exclusif. Ainsi demeure la complexe et byzantine société des enfants. Ils préfigurent le bellicisme et le caractère vindicatif des adultes qu'ils seront. Ils ne sont jamais à court d'imagination pour se pavaner et montrer leur supériorité. Toute occasion est bonne pour prouver leur toute relative dextérité.

Dans les parties qui opposaient Ngar à Kali, le bon sens de l'adulte supplantait sa roublardise. Son instinct de père surpassait le réflexe de commandement. Son exubérance et sa jovialité triomphaient de ses calculs machiavéliques. Son plaisir de sportif battait à plate couture sa pingrerie qui le persuadait de miser plus d'un billet à la fois. Pour tout dire, il fut convenu une fois pour toutes, entre Dieu et les deux protagonistes, que le gagnant serait toujours le même. En dépit de cette intervention divine très partisane, le perdant ne se sentit ni floué ni desservi. Heureux monde où la jeunesse ouvrait la porte à toutes les espérances ! Heureuse ère où l'âge ne corrompait pas les espérances les plus insensées !

A la fin de la course-poursuite, Kali s'égosillait de bonheur. Il paradait devant ses compagnons. Ils l'admiraient, ce qui n'excluait pas quelques secrètes convoitises. La plupart auraient voulu avoir le billet de banque dans leur poche. Ngar, entouré de ses amis et des soldats qui n'étaient pas de garde ou de corvée, observait Kali et ses compagnons avec la condescendance des aînés et le lyrisme des généreux. Oubliant la présence de la marmaille, il régalait l'assistance d'un rire tonitruant. Il exprimait sa satisfaction, le bonheur d'un homme en bonne santé et au faîte de sa force. Sa réserve d'apparence farouche ne le quittait qu'en de telles conjonctures. Il s'excusait de laisser éclater son plaisir avec si peu de retenue. Il jugeait peu convenable de dévoiler sa joie mais, en ces circonstances, il ne savait garder autant de rigueur que pour répri-

---

[6] *L'agréable* ou *la douce*, en arabe tchadien ; pseudonyme du village berceau de Kali. L'auteur utilise des références personnelles ou des pseudonymes, y compris pour désigner des acteurs et des lieux précis.

mander un soldat indiscipliné. Tout compte fait, il se satisfaisait de prendre part aux jeux qui l'opposaient à Kali. Il avait conscience de contribuer à la formation d'une jeunesse qui entendait tirer des leçons en observant les plus valeureux. Il ne s'accordait cependant qu'une relative liberté. Il concluait chaque partie d'un claquement de mains. Son geste signifiait la fin du jeu et une invite pour le prochain épisode.

Seul ou en compagnie de quelques amis, Ngar parachevait de parcourir le pâté de maisons pour présenter ses civilités aux mères qui les lui rendaient avec sincérité. Il était le beau-frère idéal des femmes au foyer. Elles appréciaient sa gentillesse et recevaient sans hésitation ses compliments ou ses libéralités. On peut dire qu'il régnait entre eux une entente cordiale. Pour tout dire, celui que Kali appelait *oncle* était un homme de bien. Il se montrait altruiste au grand contentement des dames et des enfants. Sa bourse de sous-officier le lui permettait. Il ne partageait pas seulement ses joies en s'associant à la distraction des enfants. Il offrait bonbons et biscuits, foulards et shorts, bons points et médaillons, livres et cahiers. Chaque fin de trimestre donnait lieu à une kermesse. Les titulaires de bons bulletins étaient encouragés, félicités et récompensés. Cet oncle providentiel était d'abord un espiègle. Il conservait intacts les réflexes de l'enfant qu'il avait été. En le voyant essoufflé, transpirant, le calot noir dans la poche du pantalon et éclatant de rire, ses compagnons étaient certains qu'il avait préservé une fraîcheur juvénile.

Lors de leurs joutes, Kali déchiffrait à sa manière les rires hilares des compagnons de Ngar. Il trouvait les adultes grossiers et sans la moindre once de sens de la jugeote. Ce qui paraissait ludique pour le camp de son adversaire avait une tout autre signification de son point de vue. En son for intérieur, il était persuadé que l'adjudant lui cherchait noise. Autrement, pourquoi diable aurait-il pris le risque de perdre un si beau billet ? se disait-il, perplexe.

Parmi les spectateurs admis à évaluer les deux protagonistes, on remarquait des soldats habillés d'un complet kaki, propres et rasés de près. Ils feignaient d'exhorter leur chef, l'adjudant. De fait, ils incitaient Kali à redoubler de témérité. Il persévérait. *Bravo Pognon*, entendait-on répéter à tue-tête. Reprises en chœur, ces vociférations ou d'autres de même acabit se dissipaient dans les tumultes des spectateurs et l'indifférence de Kali, concentré sur son objectif. Grisé, il portait au paroxysme son envie de conquérir le billet de banque. Il narguait le monde *des grands*, aux visées hostiles et aux préoccupations futiles, jugeait-il. Il se surpassait, captait puis emportait le billet. Fier de sa conquête, il susurrait sa victoire. Il semblait planer au-dessus des spectateurs et de ses admirateurs.

Hormis les soldats, qui, en temps ordinaire, vaquaient à leurs tâches de garde, Kali se représentait les compagnons de Ngar en groupes plus ou moins homogènes, plus ou moins respectables. Une vingtaine de compères se retrouvaient peu après la sieste. Répartis en quatre groupes, ils passaient ensemble des moments conviviaux. Ils s'asseyaient sur des chaises de fortune ou à même le sol. Ils s'abritaient à l'ombre des arbres ou des murs mitoyens. Ils débattaient de tous les sujets, allant des plus importants au plus usuels. Les rires et la bonne humeur accompagnaient leurs faits et gestes. Certains sirotaient un thé à la menthe, servi suivant un cérémonial immuable, fait de courtoisie et de sérénité. D'autres se passaient une calebasse de bière tiède, préparée à base de mil, censée étancher la soif et calmer la faim. La plupart fumaient du tabac. Faute de feuille raffinée, ils utilisaient du papier de récupération. En général, l'emballage du pain de sucre servait à la confection des cigarettes. Le papier-emballage, de couleur bleue, portait en logotype un coq rouge qui symbolisait la société sucrière. Bien plus tard, celle-ci changea de propriétaire mais conserva les mêmes armoiries. Elle connut moins de succès. Parmi les adeptes du tabac, outre ceux qui fumaient, il y avait les mâcheurs de feuilles. Ils les agrémentaient d'un zeste de natron[7] et en tiraient un suc verdâtre. Son imperceptible assimilation et son accoutumance soumettaient les mâcheurs à une dépendance comparable à l'acuité coutumière aux masticateurs de khat[8]. Le natron neutralisait le goût âcre du tabac. Toutefois, il n'en adoucissait nullement les effets. Les consommateurs y trouvaient une forme de plaisir, comme certains le décelaient dans une noix de kola ou une calebasse de bière. Les membres du dernier groupe jouaient aux dames. Ils se rassemblaient en un cercle compact. Leurs corps étaient inclinés vers le sol plus que ne l'exigeait la force de gravitation. Le regard rivé sur le damier, ils scrutaient on ne sait quel trésor caché. Ils s'infligeaient des contorsions, presque des supplices. Leurs dos restaient voûtés à l'exemple des portefaix ployant

---

[7] Minéral contenant principalement du bicarbonate de sodium.
[8] Feuilles fraîches mastiquées comme la coca.

sous la masse d'une surcharge. Ils inspectaient le sol dans un silence sidérant. Il se dégageait de leurs conciliabules une attitude de recueillement. Leur calme était l'exact opposé des bruits diffus et de l'effervescence ambiante. Les joueurs étaient concentrés au point de tout ignorer. Ils paraissaient figés, par moments inertes, comme pétrifiés. Ils oubliaient la notion du temps. Ils se laissaient surprendre par le coucher du soleil. Ainsi que l'exigeaient les us, cette heure devait les inciter à rejoindre les domiciles.

Les encouragements de la foule sentaient le complot et l'hypocrisie. Du moins, tel était l'entendement de Kali. Il les percevait comme un tentacule s'apprêtant à le prendre au piège. La ligue des *grands* lui semblait suspecte, donc dangereuse. Plus tard, il rit de sa méprise mais il ne la trouva pas moins bien pensée. N'eussent été les joueurs du damier, les penseurs ainsi qu'il les surnommait avec espièglerie et affection, Kali les aurait volontiers qualifiés de fainéants. L'apparent désœuvrement des membres de cette joyeuse troupe aurait justifié ce qualificatif. En son for intérieur, il les traitait d'hypocrites car leur tendance à admonester les enfants était sans limite. De même, leur spontanéité à user d'un langage châtié pour vouer aux gémonies les lascars était l'exact contraire de leur désœuvrement des après-midis. Il les observait assis au même endroit, tous les après-midis que Dieu faisait. Il les vilipendait en silence pour leur constance dans l'inactivité. Il critiquait leur inconstance et leur incapacité de joindre les gestes aux mots. En effet, ils citaient, avec emphase, en exemple l'effort et la détermination sans jamais se les appliquer. Cependant, la présence de Djamil[9] parmi les buveurs de thé, les fumeurs de cigarette, les mâcheurs de tabac et les joueurs de damier apportait une caution de respectabilité. C'était la seule garantie de moralité pour cette gent masculine surprise dans une posture équivoque. En tout état de cause, l'apparente oisiveté de ces hommes contredisait l'incitation au labeur et à la bravoure qu'ils inculquaient à leur progéniture. Kali ne devait ignorer que, en dehors de ces heures d'après la sieste, Ngar et ses compagnons étaient occupés. Ils vaquaient aux travaux champêtres, se rendaient au bureau, assumaient leurs tâches de soldats et devisaient en attendant l'opportunité d'une affaire ou d'un gain providentiel. Cette diversité de situations n'enlevait rien aux après-midis de nonchalance. Chaque jour, aux mêmes heures,

---

[9] *Le magnifique,* en arabe tchadien ; dans le contexte, nom d'un compagnon de Ngar.

les mêmes hommes se retrouvaient, buvaient du thé, fumaient ou mâchaient du tabac, jouaient au damier et se désaltéraient à la bière non alcoolisée.

A l'issue de la course victorieuse de Kali, Zahra, Mourè, Bassir et Bouras, ses copains, le prenaient à bras-le-corps. Ils le congratulaient pour sa victoire sur l'adjudant. A travers leurs gestes simples mais rassurants, ils manifestaient leur solidarité. Elle supplantait le vacarme des adultes. Elle annihilait leurs applaudissements piégeurs. Comme Kali, les autres enfants ne se laissaient pas distraire. Certes, il revenait à Kali de ramener le billet de banque mais ils n'étaient pas moins concernés. Il fallait bien plus que quelques applaudissements pour les duper. L'astuce des adultes était cousue de fil blanc et s'apparentait à un attrape-nigaud. Elle achevait d'inciter Kali à redoubler de hardiesse.

Une fois hors d'atteinte et à distance des tentatives malhabiles ou complaisamment distraites de Ngar, Kali retrouvait ses copains. Il riait du tour joué au monde des *grands*. Il se parlait et s'encourageait. Il éructait pour illustrer sa victoire. La réussite, si maigre fût-elle, confortait son orgueil et flattait son tempérament susceptible. *Ces flibustiers qui n'auraient pas pris Nicodème en défaut croyaient me piéger,* se persuadait-il. Plus tard, il rit de ses fanfaronnades.

Le témoin, le billet de banque, passait de main en main. Il était convoité davantage comme un trophée, gagné de haute lutte, que comme un objet de valeur. Cela contribuait à la portée de l'exploit, même après cent répétitions. Il était normal que Kali se comportât en héros. Ne sortait-il pas vainqueur des confrontations avec Ngar? Il était admiré parce que sa prouesse forçait l'admiration. Ses supporters saluaient sa réussite et palpaient, avec considération, le papier-monnaie facilement froissable. Ils louaient son audace, sa témérité, sa vaillance et sa réussite. Ils admiraient son courage et sa détermination.

Les alliés de Kali se comptaient parmi ses camarades. Ils se prénommaient Zahra[10], Mourè[11], Bassir[12] et Bouras[13]. Ils étaient présents, si-

---

[10] Zahra, nom de la seule fille membre du groupe de jeux de Kali.
[11] *Menteur* ou *indiscret*, en dazzaga ; dans le contexte, nom masculin.
[12] *Adroite* ou *experte*, en arabe tchadien ; dans le contexte, nom masculin.
[13] *Grosse tête,* en arabe tchadien ; dans le contexte, pseudonyme.

lencieux, un peu en retrait. Leur présence rassérénait sa fougue. Ils l'encourageaient. Ils le confortaient dans son élan de vaincre. Ils se sentaient concernés. Ils se considéraient héros au même titre que la vedette. Ils étaient aussi acteurs et mimaient tous ses gestes. Mourè se penchait, en même temps que Kali, à l'instant précis de saisir le billet de banque. Zahra focalisait son attention sur Ngar. Elle se comportait telle une sentinelle prévenant d'un danger imminent. Devant eux, Kali restait muet. Il s'émouvait de tant d'attention et de prévenance. La meilleure réponse qu'il ait jamais trouvée arriva plus tard. Il se remémora leurs joies et leurs peines, les lâchetés et les ententes, les futilités, leurs actes de bravoure, la solidarité, l'amitié. Il se mit à décrire ses compagnons d'enfance à la lueur des lointains souvenirs. Il se rappela leur candeur pour s'en amuser. Par moments, il revivait le passé. Il mettait en exergue les qualités des uns et des autres. Il négligeait ou taisait les insuffisantes ou les défauts infamants. Même dans ses souvenirs, il lui importait de sauvegarder la cohésion du groupe. S'il devait extérioriser ce qu'il ressentait en lui, il aurait décrit ses camarades comme ci-après.

Bouras avait les traits aussi fins qu'était disgracieux son corps supporté avec peine par la charpente de sa colonne vertébrale en forme d'un *S* imparfait. Il était franchement gras en raison d'une alimentation trop riche en lipides. Son attentionnée mère n'hésitait pas à le servir plus que nécessaire. Cette suralimentation avait transformé son corps en un amas de muscles flasques. Cependant, son visage était aussi mignon que la frimousse policée d'une jeune femme attendant le premier amour. Il était pourvu d'une bouche dessinée avec minutie. Il avait un charmant petit nez et des yeux d'un blanc immaculé, sertis d'iris noirs et brillants. Bref, hormis sa surcharge pondérale, Bouras était joli garçon. Sauvé du gavage maternel, il est devenu un beau et raffiné jeune homme. Entrepreneur, il réussit plus qu'honorablement dans les affaires.

On ne peut employer des qualificatifs aussi élogieux pour décrire la morphologie de Bassir. Il était loin de présenter la panoplie du parfait acrobate. Par contraste, il était aussi agile qu'un illusionniste. Il se retrouvait toujours le premier à grimper aux sommets des arbres. Il réussissait les épreuves les plus hardies. En dépit d'un corps chétif, l'apparence étant en la circonstance une jauge trompeuse, il surclassait ses copains par sa dextérité. Il pesait dix livres de moins que les enfants de son âge. Sa tête, juchée sur un corps ingrat, lui donnait l'apparence d'un oisillon sacrifié au profit des plus robustes. Ses jambes arquées accentuaient l'impression de malaise. Son désagrément culpabilisait sa famille mais aussi tout l'entourage familial. On se reprochait son existence qui questionnait et dérangeait. On portait la charge morale d'avoir mal assuré son éducation et son développement physique. On déduisait qu'on n'avait pas su le soigner, le nourrir et l'aider à grandir comme les autres. Bassir était le camarade préféré de Kali. Ils partageaient une intrépidité et un sens du dévouement qui les mettaient au-dessus des autres. Ils se distinguaient par leur serviabilité et la maîtrise dont ils savaient faire montre. Après le baccalauréat, il entra à l'école des enfants des troupes de Bingerville. Il se métamorphosa en un valeureux officier. Il prit tant et si bien à cœur son engagement pour la patrie qu'il tenta, deux fois, de renverser le gouvernement. Il s'en tira indemne hormis quelques années de bagne. Ministre à plusieurs reprises, il fit de la politique un sacerdoce. Il facilita l'accès aux hautes fonctions à nombre de ceux qui sollicitaient son appui.

Mourè mentait avec l'assurance de celui qui se sait d'une intelligence supérieure. C'était à se demander s'il ne se bernait pas lui-même. Il racontait une kyrielle d'histoires burlesques. Il s'évertuait à les relater avec un art consommé. Il tenait son auditoire en haleine. Il subjuguait ses interlocuteurs qu'il transformait en auditeurs béats. En parlant, il faisait plaisir d'abord à sa propre personne. Il parlait bien et avait l'âme poète. Son imagination débordante cohabitait sans heurts avec un sens inné du discernement. Ce beau parleur était la prudence même. Il prenait ses jambes à son cou dès que la situation paraissait équivoque ou compromise. Ses copains, alors en infériorité numérique, ne pouvaient compter sur sa vaillance. Prudent, il prenait plus souvent la poudre d'escampette lors des confrontations les opposant aux jeunes des contrées voisines. Il accompagnait les autres pour aller à la quête de passe-temps originaux ou pour défendre leur territoire contre l'intrusion des voisins. Souvent, cela se concluait par une bagarre. Malgré les exhortations, Mourè se sentait peu lié par la préservation de l'honneur. Il était sans contexte le plus réfléchi du groupe. Au goût de ses compagnons, sa circonspection était excessive. Issu de la souche guerrière d'une vieille dynastie, le père de Mourè en était le vingt-septième descendant-soldat, il trouvait d'instinct le réflexe de survie. Il ne lui venait jamais à l'esprit d'escalader une pente abrupte en tête de file. Pour ouvrir le chemin, déblayer une broussaille, explorer un puits ou une grotte, il laissait faire les volontaires. S'il lui arrivait de s'engager, la contrainte et la force y étaient pour beaucoup.

Avant tout engagement risqué, il prenait les précautions requises. Il vérifiait tout et utilisait tous les indices. Il ne laissait pas les autres prendre des initiatives périlleuses. Il s'assurait que tout danger était circonscrit avant de s'engager. Ce qui supposait que la totalité des camarades avaient déjà passé l'obstacle. En revanche, une fois le problème localisé et la solution circonscrite, il mettait en application le choix commun avec une exactitude de métronome. Pas facile à décider, il devenait inflexible pour le respect des normes convenues. Il ne tolérait aucun écart. Plus tard, Mourè fut dans les *coups d'Etat* de Bassir mais sut éviter la prison et les privations. Il demeura, sa vie durant, un homme honnête. Kali le présente comme un ami fidèle et sûr. Il s'est avéré un soutien indéfectible pour les veuves et les orphelins.

Zahra apportait une caution de pondération et de sensibilité à la bande des garçons. Elle occupait la place de la petite sœur sans être la benjamine. Surprotégée, elle causait les rares dissensions au sein du groupe. Personne ne tolérait qu'on lui manquât de respect. Même le plus timoré se faisait un honneur pour rappeler à l'ordre le coupable. Un mot déplacé ou une phrase dite sur un ton trop viril devenait un casus belli. Sans qu'elle s'en rendît compte, elle représentait le groupe. Elle en était le lien, le ciment. Tout se faisait avec son assentiment. En tout cas, rien ne se faisait contre son avis. Le quatuor cacophonique s'accordait parfaitement dès lors qu'il s'agissait de l'écouter ou de lui venir en aide. Elle semblait jouer de la rivalité de *ses prétendants*. Pour la taquiner, Kali lui faisait remarquer qu'elle se comportait en *petit dictateur*. Elle s'imposait grâce à son raffinement et sa condition de sexe faible. La candeur de son âge lui permettait de minauder sans que cela parût provocateur ou indécent. Une fois adulte, Zahra acheva des études de médecine. Elle exerça en gynéco-obstétrique et officia à l'hôpital général de la capitale. Mère d'une nombreuse progéniture, elle ne demeura pas moins une femme active et engagée. Elle avait mené une carrière politique et était devenue ministre dans les gouvernements que Bassir tenta, sans succès, de renverser. Lassée, elle abandonna la joute politique. La médiocrité des dirigeants et l'instabilité institutionnelle finirent par la persuader de rompre cet accommodement. Elle se consacra à sa vocation, c'est-à-dire au métier qu'elle maîtrisait le mieux, la médecine. Elle veilla à élever ses enfants et leur donna une éducation enviée.

Des cercles semblables d'enfants, comprenant peu ou prou le même nombre de membres, se formaient dans tous les quartiers. Chaque groupe avait un chef de file, un porteur d'eau et un fédérateur. Ils changeaient en considération de la discipline pratiquée, du lieu des retrouvailles ou de l'humeur du moment. Filles et garçons y apprenaient les rudiments de leur future vie. Ils y gagnaient un sens aigu de l'amitié et une haute considération de la solidarité. Les galons comme les tempéraments qui forgeaient l'avenir étaient acquis lors de ces apprentissages et de ces confrontations. Ces instants éphémères et frivoles constituaient des références essentielles dans la vie de Kali. Ils resteront à jamais gravés dans sa mémoire. Ils sont au-delà des souvenirs ; ce sont des stigmates profondément ancrés en lui. Sommes-nous à jamais affranchis de notre enfance ? Tel était son principal questionnement sur le comportement juvénile et sur l'adulte qu'il est devenu.

Au fil du temps, le visage de Ngar, sombre mais empreint de bonhomie, s'était dilué. Il ne resurgissait guère, en Kali, que sous la forme d'une mosaïque reconstituée. Tel un puzzle dont les pièces, à force d'usage, de manipulation et de trituration, perdent leur singularité originelle, Kali s'efforce à reconstituer les fragments de la morphologie de Ngar. Il s'applique de retrouver intact un visage qui lui était si familier. A l'entendre, Ngar cristallisait tout l'amour qu'il porte à sa terre natale et à ceux qui y vivent. L'adjudant représentait la force, la tolérance et la candeur que, enfant, il souhaitait rencontrer dans ses rapports aux adultes. Ngar était la force sans la brutalité, la tolérance sans la complaisance et la clémence d'un cœur bon. Il portait le pli de la bonté au coin de la bouche. A entendre Kali, il ne trichait pas. Il ne mentait jamais. Il riait chaque fois qu'il s'adressait aux plus jeunes.

Le bleu pâle du billet de banque et le visage de Ngar dont la netteté s'est étiolée demeurent les deux représentations auxquelles Kali associe sa vie d'enfant. Dans sa vision rétrospective, son existence avait pour ancre le noyau familial tandis que sa destinée était amarrée à ses compagnons. Les souvenirs d'une vie choyée par la teinte verdoyante des plaines, perceptible dès les premières pluies, et par les parfums entremêlés des pâturages grisent le quotidien de Kali. Par moments, ses pensées vagabondes s'envolent. Elles rejoignent l'enclos à bétail ou les batteuses de lait. Ces robustes et belles jeunes femmes battaient le liquide nourricier pour en extraire la crème fraîche. De leur travail résultaient deux composantes : le beurre, élément d'équilibre pour les mets dont il relevait le goût et bonifiait la qualité, et un résidu utilisé à nombre d'emplois dont celui d'abreuver les hommes et parfois les animaux.

La nostalgie de Kali, à l'évocation de cette époque, n'a d'égale que la joie qu'il éprouve à la conter. *Pognon*, son sobriquet plus convenable qu'Harpagon à sa juvénile témérité, fait battre son cœur tel l'écho d'un spectre. Il se grise de ses souvenirs et de sa vision décalée. Il sait que le passé s'est à jamais éloigné, à défaut de retrouvailles, il veut conserver l'espoir de ne jamais l'oublier. Voilà pourquoi il entreprit de reconstituer l'enchevêtrement des images se bousculant en lui par la magie de la mémoire.

Il y a une cinquantaine d'années, les adultes promettaient à Kali à un bel avenir. Pour tout dire, lui s'en moquait. Vivre au jour le jour et ne guère se soucier au-delà du lendemain suffisaient à la latitude de son anticipation. Son esprit se refusait à pratiquer la prestidigitation. Il réservait son acuité intellectuelle à l'immédiat, à ses copains et à leurs jeux. L'avenir se résumait au billet de banque, posé à même le sol, à le récupérer coûte que coûte et à s'éloigner le plus possible de Ngar. Il tenait à paraître digne pour mériter l'admiration de ses camarades. Il voulait sortir vainqueur des confrontations avec Ngar pour justifier les applaudissements et les louanges. Bref, il limitait sa perception du futur à l'horizon borné par le ciel bleu qui se précipitait à la rencontre de la mer de sable de couleur biche.

L'entourage de Kali le faisait passer pour un intrépide, un original, un casse-cou. C'était une manière, pour les adultes, d'exprimer leur admiration. La famille et les habitants du village étaient persuadés des atouts de l'enfant qu'il fut. Du moins, tous s'accordaient à le présenter comme un garçon serviable, sérieux et doté d'une robuste constitution. A n'en retenir qu'un, Kali se serait satisfait du qualificatif sérieux.

Pour sortir de la pesanteur qu'exerce l'évocation de cette époque sur son vécu, Kali n'est pas économe de persévérance. Il cherche, en vain, un pendant à cette obsession. Il crut que la période de ses études, à l'étranger, puis ses premières amours viendraient relativiser cette omniprésence du passé. Hélas ! Incontestablement, la charge de son enfance annihile toutes les autres. Elle s'impose comme un passage à sens unique. Agacé, il admit que son cerveau avait définitivement pris le parti de cette fixation. Sa mémoire s'est focalisée sur le masque brun café de Ngar, son calot noir et ses galons argentés. Son regard a retenu comme cible favorite les visages hagards des compagnons de l'adjudant. Les souvenirs qu'il en conserve sont éclairés, comme dans un enchantement, par leurs rires hilares, presque imbéciles. Ces gaillards joviaux, sans doute bons pères de famille, s'amusaient comme le faisaient les enfants. Quelques-uns venaient de quitter la jouvence depuis peu et y restaient attachés.

On serait tenté de déduire de ces péripéties que, pendant les premières années de sa vie, Kali mena une vie aisée et agréable. En effet, il vécut une enfance choyée, sous le regard protecteur des siens. Il a été bercé par la jovialité de sa mère. Il prenait, avec un réel bonheur, sa part de quelques tâches qu'on lui concédait. Il dépensait le plus clair de son temps en jeux. Les contraintes inhérentes à l'école s'annoncèrent plus tard, dans la grande ville.

Tel était le contexte, lorsque la famille Rahma quitta le village familial pour la ville. Pourquoi partit-elle ? Nous ne le saurons jamais avec certitude. Kali ne put en donner une explication incontestable. Cependant, on relevait que le tempérament de Rahma, rétif à toute autorité, y compris à celle de l'administration, l'exposait aux tracasseries et aux brimades. Les autorités avaient tenté de réduire puis d'anéantir sa résistance. Son comportement, qui passait pour un contre-exemple du point de vue de l'administration, se transmettait à d'autres et pourrait susciter un début de rébellion. A tout le moins, son exemple pouvait provoquer la désobéissance d'une population qui, jusque-là, s'était montrée respectueuse de l'autorité. Cet état de choses pouvait expliquer, du moins en partie, la décision de migrer.

Rahma souhaitait-il soustraire sa famille à un environnement déstabilisé par la soumission et par la trahison ? L'option de quitter tout pour aller voir ailleurs n'était pas sans conséquence. Elle comportait aussi des désagréments. Il quittait sa situation de fonctionnaire, plutôt, son état de supplétif de l'administration, pour basculer dans un monde à découvrir. Sans emploi, il se résignerait à trouver refuge auprès d'autres, hors de la terre natale. Les voisins et les proches parents, par compassion ou dépit, s'étonnaient de son entêtement à vouloir changer d'air. Ne gagnait-il pas une rétribution régulière, payée de la main de l'agent comptable ? Celui-ci était un Européen. Tout au long de l'année et quelles que fussent les saisons, il ne bronzait jamais. Contrairement à nombre de ses compatriotes, il gardait la blancheur laiteuse de son teint. Il restait blanc à l'ombre et rosissait au soleil. Il se protégeait à l'abri d'un chapeau de paille. C'était le couvre-chef des bergers Peuls auxquels le comptable ne sut emprunter l'élégance vestimentaire. Il ne put, non plus, adopter la convivialité de leurs mœurs.

De rumeurs en chuchotements, on disait que Rahma se fourvoyait. On insinuait qu'il troquait la sûreté contre l'aléatoire, la clarté contre l'inconnu, le salaire servi par le comptable contre un rêve de liberté. On disait qu'il lâchait sa situation de supplétif contre rien ou pas grand-chose. C'était vrai, du moins à certains égards. Mais, pour l'intéressé, la fierté et la justice ne se monnaient pas. Pour un homme aussi suspicieux qu'était Rahma, les avantages pécuniaires et matériels représentaient peu de choses. Bien au contraire, il y voyait des chausse-trappes. A s'y attacher, on se faisait prendre aux pièges de la soumission et de la perte d'identité, insistait-il à préciser.

C'était la fin des années 1950, tout près des années 1960. La société dans son ensemble semblait convulser. Les changements s'accéléraient. En tant que cadre de référence, l'organisation ancestrale devenait instable. Elle se fragilisa avec l'arrivée d'hommes et de femmes d'autres cultures. Ils s'exprimaient dans d'autres langues. Tout devenait d'autant plus déstabilisant que les arrivants s'installaient et semblaient ne plus vouloir partir. Autrefois, les intrusions se soldaient par des prélèvements forcés de quelques ressources. Puis, on retrouvait la quiétude, du moins pour quelque temps.

Les nouveaux arrivants s'étaient annoncés au tout début du XXème siècle. Ils décidèrent de prendre racine et s'établirent pour ne plus partir. Ils s'étaient imposés à la force de leurs armes. Ils dévastèrent la quasi-totalité des troupes locales après quelques salves. La mobilité de leurs soldats, la précision de leurs tirs et la forte impression laissée par leurs canons suffirent à persuader les derniers résistants. Il valait mieux composer ! Un demi-siècle plus tard, les canonniers plièrent bagage. Dans la même foulée, les autorités civiles et administratives, composée d'autochtones et d'allogènes, migrèrent aussi. Elles emportèrent leurs cohortes de relations, de complicités et de passe-droits. Le vide causé par ces départs contribua à brouiller un peu plus les repères. On remarqua en particulier que le chef de district, l'agent chargé des finances et le responsable militaire partaient. Les travaux forcés, les impôts et les corvées s'en allaient aussi, avait-on précipitamment cru. Au lieu d'un répit, ces départs annonçaient une déstabilisation des mœurs. Les bouleversements qui en résultèrent provoquaient de profonds déséquilibres. Le pays mit longtemps pour s'en remettre. En l'espace d'une décennie, le chamboulement fut brutal. On était persuadé que rien ne serait plus comme avant. Ces changements marquaient le prélude de la fin d'une époque au cours de laquelle le village formait un tout. On se connaissait de père en fils, du clan à la famille et de la lignée à la génération.

Les bouleversements mirent à mal les procédures de transmission par lesquelles les *Anciens* contaient, sous une forme romancée ou mythifiée, l'histoire des aïeux. Conquérants de territoires et préservateurs de liberté, les ancêtres avaient su contenir des peuples expansionnistes, téméraires et mieux armés. Ils disputaient les pâturages et convoitaient les biens. A de rares exceptions près, ils furent toujours repoussés. Pour préserver leurs souches, les autochtones usaient de mille ruses. Ils contrecarraient les assauts des agresseurs et les repoussaient. La terre ancestrale demeurait inviolable et libre. Même mille fois embellie, l'histoire rapportée par les griots qui chantaient les faits de guerre des aïeux n'en conservait pas moins toute sa vérité.

Après l'époque des canons, vint celle qui débuta avec les années 1960. Ce nouveau monde devint à son tour déstabilisateur. Encore une fois, l'organisation sociale et les mœurs se trouvèrent sur un socle instable. La possession des terres ne dépendit plus de l'héritage ou de la donation. Domaines sacrés par excellence, les terres devinrent l'objet de transactions et échouaient entre d'autres mains. Elles étaient monnayées ou rétribuées. Elles passaient d'un propriétaire à l'autre à la suite d'une réquisition ou en raison d'une confiscation par l'administration. Le mode de vie changeait à vue d'œil. Il passa de la prédominance de l'agriculture et de l'élevage à la prépondérance de l'activité salariée. En raison de ces changements, on était peu à l'aise. Le malaise s'est avéré incurable. Il devint irréversible. Les mutations, à l'origine insidieuses, s'étaient précipitées. Elles provoquèrent des bouleversements et gangrenèrent toute la société. De plus en plus de personnes seules ou de familles fuyaient un milieu devenu suspect à force de malédictions.

Lorsque Rahma, le père de Kali, décida d'embarquer sa famille dans une aventure imprévisible, les voisins s'interrogèrent. Ne suivait-il pas le signal imperceptible mais persuasif de l'attrait de l'inconnu ? On supputait que la ville était la probable cause de la frénésie au départ. Les velléitaires facilement aguichés et les audacieux avides de découvrir d'autres frontières sinon d'autres horizons sautaient à pieds joints dans le gouffre de la ville. Elle les engloutissait par grappes entières. Elle les désorientait et les conduisait à la perte de la quintessence de leur culture originelle. Elle banalisait leur conscience de peuple riche, aux valeurs inestimables. Tout un mode de vie s'étiola puis fondit.

Kali crut retenir que l'attrait de la ville constituait le véritable moteur de cette migration frénétique. Rien d'autre ne corroborait cette forme de suicide collectif. Il ne comprenait pas une semblable attitude de la part d'hommes et de femmes attachés à une société normée par la sagesse. L'évidence de son raisonnement n'était qu'hypothèse. Elle demandait à être établie. Il fallait d'autres arguments pour étayer l'argumentation et reconstituer la hiérarchie des causalités. Cette réserve le poussa à s'interroger sur son devenir personnel. Il pensait au sort de sa famille en milieu urbain dont il savait peu de choses. En général, on n'en parlait qu'accessoirement. Les informations sur la ville se confinaient aux rapports des voyageurs. Pour Kali, les éléments d'appréciation représentatifs de la ville se limitaient aux ustensiles et autres produits manufacturés rapportés de la capitale. Les voyageurs revenaient chargés de babioles et de pacotilles. Ils racontaient, avec moult détails, avec une lueur d'incrédulité dans le regard, leurs incursions dans ce monde bien différent de leurs villages.

Tout le secret construit autour de la ville finit par la présenter comme un milieu agressif, donc répulsif. La plupart des villageois en avaient une approche hostile et manifestaient à son égard une défiance sans mesure. Elevé dans une atmosphère où la crainte n'était pas le sentiment dominant puis transmuté dans la ville, Kali appréhendait surtout une perte des repères. Il craignait l'éloignement des amis et de leurs jeux communs. Tout bien réfléchi, son père décida de partir. C'était, supposait-il, en accord avec son épouse. Ils durent peser le pour et le contre, les avantages et les inconvénients. Même cette hypothèse ne procurait pas, dans l'esprit de Kali, les avantages d'une assurance tous risques. Toute avenante qu'ait pu paraître la décision de migrer, elle ne portait pas moins en germe un arrachement. Kali se servit de ses repères pour en comprendre les désagréments. Incontestablement, l'anonymat constituait l'inconvénient majeur, pensa-t-il. Pragmatique, il attendit de se frotter aux faits avant de se laisser convaincre. Dans son approche de la vie comme lors des jeux avec les enfants de son âge, il préférait la confrontation à la supputation, l'action concrète à la tergiversation, la dynamique de l'affrontement aux esquives.

Dans sa narration de cet exode, Kali ne s'étendit ni sur la durée du voyage ni sur la nature du véhicule utilisé pour rejoindre la ville. On sait qu'au lever d'un jour ordinaire, lui et les siens entrèrent dans la citadelle. Ils furent accueillis dans une résidence. Ils posèrent leurs bagages. C'était une maison si différente de la masure familiale. Elle comportait plusieurs chambres, une cuisine, des toilettes, des magasins et d'autres aménagements. L'affectation précise des pièces lui parut, de prime abord, incompréhensible. Seule, la cour étriquée indiquait un rétrécissement de l'espace vital habituel. Il en fut véritablement choqué. Il ne manifesta donc pas d'engouement à la découverte du nouveau logis. Ce fut même tout le contraire. Il se braqua. Il laissa libre cours à son esprit sarcastique et à sa nature soupçonneuse. Pourquoi diable n'y avons-nous pas aménagé plus tôt ? N'est-ce pas trop grand, trop spacieux et trop luxueux pour quatre personnes ? se dit-il, circonspect.

A la vue d'une multitude de personnes affairées, Kali ne put se retenir. Que de bruits, d'agitation et de promiscuité en un lieu si confiné ! jugea-t-il. Toutefois, il s'accorda un temps de réflexion. Ses interrogations prirent du volume. Elles devinrent des doutes. Dans le brouhaha qui couvrait les conversations alentours, quelqu'un se proposa de les diriger vers une enclave intérieure. La concession se prolongeait d'une sorte d'arrière-cour. Kali en parla comme d'une cellule. Il la désigna comme un lieu de réclusion qui leur avait été spécialement réservé. Pourtant, l'habitacle était moderne. Pour l'enfant, peu importait qu'il fût agréable et pût convenir pour loger quatre personnes. La sensation de désagréable était bel et bien ressentie. Dans l'esprit chagrin de la famille Rahma, le logement apparaissait comme un réduit, un cul-de-sac, une sorte de cour intérieure. Ce n'était pas une véritable maison familiale ouverte aux quatre vents !

Rahma, son épouse et leurs deux enfants, dont l'aînée portait le céleste prénom de Najma[14], se sentirent pris au piège. Kali retint du logement un jugement hostile, une impression d'antipathie et une appréciation négative. L'abri pouvait être qualifié de correct, voire de décent.

---

[14] *Etoile*, en arabe tchadien ; dans le contexte, nom féminin.

La perception du garçon, en ces instants de perte de repères, était à des années-lumière de l'objectivité matérielle des choses. Il se vit cerné. Et puis, se dit-il, qui sont ces gens qui donnent des consignes et décident en lieu et place de mon père ? Quels individus frustres, autres que cette populace gouailleuse, traiteraient les Rahma de la sorte ? Qui les aurait bousculés à la manière d'un paysan haranguant une nuée d'oiseaux chapardeurs de futures récoltes ? De fait, il n'admettait pas qu'on les poussât sans égards ni douceur particulière.

Le temps s'écoulait lentement. Kali oublia momentanément ses émotions fugaces. Il trouva dans un sommeil réparateur la fin provisoire de ses interrogations. Son réveil coïncida avec l'heure du déjeuner. Il mangea avec appétit un repas copieux et délicieux. Ce ne fut qu'après s'être rassasié qu'il s'aperçut que quelque chose d'essentiel manquait au décor. Les bruits familiers, qui berçaient leurs habitudes, n'étaient point au rendez-vous. La qualité des mets ne put les compenser moins encore les faire oublier.

Quelques instants plus tard, l'impression de vide devint pesante. Elle finit par frustrer des humeurs qui attendaient de tirer avantage de la moindre faveur. Il n'y en eut point. En butte à un échec imprévu, les nouveaux arrivants, isolés et désorientés, se sentirent aigres. Même le visage impassible de Rahma se figea. Il devint livide, autant que pouvait l'être un médecin embarrassé de répondre aux questions d'un patient suspicieux et irascible. A la différence du milieu hospitalier qui offre un apparent détachement, Rahma ne pouvait parer la charge contrariante. Il encaissa le coup. Il se recroquevilla. Il se raidit. Il tança la nature antagonique. Son regard sévère fuyait son épouse et les deux enfants. Il voulait les soustraire à son propre doute. Il ne pouvait se permettre qu'ils déduisissent de son attitude une posture équivoque. Cela eût été déstabilisant pour toute la famille.

Pour l'épouse, la fille et le garçon, l'incrédulité était patente et la fêlure palpable. L'espoir et la volonté de combattre étaient à deux doigts de les abandonner. Ils se sentaient désarmés. La précipitation des faits contraires à leurs aspirations suscitait une grande frustration. L'isolement et l'anonymat choquaient une famille qui élevait la liberté au premier rang du bien-être. La liberté d'aller et venir, certes, mais surtout la liberté de s'abandonner à la providence et de vaquer, sans contrainte, aux choses ordinaires de la vie. Jusque dans le piège urbain, leur nature de campagnards conservait intactes la capacité instinctive et la disponibilité intuitive à jouir de la moindre liberté. Ne plus pouvoir suivre, au rythme cajoleur du temps, les événements s'avéra une prison sans barreaux. Dans la ville, la cadence infernale et l'agencement mécanique des gestes les plus communs s'opposaient à l'écoulement monotone mais sans contrariété des mœurs villageoises. La nostalgie s'installa. Les cœurs habitués aux caresses d'une existence sobre mais prévisible se laissèrent aller à la mélancolie, refuge idéal.

Tout autour, des murs remplaçaient les haies vives et les palissades naturelles. Des bruits indistincts se substituaient aux beuglements de la vache appelant son rejeton éclipsé derechef. On n'entendait point de chant d'oiseaux au lever du jour. On ne voyait pas non plus le frou-frou des mange-mil. Leur envol ondulatoire, regroupant des milliers, des millions d'oiseaux, avait disparu. Le temps s'était arrêté. Les bruits diffus du marché environnant rappelaient le blatèrement du dromadaire dans son harem. Kali ferma les yeux. Il crut sentir les effluves malodorants de l'animal mâle en rut. Il le suivait aguichant la femelle qui se laissait désirer mais déclinait les sollicitudes. Les odeurs du dromadaire dominant épouvantaient les concurrents. Ils étaient réduits à attendre leur tour qui venait plus tard. Ils ne prétendaient à la place du premier de la troupe qu'une fois la retraite des devanciers annoncée.

Poursuivant son vagabondage introspectif, Kali percevait dans les harangues des vendeurs un relent de ressemblance avec les youyous des parentes satisfaites du mariage de leur protégée. Kali gloussa de son audace à tenter ce rapprochement. Il hocha la tête au souvenir des protestations étouffées de la famille prétendante, celle de l'époux, souvent mécontente de débourser une fortune pour l'union de deux jeunes gens. A nouveau, il hocha la tête de dépit.

Dans l'environnement de la ville, les pleurs et les cris de détresse étaient plus ordinaires que les voix cajoleuses des pileuses de mil. Kali s'interrogea. Comment retrouver la joie de vivre en ces lieux si contraires aux habitudes ? Quand revoir le sourire malicieux et contagieux des mères ? Où surprendre le regard langoureux et câlin des jeunes filles portant leur charge d'eau ? Déjà, tout un monde lui manquait. En quelques secondes, il vit défiler des souvenirs. Ce furent d'abord les éclats de rire des enfants et la vaillance des tambourinaires battant le rythme en cadence. Puis, vinrent le chant du coq et le braiement de l'âne serviable. Enfin, il se laissa emporter par l'inestimable appel du chien qu'il ne put séparer du doux ronflement du chat.

Les murs ont des oreilles, disait-on pour appeler à la prudence. Dans son exil, Kali attendait d'en être convaincu. Dans son nouveau logis, le silence ne fut pas d'or ; il ressortait insupportable. La coalition des nuisances s'imposa telle la charge d'une mauvaise herbe envahissant de jeunes plants. Dans le monde urbain, on attendait en vain l'annonce de la foulée altière du chamelier à l'approche du village. On aurait tout donné pour suivre les gestes du berger abreuvant son troupeau. On mourait d'envie de revoir la délicatesse d'une mère écrasant du blé à la meule pour la pitance quotidienne.

S'arrêtant un instant, Kali se fit à lui-même une confidence : la plus belle mélodie jamais entendue n'est-elle pas la douce voix d'une mère interpellant sa marmaille ? Il cherchait un moyen commode pour dire sa détresse. Toute une combinaison de moments et d'attitudes, de sons et d'odeurs, de gens et d'habitudes défilait en souvenir. Tous lui manquaient. Tous lui étaient aussi indispensables qu'une nourrice au bien-être d'un nourrisson.

Kali se sentit orphelin des allées et venues des passants qui transmettaient leurs salutations monotones mais jamais dépourvues de sincérité. Le bercement de la brise ou la quiétude des us ancestraux lui manquaient tout autant. Par leur absence, toutes ces choses, qui faisaient partie de la vie au jour le jour, gâchaient à présent la sienne. Au village, tout était espoir et sérénité. Dans la ville, chaque chose ressortait antinomique à la musicalité des gestes ordinaires. Cela le peinait. Il observa autour de lui. Son père, sa mère et sa sœur affichaient la même tristesse et le même abattement. Les doutes semblaient contagieux et se propagèrent comme une pluie de septembre. A l'opposé de ses tourments du moment, ces précipitations constituaient une manne. Elles favorisaient le mûrissement des épis que l'on retrouvait, plus tard, sous la forme de grains, dans les greniers.

Pour se sortir de son abattement, Kali essaya une distraction. Il revisita le paysage rassurant de son berceau. En octobre, les tiges de mil en cours d'assèchement nappaient l'étendue de la plaine d'un manteau jaune d'or. A la fois prémices et annonces des récoltes, les plants, devenus adultes, attendaient les faucilles des moissonneurs, avides et pleins d'espoirs. Bien avant la moisson, les paysans entrevoyaient de mordre dans ces faveurs comme un enfant croquait une mangue mûre. Cette analogie le fit sursauter. Il sourit mais se garda de partager son éphémère contentement. Au même instant, il se rappela qu'après les moissons, venaient les temps annonçant la fin de la prospérité. Le jaune d'or des tiges disparaissait et laissait place à un sol nu, presque stérile. Puis, suivit la saison de soudure cruelle et sans remords. Elle se montrait impitoyable pour les paresseux rétifs à toute tâche et pour les dissipateurs aux charges dispendieuses. Ni la paresse ni le gaspillage ne hantaient les Rahma. Ils étaient depuis toujours rompus à la loi de *tu gagneras ta vie à la sueur de ton front*.

Les interrogations de Kali s'amplifièrent. Son état général glissa vers la torpeur. Bientôt, l'ensemble de la famille fut pris d'une espèce de léthargie. On se regardait en chiens de faïence. Un visiteur impromptu aurait conclu à une mésentente ou une hostilité latente. On s'accusait du regard pour solliciter un début de compréhension ou un soutien qui ne vinrent ni l'un ni l'autre. L'arrivée de la nuit, qui se montrait tôt en cette période de l'année, amplifia les doutes. On ne vit pas rougeoyer le ciel. On n'entendit ni les chants ni le vol des oiseaux regagnant leurs nids. On ne remarqua pas le manège des chauves-souris décrivant des figures improbables. On n'observa pas la sarabande des marchands quittant le marché, heureux d'avoir fait de bonnes affaires. On n'eut pas le temps d'admirer le calme d'un ciel bleu. On ne s'aperçut même pas que le silence se faisait tout autour, encerclant de solitude un lieu grouillant de monde quelques instants plus tôt.

Les trames d'une conspiration semblaient jeter tout autour un voile adverse. Dans la pénombre du soir, les Rahma comprirent que l'adversité était d'une nature implacable. A défaut de pouvoir la vaincre, il fallait composer avec son omniprésence. Justement, toute la difficulté était de trouver assez de maîtrise pour entrevoir une solution. Toute la difficulté consistait à éviter de se laisser embarquer dans une lutte sans issue.

La réflexion apporta un peu d'apaisement. Elle permit de faire de l'angoisse un allié. La solitude servit de rampe. Kali s'y accrocha en attendant l'espoir d'une solution. Passés les premiers instants de surprise et d'abattement, une certaine quiétude s'installa. Les Rahma sondèrent les alentours et mesurèrent l'impact de la solitude. Cette relative sérénité rendit l'atmosphère supportable. Kali en profita pour mesurer la dimension et les composantes de la concession. Il y avait des locaux d'habitation, des magasins et des entrepôts. Un espace séparé qui faisait office de garage était réservé aux animaux de transport, notamment des dromadaires, des chevaux et des ânes.

Kali releva la désertion des lieux. Les pas furtifs des gens de maison se raréfièrent puis s'estompèrent. Le bougonnement d'une gente, pour l'essentiel masculine, occupée à une multitude de tâches, se dissipa. Les vendeurs, les manœuvres, les badauds, les clients, les curieux, les conducteurs de camion et leurs aides, tous fuirent les lieux.

Le gardien de nuit, un Monsieur d'un âge avancé, prit ses quartiers. Il le faisait avec la discrétion d'un chat. Il représentait le seul indice qui démentait une complète désertion des parages. Dérogeant à la discrétion du gardien, une odeur de tabac était le seul indice traître. On entendait à peine ses murmures. Le vieil homme psalmodiait des chapitres entiers du Saint livre. La précarité de son couchage et de sa situation contrastait avec son érudition. Kali tendit l'oreille pour l'écouter. On aurait dit un bluesman chantant les mérites de Jésus sauveur supplié de porter toute la misère du monde.

Les déplacements du veilleur se faisaient discrètement. Sa présence et ses mouvements étaient imperceptibles. Il glissait à la manière d'un reptile. Il évitait le moindre accroc. Jamais, on ne le vit somnoler. Il montait la garde sans défaillance. Les rôdeurs le savaient. Nul ne se risquait à une tentative d'intrusion vouée d'avance à l'échec. On évitait le poison de ses flèches tirées avec l'adresse d'un archer de compétition.

En ce début de nuit, ce qui paraissait plus tôt une nuisance, en raison des comportements désordonnés des protagonistes occupés à servir les clients, à ranger les marchandises, à débarrasser les détritus ou à héler tout individu à portée de vue, fit place à un lourd silence. Kali et les siens se sentirent incarcérés. Cette réclusion rappela l'attente tourmentée des goujats ayant prêté serment de sincérité tout en se sachant coupables de parjure. Devançant la colère divine, ces faux croyants craignaient l'instant de vérité. Ils se tenaient particulièrement sur leurs gardes les nuits sans lune entrecoupées de pluies diluviennes. Face à leur destin, les renégats imploraient la clémence. Ils suppliaient le

Maître de l'univers à l'unisson avec leurs parents qui étaient suspectés de complicité donc probables victimes expiatoires. Les coupables avaient provoqué sciemment la colère des éléments. L'éventualité d'une sanction, en punition de leurs agissements répréhensibles, n'attendait que la volonté de Dieu pour se manifester. Elle frappait au-delà de leur propre sort et pouvait toucher les collatéraux. En effet, dans la perception commune, la malédiction s'étendait aux familles. Cependant, une issue moins dramatique restait toujours dans l'ordre des possibilités. La condition en était une sincère sollicitation du pardon, à travers une repentance des coupables ponctuée de prières communes. Les grondements du tonnerre poussaient les transgresseurs à implorer la clémence divine. La justice ne se faisait pas moins vengeresse. Autant que le permettait leur nature rebelle, les fauteurs de troubles promettaient tout afin de requérir un adoucissement de la répression contre eux et leurs proches. Les probables victimes collatérales, qui avaient le tort d'être de la même lignée, se rangeaient du bon côté. Elles priaient pour plaider la suppression de la peine ou, à tout le moins, pour la rendre plus clémente.

Kali ne fut pas le seul à vivre cette première journée dans la ville avec l'inconfort d'un nouveau-né expulsé trop tôt du cocon maternel. Il se sentit en perdition. Il décela la même pesanteur sur chacun des membres de la famille. Toutefois, sa pudeur le força à ne pas attenter à l'auréole du père en le lui faisant remarquer. Lui comme les autres cherchaient à quel saint se vouer.

Etait-il le plus concerné par l'exil ou se crut-il investi pour exprimer une insatisfaction commune ? Peu importait l'étendue du désarroi, Kali se vit en butte à une hostilité que personne ne sut maîtriser. Il n'en voulut à personne, même pas à son père. Il se résolut à examiner les issues possibles en se posant deux questions. Comment triompher d'un adversaire dont on ignore les forces et les faiblesses ? Est-il raisonnable d'envisager une issue heureuse ? La seule certitude dont il ne se départit pas fut de ne pas s'avouer vaincu et de ne pas rebrousser chemin. Puisque repartir au village n'était pas envisageable, il restait à s'accommoder d'un environnement étranger, donc a priori hostile. En de telles circonstances, le repli identitaire et le recours aux enseignements des *Anciens* constituaient la soupape de sécurité infaillible. On tirait un réconfort des normes ayant fait leurs preuves. On attendait que la bourrasque passât.

Rahma devait emprunter cette voie sûre. Il décida de faire face en s'aidant de l'expérience des aïeux. Sa situation n'était pas plus désespérée que celle d'hommes et de femmes qui perdaient la liberté lors des combats contre d'autres peuples. A l'issue de ces confrontations qui finissaient en razzias, les victoires étaient rarement exemptes de pertes en vies humaines et de captivité. Des parents, des amis, des compatriotes partaient, parfois sans espoir de retour. Des prisonniers constitués sur les troupes adverses servaient de monnaie d'échange ou vaquaient aux tâches avilissantes, celles réservées aux forçats. Par résignation ou habitude, on oubliait que des proches subissaient le même sort. On se montrait peu accommodant avec les perdants. La sagesse d'un patriarche était seule à même d'intercéder en faveur des malheureux. Elle permettait qu'on leur apportât un peu de considération ou de commisération. Les vaincus se pliaient, bon gré mal gré, à leur état de servitude. Un refus ou une révolte envenimait les relations et compliquait leur condition déjà précaire. Ils se voyaient alors soumis à la torture et aux supplices. Les vainqueurs croyaient se rendre justice. Ils supposaient que les leurs se trouvaient en butte à des châtiments comparables, sinon pires. N'eût été l'intercession des sages, raison ne pouvait être entendue. La vengeance se révélait terrible sur des êtres sans défense. Captifs mais non moins êtres humains, ils trouvaient dans un sursaut d'intelligence l'indispensable axe de résistance et de survie. Ils le saisissaient et agissaient avec clairvoyance. Ils démentaient ainsi la prétention des vainqueurs de les reléguer au rang d'animaux.

Dans leur exil urbain, Kali et les siens furent confrontés à une condition moins dramatique mais tout aussi irréductible. Le rappel du passé servit de leurre. Il vint à propos pour relativiser les difficultés. Tirer du passé des enseignements pour dénouer les enchevêtrements et franchir les écueils était une ressource dont Rahma ne saurait se priver. Toute la famille retrouva un certain réconfort après l'angoisse initiale. L'histoire véhicule la supériorité du progrès sur le conservatisme, du mouvement sur l'immobilité, du nomadisme sur la sédentarité, de l'envahissement, de la conquête et de la razzia sur la protection, la résistance et la sécurisation. Ces stigmates de fausses certitudes restaient ancrés dans la perception que se faisait Rahma du monde.

Il ne pouvait venir à l'esprit des Rahma de s'avouer vaincus. Pour le père de famille, les contraintes de la ville n'étaient qu'une sinécure. Il avait connu des obstacles autrement plus durs à franchir. Son parcours avait été jalonné de luttes et de défis. Les stigmates de son cheminement chaotique se remarquaient sur son corps. Des cicatrices, héritage d'une existence tumultueuse, labouraient son dos de part en part. Dans les moments les plus sombres, Rahma percevait ces marques comme les conséquences visibles de l'acharnement de la nature sur sa personne. Aussi, l'apparent désagrément de la ville lui paraissait un combat de coqs. La contrariété qui en résulta ne saurait égaler l'intensité des confrontations brutales dont il était, à chaque fois, sorti vainqueur.

Kali s'engageait dans un chemin peu balisé. Sa famille entière empruntait un nouvel itinéraire. Les enseignements de la mémoire ou de l'expérience ne pouvaient les aider autant qu'ils l'attendaient. Ils se rendirent compte que, dans cette guerre de Troie, le contenu du cheval risquait d'être pris au piège.

Tout autour des Rahma, la ville sommeillait. Elle ignorait Kali et les siens. Elle les engloutissait dans le même maelström où venaient survivre, s'accrocher ou s'abîmer nombre de ses hôtes. La ville ne craignait personne. Elle ne prenait personne en pitié. Elle ne faisait aucune distinction entre les bons et les méchants, les riches et les pauvres, les anciens et les nouveaux. Chacun devait compter sur sa ruse, ses relations et sa propre industrie pour s'en sortir. Au grand banquet de la ville, il n'y avait point de couvert vacant et gracieux. Tout était lutte, acharnement, usage de savoir-faire et débrouillardise. Aussi rude qu'elle parût, la leçon fut retenue. Le contraire aurait fait perdre autant le nord que la mesure des choses. Rahma en fut le premier convaincu. S'accrocher pour survivre et sortir vainqueur donnaient la juste mesure de l'adversité. Comment faire pour entretenir la famille ? Par quel bout commencer ? A qui s'adresser ? Telles étaient quelques-unes des premières questions. Les réponses ne pouvaient être que de circonstance. Il n'y avait pas qu'une possibilité de réponse par question. Une multitude de solutions possibles se présentaient pour chaque problème affronté. Le plus difficile était de choisir les mieux adaptées. Trouver *la solution* devint l'objectif, l'obsession. Cette focalisation borna l'horizon des possibilités. Elle enferma Rahma dans un tête-à-tête sans issue immédiate. La suite fut à l'image de la ville : chaotique. La lutte pour la survie s'avéra épique. Enfin vint l'adaptation mais il fallut quelques renoncements et beaucoup d'illusions perdues.

Lors de la première nuit suivant leur arrivée, le sommeil s'annonça avec parcimonie. La sieste de l'après-midi fut longue, à cause de la fatigue des deux jours de voyage. Il était donc vain d'espérer que la lassitude vînt précipiter le sommeil nocturne. En dépit d'un sentiment général passablement malmené, ils espéraient une nuit sereine. Les craintes de voir l'ennui s'installer n'étaient pas qu'une vue de l'esprit. Faisant le point sur leur infortune, ils s'interrogèrent. Ils étaient désorientés et en perte de repères mais refusaient de se laisser abattre. Ils se maintinrent sur une ligne de crête ou de flottaison. Ils évitèrent de sombrer corps et âme dans l'embrouillamini ambiant. D'ordinaire, rien de tel que le silence pour rasséréner les esprits chagrins. Cependant, les plus audacieux esquissaient une plaisanterie. Ils évoquaient une histoire cocasse. Ils entonnaient une chanson paillarde.

Dans l'inconfort commun des Rahma, même les plaisanteries incisives de Najma ne produisaient pas leur magie habituelle. Elles paraissaient plates, en dépit de sa quête d'originalité et de son aptitude à trouver le mot juste ou la phrase cinglante. Personne ne l'écoutait. Son sourire, autrefois charmeur, pâlit. Sa bouche se figea en un rictus. Au vu de la tournure des événements, sa quête paraissait pathétique. Elle se crut ridicule. Elle se culpabilisa parce qu'elle n'avait pu renouveler le charme tant vanté de ses contes. Plus exactement, sa magie opérait avec moins d'efficacité que de coutume. L'obscurcissement de son regard confirmait qu'elle était la seule à avoir préservé quelques certitudes. Le relent d'optimisme qu'elle portait, tel un panache inventé pour l'honorer, l'abandonna. Elle se laissa aller à la tristesse. Elle embarqua dans la même galère que ses vis-à-vis qui lui adressèrent un regard d'amour, mérité et sincère. En effet, comment aurait-elle pu rester distraite tandis que père, mère et frangin donnaient l'impression de porter le ciel en fardeau ? Comment aurait-elle pu rester impassible pendant que sa famille semblait supporter une contrariété aussi implacable qu'une canicule de mars ? Comment pourrait-elle observer un calme olympien pendant que les siens étaient confrontés à une conjoncture aussi désastreuse que le saccage d'une prévision de récoltes fécondes par un essaim de sauterelles ou une horde de mange-mil ? Misère ! Son visage modelé sous les meilleurs augures d'un dieu satisfait de son œuvre devint impénétrable. Elle parut défigurée, presque méconnaissable. Elle se considéra avec austérité. Elle se jugea avec sévérité. Après avoir hésité une minute interminable, elle appela au secours. Maman, toussota-t-elle, dans une plainte imposée par les circonstances. Hanna[15], plus reine que jamais, répondit : ma chérie, ce n'est rien ; tu verras, demain sera un autre jour. Le ton se voulait juste mais ne cachait pas moins du désarroi. La fillette attendait plus qu'un réconfort. Elle voulait être rassurée.

Face à la tension latente, Rahma se résolut à descendre dans l'arène. Il tenta une reprise en main de son monde. Emma, c'était ainsi qu'il se plaisait à appeler sa compagne, qu'on me donne le nécessaire pour la prière, dit-il non sans une certaine assurance. La maîtrise dont il fit preuve se démarquait de l'effervescence sournoise. Sa réaction fut à l'exact opposé de l'agitation contenue et du silence infructueux. En attendant l'arrivée du nécessaire pour la prière, il se mit à marmonner des paroles à peine audibles. Seul, un scrutateur attentif en aurait capté des bribes. Une fois installé dans sa position de prédilection, il remercia le Seigneur de lui avoir donné une famille respectée. Il Le loua pour l'avoir guidé dans le droit chemin. Il importe de dire que, en dépit de cette vision positive, la nature n'avait pas manqué de se comporter en marâtre à son égard. Simple naïf ou incorrigible optimiste, il puisait dans la foi suffisamment de motifs pour oublier les déconvenues.

Rahma regarda tour à tour Hanna, Najma et Kali. Il affichait un maigre sourire comme s'il se défendait de gaspiller une denrée rare. Il entreprit de couper court à l'ambiance de découragement. Je vous trouve un peu timorés, pour des explorateurs, se risqua-t-il. Je vous convie à revisiter notre voyage. Mais, d'abord, je m'en vais vous relater ma première prise de contact avec l'étranger, dit-il. Ipso facto, il se mit à conter quelques-unes des pages inexplorées de sa vie.

---

[15] *La généreuse* ou *la compatissante*, en arabe tchadien ; dans le contexte, nom féminin.

Une échappée nocturne

Rahma entreprit de relater quelques pages restées secrètes de sa vie. Il dessina à gros traits les contours de son éducation. Ce fut une précaution utile. Il en fit une balise pour éclairer son récit. Il se lança sans précaution particulière.

Les Ancêtres nous ont légué un mode de vie austère. Ils nous ont transmis une haute considération de l'aîné, le respect de l'autorité et la protection des plus faibles. Ils nous ont inculqué une conduite faite de stoïcisme. Ils nous ont recommandé de ne pas dilapider ce legs. A notre tour, nous devons transmettre ces enseignements aux générations futures. Cet ordre des choses, en dépit des vicissitudes et des mutations, fixait le cheminement des individus appartenant à une même famille ou à un même groupe. Un parcours individuel était prévu en fonction des attributs et des capacités. Chacun tenait sa place et assumait les charges qui lui incombaient. Sans cette discipline, la cohésion de la société aurait été mise à mal et l'organisation des responsabilités bouleversée.

Selon qu'il s'agissait d'un garçon ou d'une fille, une éducation basée sur l'initiation et l'apprentissage par l'exemple tenait lieu de balustrade. Les parents transmettaient le témoin à leurs filles et à leurs fils. Ceux-ci le léguaient à leurs descendants. Ainsi, chaque génération préservait la solidarité, l'entraide et le partage. Ces trois piliers étaient les axes majeurs de nos mœurs. Leur transmission aux générations futures et leur perpétuation étaient vitales.

L'éducation, offerte par la société dans sa globalité, était enseignée aux plus jeunes par le noyau familial. La mère en était l'épine dorsale. Jusqu'à l'âge de sept ans, l'enfant apprenait de sa mère. Au-delà, on distinguait le parcours des filles de celui des garçons. La mère continuait d'éduquer les fillettes avec le soutien des tantes maternelles ou paternelles. Pour sa part, le père ou un oncle relayait la mère et complétait la formation du garçon. A partir de la circoncision, ce dernier s'éloignait de la veille maternelle. Il rejoignait le domaine des hommes. L'expérience a prouvé que ce système était un vecteur efficace de transmission culturelle et éducative.

Aux acquis de base fournis par la communauté, le monde extérieur opposait de nouvelles habitudes. Elles pouvaient être bonnes ou moins louables. En particulier, au contact de l'étranger, on acquérait plus d'ouverture d'esprit et de tolérance. La société empruntait les savoir-faire et adoptait les connaissances de l'environnement. Ce faisant, les générations futures et la société tout entière s'inscrivaient dans le sens du progrès. Il n'était pas question de renier les fondations culturelles de base. Simplement, il revenait à chaque génération de préserver ce qui constituait la force des aïeux. Ils combinaient les avantages du mouvement et la stabilité de l'immobilisme et mesuraient l'utilité du progrès par rapport au conservatisme. Dans les relations des *Anciens* aux autres, avec lesquels ils étaient souvent en confrontation, ils conciliaient les deux cultures. Ils retenaient les avantages et les forces des deux univers. Il en fut ainsi de la maîtrise de l'écriture, de la faculté de se projeter vers le futur et du sens de l'économie. Autant d'atouts qu'ils conquirent puis maîtrisèrent.

Tout devait être fait pour que le legs soit valorisé. Cette règle s'appliquait à l'ensemble des sphères de la vie sociale. On s'attachait à agrandir les dimensions des champs et à accroître leurs rendements. On veillait à développer la taille et la productivité du cheptel. On améliorait la commodité des logements et le confort des occupants. On relevait la notoriété de la famille et sa place dans la hiérarchie sociale. On sauvegardait la pertinence des contes et la perpétuation des épopées. Tout concourait au prestige de la lignée, au renforcement des acquis et à l'amélioration du bien-être général. L'organisation sociale répondait à une quête permanente du mieux. Les vieux et les jeunes, les riches et les pauvres, les femmes comme les hommes y contribuaient à la hauteur de leurs aptitudes. Nul n'était dispensé, chacun avait son utilité.

Ma première tentative d'exploration des terres lointaines prit prétexte de cette quête de performance. Je n'avais pas dix-huit ans, lorsque l'envie de partir me subjugua. Je tombai sous le charme de la narration des aventures vécues ou rapportées. Elles étaient contées pour émerveiller l'auditoire. Elles flattaient l'ego des témoins. Elles valorisaient des acteurs aventureux ou simplement intrépides. Ceux-ci s'assagissaient avec l'expérience puis se tournaient vers des horizons moins tumultueux.

Décrits par des témoins oculaires ou relatés par des narrateurs aux dons de conteurs, des faits sans envergure devenaient des exploits. Ils se transfiguraient en actes exceptionnels et suscitaient l'émulation des jeunes en mal de modèle. La fragilité juvénile et les défis laissaient béantes les portes de l'aventure. Des êtres ordinaires, enhardis ou impétueux, prétendaient braver des risques quasi inexistants. Ils faisaient passer des balivernes pour des défis d'essence exceptionnelle. Ces usurpateurs de fausse notoriété jouaient de leurs atours. Ils suscitaient des émules qui échouaient aux moindres accrocs et éprouvaient moult difficultés pour se relever de leurs tentatives imprudentes.

Nous étions tous marqués par cette ambiance où le simple exploit devenait un travail herculéen. A la différence d'Héraclès, fils de Zeus et d'Alcmène, qui exécuta les douze travaux imposés par le roi de Tirynthe, nous nous contentions de menu fretin. Je ne fis pas exception. Je décidai de tenter l'aventure à un âge où les jeunes gens se consacraient à l'entretien des troupeaux et prenaient soin des plus âgés. Je partis avec le secret espoir de revenir auréolé de gloire et couronné de mille et une richesses. Ma décision fut prise sans précaution spécifique. Elle paraissait subite et irréfléchie. Il en fut tout autrement. Les réussites et les échecs de mes prédécesseurs constituaient un matelas auquel je m'adossai. J'attendis le moment opportun et tentai ma chance. Elle vint une nuit de pleine lune calme, prometteuse et insondable.

C'était la fin de la saison des pluies. Je pris soin de pourvoir la famille du nécessaire afin qu'elle attendît le retour des transhumants sans souci majeur. Dromadaires, bœufs et ânes revenaient chargés de céréales, thé, sucre et autres articles manufacturés de moindre utilité fournis par les régions sédentaires. Les voyageurs retrouvaient, heureux, le pays et la famille. Ils étaient soulagés d'avoir accompli un déplacement guère aisé. Pour les accueillir, les femmes poussaient des you-yous. Elles apportaient aux retrouvailles une animation joyeuse.

Mon frère Aguid[16], informé de mon départ, accepta de prendre en charge les soins du cheptel. Il veilla au moindre détail. La maisonnée ne souffrit d'aucun préjudice en raison de mon absence. Toute défaillance m'aurait désigné comme le bouc-émissaire idéal. La déconvenue qui en aurait résulté aurait été transmise d'une génération à l'autre. Une étiquette de fuyard m'aurait été accolée. J'aurais dit adieu à ma réputation naissante ainsi qu'à toute gloire future.

Je ne saurais dire si Aguid supporta des tracasseries ou souffrit d'accusations malveillantes. Il ne s'étendait guère sur ses états d'âme. D'ailleurs, il n'en eut point. En homme juste, il accomplissait sa tâche, traçait son avenir et passait son chemin sans plainte ni gesticulation inutile. C'était mon cousin germain. Chez les Rahma comme pour les autres ressortissants de Hilwé, le terme *frère* désigne indifféremment un frère utérin, un demi-frère ou un cousin. C'est l'exact opposé des langues indo-européennes qui utilisent un qualificatif propre à chacune de ces nuances. Cependant, des termes précis distinguent l'oncle maternel du paternel ou la sœur de la mère de celle du père. Ainsi, ces attributs tiennent davantage à la sensibilité ou à la préférence qu'à la richesse intrinsèque de la langue. Des cousins s'appellent frères sans hésitation. Mais, aucune confusion n'est admise entre les liens de sang, d'ascendance paternelle, et ceux de lait, indicateurs des relations du côté de la mère.

Aussi curieux que cela pût paraître, je n'avais qu'une vague idée de ma destination. L'acte de partir importait plus que la direction. Enivré par une vision idyllique, laissant entrevoir un retour triomphal du fils prodige, je partis, décidé. Je me sentais dans la peau des faiseurs de légendes et des bâtisseurs. Ils rehaussaient la renommée du clan. Dans mon état d'excitation, l'échec était loin de hanter mon esprit. Toutes mes pensées convergeaient vers un aboutissement heureux.

Pour que le départ passât inaperçu, il fallut s'éclipser après que le village se fut assoupi. J'avais assuré les menus services pour éviter toute suspicion. Je mis un soin particulier pour que rien ne trahît, dans l'immédiat, mon absence. La nuit fut complice de mes agissements. J'en profitai pour me faufiler d'une hutte à l'autre. Je fis une halte à l'enclos des veaux puis à celui des agneaux. Je pris soin de ne pas effrayer les

---

[16] *Guide* ou *patriarche*, en arabe tchadien ; dans le contexte, nom masculin.

animaux. Les meuglements ou les bêlements auraient suscité la curiosité du voisinage, donc des interrogations. Ces moments nocturnes étaient aussi ceux de liberté pour les jeunes de mon âge. Sieurs et demoiselles, pour un temps libérés des charges harassantes, disposaient du temps libre à leur guise. Pendant ces quelques heures, leur champ de prédilection englobait les hameaux dans un rayon de cinq kilomètres. La jeunesse se retrouvait pour jouir de maigres distractions qu'elle improvisait. Les amusements se limitaient aux chants, aux danses et à quelques instants d'innocente complicité. Les filles et les garçons y participaient. Les uns surveillaient les autres ou veillaient pour que rien de fâcheux ne se produisît. Les rencontres avaient lieu autour d'un thé servi par la reine du jour. D'ordinaire, la maîtresse des lieux, la Gumsu[17], était aussi la présidente locale du cercle de la jeunesse.

Les jeunes gens, pour un moment à l'abri des soucis matériels ou d'intendance, se retrouvaient. C'était en permanence la fête. Les générations de quinze à dix-huit ans, valides et sans attaches matrimoniales, s'y donnaient rendez-vous. Ceux à qui les parents avaient imposé une famille, à leur corps défendant, restaient claustrés chez eux. Ils regrettaient la liberté perdue. En effet, des adolescents de seize ans et des fillettes d'à peine quatorze ans entraient en mariage. Ils y allaient, comme d'autres entraient en religion, sans savoir ce que la providence leur réservait.

La vie de couple sédentarisait une gent jalouse de voguer à son gré. A l'inverse, la seule contrainte des célibataires tenait aux charges quotidiennes. Ils assuraient la surveillance et la nourriture des animaux. Ils veillaient à la sécurité des villages et des habitants. Au cours de la saison des pluies, leur jeunesse et leur robustesse les désignaient pour assurer l'essentiel des travaux champêtres. Grâce à leur dévouement, ils pourvoyaient les familles et les proches en nourriture quotidienne. Ils constituaient des provisions pour la dure période de soudure.

Je ne pouvais partir sans observer une halte au cercle des jeunes. Ce fut un contact furtif, à l'exemple d'un flirt adultérin cueilli à la hâte par

---

[17] *Femme responsable de la vie associative locale*, en kanembu et en dazzaga. Son domicile est le lieu de rassemblement des jeunes. *Gumsu* est aussi le titre porté par l'épouse d'un chef.

deux amoureux que tout devait séparer. A défaut de mettre mes compagnons dans la confidence, je me donnai bonne conscience par le biais de cette brève visite. Je passai incognito, du moins telle fut mon intention. J'étais dans la situation de celui qui tenait à garder, par devers lui, une information destinée à être partagée. Par ce départ secret, je mis entre parenthèses l'amitié. Je tournai le dos à la jeune fille qui avait placé tout son espoir dans notre future union. Nos relations étaient restées chastes. Je ne lui devais que la déception de notre séparation. Elle préserva sa dignité. Elle pouvait attendre, intacte et sans souillure, le mariage. En ces temps-là, rien de dommageable ne pouvait être entrepris entre un garçon et une fille avant l'onction du mariage. Pourtant, pour la jeune fille, même la perte d'un hypothétique futur époux était vécue comme un échec, voire une poisse.

En raison de l'imminence de mon départ, au cercle des jeunes, les rassemblements selon les préférences paraissaient insolites. On dirait que les tête-à-tête comme les mini-forums dérogeaient aux codes usuels. Chacun se mouvait d'un lieu à l'autre sans tenir compte des affinités. Mon impression était qu'une bourrasque diffuse rompait les équilibres et désorientait les repères. Tout paraissait étrange. Je fus attristé par cet égarement collectif. Il me semblait que des camarades, d'ordinaire manquant d'atouts ou de charme, brillaient de mille luminères. Leur timidité vaincue et leurs visages taciturnes transfigurés en auréoles, ils paraissaient magnifiques. En dépit de mon mutisme, on aurait dit que chacun pressentait mon départ non annoncé.

Je restais tétanisé, médusé. J'observais mes compagnons. Je me sentais déjà à l'écart de leurs confidences. Je m'excluais de leurs conciliabules avant de m'effacer pour de vrai. J'encaissais, seul, une peine qui devrait être commune. Je souffrais d'une séparation inéluctable, peut-être irréversible. Les circonstances me laissaient peu d'options. J'endurais ma charge à la manière du stoïque. Je taisais ma douleur. Autour de moi, la lueur de la pleine lune accentuait l'impression de fête. Les rires et les éclats de voix des filles, visiblement heureuses, me donnaient la sensation que quelque chose de commun m'échappait. Qui portait attention à ma solitude ? Qui se souciait de mon désarroi, dans ce monde où tout paraissait convenu pour jouir des instants furtifs ? J'appréciais la compagnie de ceux de mon âge. J'aurais aimé baigner dans la douceur et la fraîcheur ambiantes. J'aurais voulu écouter les mots de tendresse chuchotés par ma bien-aimée. Je me voyais lui promettre fidélité et constance.

La nuit ne résolvait rien mais arrangeait tout. Elle était complice des discrets et des secrets. Celle de mon départ me narguait. La lumière inoffensive de la lune me parvenait filtrée. Elle m'enveloppait et semblait me retenir pour quelques instants. Elle me tint compagnie. D'ordinaire, la douceur d'une bien-aimée se conjuguait et se décrivait avec des termes lunaires : tendre, mystérieuse, lointaine, inaccessible.

Le foyer de braise était l'objet de toutes les sollicitudes. Il focalisait diverses attentes et captait tous les regards. La préparation du thé entamée avant l'arrivée des protagonistes progressait. La théière bouillonnait, ronronnait et dégageait moult vapeurs. Elle véhiculait les senteurs de sucre caramélisé et de thé vert de Chine. Au gré du vent, ces émanations se chargeaient et chaviraient d'autres parfums. La transpiration des jeunes gens surexcités s'y mêlaient. Des adolescents, prolixes et peu avares d'éloges envers le sexe faible, se montraient belliqueux juste pour impressionner les concurrents. Les plus irascibles joignaient le geste à la parole. Ils dansaient et jetaient un brouillard de sable tout autour. Ils concluaient leurs démonstrations inefficaces par des gesticulations machistes tout aussi improductives. C'était leur manière d'exprimer leur désolation de ne pouvoir amadouer ou corrompre l'esprit subtil des filles. Il résultait de l'ambiance de fête, des attitudes et des fragrances une atmosphère surchauffée. La transpiration des mâles en rut, nettement perceptible, ne freinait aucunement leurs déclarations d'amour et leurs puériles promesses.

Le grégarisme des comportements centrés sur une approche communautariste de la vie était peu compatible avec les envies subites dictées par le désir d'amour. Le besoin de séduire, pour assouvir des intérêts individuels étriqués, s'opposait à la solidarité et à l'entraide. Pour éviter de possibles tiraillements ou accidents, par prudence, les parents arrangeaient les mariages, à la satisfaction générale.

J'étais enivré par les parfums. Je restais étourdi par les clameurs. Les incitations m'exhortant à partager le thé se diluaient dans le vacarme. Mon attention restait centrée sur les priorités de mon voyage. Ma concentration et ma détermination à rester centré sur mon objectif se heurtaient à une cloison ; elle séparait le supplicié volontaire que j'étais de l'indifférence de la foule des anonymes. Je m'observais et me désignai responsable d'un acte fatal à la cohésion du cercle des jeunes. La plupart se résignaient. Ils s'agrippaient au seul socle dont ils ne doutaient jamais. L'entraide et la solidarité, à la fois rempart et refuge, cimentaient la cohésion, unifiaient les comportements et constituaient le commun dénominateur de leur entente.

Vu les circonstances, il aurait été tentant de sourire. Le sort s'apprêtait à brouiller les repères. Je pris un pari sans me douter de ce que la providence laissait entrevoir au-delà d'un horizon de dix kilomètres. Le groupe des jeunes, conforté dans son atavisme, trouvait dans les limites de son discernement et dans son manque de perspicacité le luxe de ne jamais douter. Aguid comprit mon embarras. Surmontant sa tristesse, il me prit en aparté et m'indiqua ce qui restait à faire. Il me parla posément. Son attitude ne permettait aucune tergiversation. Va, m'ordonna-t-il d'un ton limpide.

Je mis à profit la complicité de la lune et la distraction de mes bientôt anciens compagnons. Je levai l'ancre et affrontai l'inconnu déjà perceptible. Je ne sacrifiai ni aux embrassades ni même à un échange de quelques mots de réconfort. Après avoir serré fermement la main d'Aguid, je tournai les talons et partis vers le couchant. Tout en moi se recentra sur cette direction. Elle était et demeura l'objet quasi unique de mes convoitises que certains jugèrent insensées.

Je ne saurais dire si ma démarche était régulière ou entrecoupée de trots. J'avançais. Je ne me rappelle plus si ce fut à pas de charge ou nonchalamment que je parcourus les premières lieues. Haletant, plus de stress que de fatigue, je continuais de marcher. Le souffle court, je me surpris dissertant sur l'amère réaction de ma mère. Je m'interrogeais sur l'insoutenable position d'Aguid. Il lui revenait d'expliquer ma disparition. Je le devinais dans sa solitude, parcourant les pâturages. De sa voix forte, je l'entendais héler les vaches laitières, les génisses, les veaux, les bœufs de monte et les dromadaires. D'avance, je le percevais se sondant ; sûr de son fait, il affirmait : il n'y eut pas maldonne. Face à la famille, il fit comprendre que son silence n'était nullement un acte malveillant. Je l'imaginais s'adressant à moi et concluant : continue où que tu te trouves. J'assume mon rôle. Dieu soit loué, j'ai trouvé les mots pour que chacun se satisfasse de ma version des faits. En dépit de ces propos imaginaires et rassurants, je restais persuadé que la réalité ne corroborait pas mes élucubrations de songe-creux. J'étais ramené à des considérations qui ne s'embarrassaient pas d'état d'âme ou de faux-fuyant.

Mon esseulement et ma vision de la situation d'Aguid agirent comme un coup de fouet que l'on ne vit pas claquer. Ce fut une incitation. J'avançais encore plus vite. Prenant confiance de cette soudaine détermination, les dunes et les vallées furent traversées d'un pas décidé. Je prêtais une distraite attention aux bruissements des insectes et aux envols des oiseaux nocturnes. Puis, même les bruits émis par les vols des étourneaux, compagnons de ces instants de solitude, disparurent ou devinrent imperceptibles. Les oiseaux, effrayés par mon passage, durent me maudire. Je fus incapable de formuler la moindre excuse pour ce dérangement. Je souris. Je me consolai, me faisant une remarque en guise de justification : bien qu'importun, je suis davantage à plaindre qu'à blâmer. De fait, j'étais dans la situation d'une âme en peine.

Toutes mes facultés étaient absorbées par la marche qui mobilisait l'ensemble de mes sens. En cette nuit insondable, l'envie d'aller vite décuplait mes forces. Les yeux, les jambes, le dos et plus encore les bras porteurs de l'indispensable balluchon étaient sollicités. Le cerveau conversait avec le cœur et les jambes avec les bras. Chaque couple entonnait sa propre complainte. Dans leurs communs efforts, ils se testaient, s'évaluaient, s'accusaient puis finissaient par se congratuler. Ils me transmettaient une sorte d'allégresse et une douce assurance.

Chemin faisant, le hululement de la chouette répondait en écho aux avertissements des chiens de garde. Ces derniers, toujours aux aguets et sensibles à toute présence dans les environs, veillaient. On les entendait à un kilomètre à la ronde. Je rattachais un sens à chaque aboiement. Je me moquais des prétentieux qui forçaient leur naturel. Je reconnaissais les vieux à l'aboiement majestueux. Je relevais la cadence de jeunes premiers, pressés de se mesurer au plus proche compagnon de la femelle en chaleur. Dans les meutes, je détectais les vaillants, les timides et les vantards à la voix pompeuse, prompts à rentrer la queue à la première occurrence d'un combat. Certains donnaient le ton et s'imposaient en leaders. D'autres suivaient la meute et répondaient en écho.

La plupart se satisfaisaient de faire leur travail, monter la garde avec autorité, pour mériter une écuelle bien garnie.

L'aboiement était un langage et transmettait un message. Les bergers en distinguaient cinq variantes. Lorsque l'aboiement était non stressé et distant, le chien avisait de sa présence le congénère mâle tentant une intrusion. A la réception du message, l'intrus battait en retraite. Lorsque l'aboiement était saccadé mais non haletant, le chien annonçait, à son maître, l'arrivée imminente d'un visiteur non identifié. Lorsque l'aboiement était vrombissant, le chien intimait au visiteur de se tenir à distance. Lorsque l'aboiement était court et étouffé, le chien signalait une attaque imminente. Lorsque l'aboiement était mouvant et vrombissant, le chien indiquait une confrontation. Dans les deux derniers messages, il était de bon conseil, pour l'intrus, de trouver une parade idoine. Elle pouvait être amicale, de combat ou de résignation. En général, un chien interpellé marquait un arrêt afin de laisser son sens olfactif le renseigner davantage sur la qualité ou l'intention du visiteur.

Dans leurs rapports aux hommes et aux animaux prédateurs, les chiens faisaient preuve de sensibilité et d'intelligence. Ils faisaient une différence entre la peur et la maîtrise, entre l'égarement et l'intrusion volontaire, entre l'enfant et l'adulte. Lorsque les circonstances les y obligeaient, ils savaient compter sur leur maître. En particulier, les chiens dressés pour la garde des cheptels décodaient les attitudes et les intentions des importuns. Exposés à l'attaque des hyènes et des chacals, ils ne livraient combat qu'après avoir épuisé tous les stratagèmes. Ils coinçaient l'indésirable, coupaient les issues et attendaient l'arrivée du maître armé qui faisait sa part du travail.

En compagnie de ces pensées relatives à la race canine, j'allais bon train. L'aube marqua de sa lueur l'horizon. L'heure de la prière n'ayant pas encore sonné, je m'accordai une demi-heure de marche. Je cherchais un endroit, au sommet d'une dune, pour poser mon balluchon et reposer mon corps meurtri. Mes jambes, mes bras et mon dos ressentaient la fatigue. Harassé, j'éprouvais une vague lassitude lorsque j'aperçus des formes à même le sol. Je continuais droit mon chemin sans me soucier de ce que cela pouvait être. Les silhouettes d'abord imprécises devinrent plus régulières. Elles signalaient la présence de personnes couchées. Un groupe d'hommes avait procédé au même choix que moi pour l'endroit qui convenait le mieux pour bivouaquer.

Je me dirigeai vers eux. Je m'attendais à les voir sortir de leur léthargie. Je m'interrogeai. Je me demandais si continuer mon chemin n'était pas une meilleure option. La prudence conseillait d'éviter l'imprévu qui pouvait se révéler indésirable. Mais, comment deviner à l'avance ?

Je décidai de susciter la compagnie. Voyager seul n'était ni agréable ni rassurant. Cependant, mon intrusion pouvait être interprétée comme une cause de querelle. Le risque qu'elle fût analysée, par des esprits grincheux, comme un signe de belligérance n'était pas nul. Des suspicieux déduiraient que le visiteur s'immisçait et s'imposait, au lieu de solliciter un accueil qui n'était pas acquis d'office.

Sans plus d'hésitation, je laissai tomber le balluchon et les *cinq jumelles*[18]. Je signalai ainsi ma présence. L'effet fut quasi immédiat. Deux ou trois corps bougèrent et soulevèrent leur couverture. Ils portèrent instinctivement le bras au niveau du visage pour parer la lumière du jour naissant. Le brusque passage de la pénombre à la lueur agressa leurs yeux encore ensommeillés. Sans m'embarrasser de leurs réactions, je me mis en situation d'accomplir ma prière. Je me dépêchai pour respecter l'heure prescrite.

Un homme, la trentaine, se leva sans hâte. Je ne le vis pas s'étirer. Il marcha en direction du Sud-Est, sur ma droite. Il s'éloigna du campement pour procéder à sa toilette d'avant la prière. Il s'assit à la turque, les pieds nus dans le sable, le fessier à même le sol. A peine eut-il lâché le premier jet d'urine que ma présence lui parut insolite. Il esquissa un geste gauche. Sa précipitation lui fit gicler une urine d'un marron douteux. C'était la conséquence de la rareté ou de la qualité de l'eau. Les vents secs et chauds asséchaient le corps. Tout liquide disponible était ingurgité. Boire permettait d'éviter la déshydratation à laquelle exposait un soleil plus qu'ardent. On ne se montrait pas exigeant sur la qualité du breuvage.

J'appris que le plus matinal du groupe se levait le premier, en tout lieu et quels que fussent ses compagnons. La suite du voyage confirma cet axiome. Je me sentis coupable de l'avoir perturbé. Il me salua d'un ton posé. Il ne proféra aucune injure ainsi que l'aurait fait un individu véhément cachant son embarras. Au contraire, son attitude exprimait

---

[18] Lances légères utilisées pour le combat à distance.

des regrets pour ce qui pouvait être un geste grossier. Je fus réellement confus. Trouvant la situation plus cocasse que dramatique, je pris le parti de m'en amuser. Jeune homme, on n'aurait pas plus vivement réagi en tombant nez à nez avec un lion, risquai-je. Il acheva ses occupations et se dirigea droit vers moi. Perplexe mais touché par la boutade, il répondit : disons que l'incident a été l'occasion de se lever du bon pied. Je ne sus trouver de répartie équivalente. Mon ego fut contraint d'attendre une autre occasion. Il sut réagir en homme respectable. Je lui en sus gré. Nous fîmes, l'un à l'autre, les présentations d'usage. Puis, j'entamai ma prière. Je me sentais apaisé et sans la moindre crainte. Mon rythme était celui qui, sûr et confiant, observait foule, individu, rencontre de nuit ou de jour, inconnu ou familier avec une égale attention. J'étais dans une posture de totale distanciation. D'après mon hôte lève-tôt, ce comportement sied aux intègres ainsi qu'aux hommes de foi. Je crois devoir affirmer que mon attitude le marqua favorablement.

L'homme parlait peu mais s'exprimait avec une clarté de prêcheur. La concision de sa locution suffisait à relater ce qu'un discours ne saurait décrire. Il me regarda avec grâce. Je notai une certaine condescendance qu'autorisait la différence d'âge. Il fit ses ablutions. Les couleurs de l'aurore donnaient à son visage régulier un relief agréable. Sa barbe, ses moustaches et ses favoris bonifiaient sa belle tête.

La position de notre site l'exposait aux premiers rayons du soleil. Le reste de la compagnie ne tarda pas à se sentir bousculé par un faisceau de lumière qui agressait les yeux. Nous décidâmes de trouver une protection à l'ombre d'un arbre. Pendant que je m'interrogeais sur le choix de l'abri, des neuf hommes, un seul restait encore couché. Il reçut les encouragements de celui qui s'improvisa muezzin. De manière inattendue, il appela à la prière alors qu'elle avait démarré sous les auspices du chacun pour soi. Cette solitude dans la connexion avec le Maître des cieux et des terres est l'exact contraire des prescriptions coraniques. La providence nous ayant unis, nous refîmes ensemble la prière de bon gré. Ceux qui, comme moi, avaient déjà accompli leur devoir se joignirent aux retardataires.

La communion dans la prière devait renforcer la cohésion et la solidarité entre les personnes rassemblées. Il en découlait une règle : la prière était accomplie en groupe, de préférence à la mosquée. Plus nombreux étaient les participants, plus hautes devaient être les récompenses.

Je conclus qu'il ne se trouvait pas, parmi les voyageurs, un érudit dont le savoir l'aurait imposé pour guider la prière.

La direction de la prière revenait, par ordre de priorité : à l'hôte des lieux, au plus savant en science religieuse, à celui qui possède la meilleure diction et au plus élégant parmi les participants. La tradition et les pratiques avaient établi que le propriétaire de la mosquée s'effaçait au profit du plus instruit. Peu importait que l'érudit fût pauvre ou riche, jeune ou sage, ressortissant de la contrée ou allogène. L'essentiel était qu'il maîtrisât le Saint livre mieux que les autres. Outre la maîtrise de la science religieuse, les meilleurs guides étaient ceux qui récitaient les versets d'une voix harmonieuse. Certains portaient leur art à un tel niveau de perfection que l'on succombait aisément à la magie de leur mélodie.

Je laissais mes pensées voguer à leur gré. Je m'amusai à suivre les traces d'un scarabée sacré. Le sable friable se mouvait sous son poids d'à peine dix grammes. Il repéra des excréments à même le sol. Il faisait provision de tous les résidus abandonnés, y compris ceux laissés par l'homme. Il assurait son rôle d'éboueur avec une sorte de tenace jubilation. Plus loin, une vipère glissait sur les grains de sable. Elle les marquait, à peine, de son empreinte. Lequel du scarabée ou de l'ammodyte était vraiment dans son élément ? m'étais-je demandé.

La rapidité de la vipère ne la mit pas à l'abri des serres de l'aigle. Elle luisait sous le soleil. Le reflet de sa peau et ses couleurs attirèrent le rapace. L'oiseau plana. Il médita son assaut. Il mesura la distance le séparant de la proie puis s'abattit sur elle. Le hasard voulut qu'il n'y eût pas de prédateur pour le coléoptère. Il fréquentait aussi bien les hommes que les animaux sans méfiance. Au contraire du reptile qui les fuyait ou cherchait à s'en éloigner, il ne les craignait pas.

Le mouvement ondulatoire du serpent sur le sable était une danse. Elle captivait le regard autant que la course d'une gazelle, l'envol d'un aigle ou le trémoussement d'une jeunette amadouant un futur mari difficile à décider. A l'opposé, le trottinement du scarabée sacré s'apparentait au combat du besogneux pour la survie ou au tourbillonnement du bourdon, disgracieux. De mon point de vue, ni la vipère ni le scarabée n'égalent le transport feutré du papillon voltigeur ou le sens de l'équilibre du colibri fureteur.

Je me laissai emporter par des rêveries que prolongeait la douceur de la brise matinale. L'air me caressait le visage. J'ignorais ou presque le picotement du soleil déjà agressif. Puisque l'obligation envers Dieu était accomplie, il restait à procurer un motif de satisfaction à l'estomac. Nous nous mîmes en situation de préparer le petit déjeuner. Le thé y occupait une place centrale. Sans l'absorption de cette infusion, les plus accoutumés se trouvaient relégués au rang d'un fumeur de haschisch privé de sa dose quotidienne. Un verre de thé remettait d'aplomb un bonhomme pour toute une journée. C'était le signal d'un départ du bon pied pour affronter l'adversité. Il fallut donc procéder à l'édification d'un foyer.

Le charbon était le combustible idoine pour la préparation du thé. Sa combustion lente assurait suffisamment de chaleur pour les trois séquences du thé. En général, chaque repas était suivi d'une séance de thé en trois phases. Les plus nantis peuvent se permettre une quatrième séance, celle de l'après-midi. Dans l'inconfort du voyageur, nous ne pûmes disposer de charbon. Quelques brindilles, des touffes d'herbes, des crottins de chameau et des bouses de vache firent l'affaire. Personne ne se tint à l'écart. Chacun apporta son concours. Nous vînmes à bout de la tâche dans un état d'allégresse.

La fantaisie, fidèle compagne des désœuvrés et des nonchalants, se révéla mauvaise conseillère. Elle instruisit l'un des neuf voyageurs à sacrifier sa quiétude. Il manifesta le besoin de montrer sa maîtrise de l'art du feu. Il entreprit de le faire jaillir à la force de ses biceps. C'était un procédé plusieurs fois millénaire. Nous n'en avions nul besoin puisque la plupart des compagnons portaient par-devers eux une boîte d'allumettes. Cette évidence ne dissuada pas l'intrépide. Il tint à dépenser inutilement ses forces. Nous marquâmes notre accord, à la condition que ses facéties ne prissent pas plus de temps qu'il n'en fallait.

Le dévoué eut toutes les peines du monde pour produire l'étincelle. Il s'y employa avec beaucoup de science, de hargne et de détermination. La nature du bois utilisé ne lui permit pas de pérorer. Il le fallait tendre, il était dur. Il suffisait d'en disposer à volonté pour trier le mieux adapté, la rareté contraignit à se servir du disponible qui était de mauvaise combustion. Au bout de quinze longues minutes, qui parurent interminables, nous vîmes l'annonce d'une fumée. L'impétueux réussit. Il transpirait, enfin sûr de s'être tiré d'affaire. Il souffla longuement. En cas d'échec, ses peu commodes compagnons n'auraient pas fait montre de la moindre once de compréhension. Ils s'en seraient donné à cœur joie de le railler. Voilà le feu prêt et son honneur sauf !

Le thé fut pris agrémenté de semoule de blé sucré aux dattes qui lui conféraient un goût exquis. Les verres servirent d'instrument de mesure. Il n'y en eut pas autant que de voyageurs. Ils passèrent de main en main. Chacun attendit son tour pour prendre sa part. Le partage fut équitable. Le reste indivis de la semoule revint au préposé au thé pour compenser sa peine et son dévouement. Quelqu'un eut le tort de comparer cette rétribution supplémentaire au partage naguère assuré par la hyène.

Dans un monde où les animaux avaient encore la parole, la hyène se fit une réputation d'usurpateur. Elle se vit chargée de partager une proie. Elle le fit aussi équitablement que possible. Ainsi que le voulait la coutume, elle se servit en dernier. Bien entendu, les meilleures parts furent choisies en premier. La tête, impossible à disséquer et à émietter, restait à partager. Des solutions plus ou moins convenables furent avancées. Aucune ne fut satisfaisante. Dans un éclair de génie, la hyène proposa de lancer la tête en l'air. Elle précisa qu'elle reviendrait à celui qui la rattraperait avant les autres. L'accord fut conclu sans davantage de palabres. La préposée au partage fit de la place autour d'elle, pour avoir le geste ample, prétexta-t-elle. Elle se cramponna sur ses courtes pattes, sauta sans lâcher le rab. Elle redescendit promptement. Je l'ai rattrapée, grogna-t-elle sans vergogne. Elle s'adjugea la soulte. Les critiques et les murmures ne manquèrent pas. Mais, même dans le monde des animaux, on ne revenait pas sur un fait consommé. Depuis cette scène, lorsque les conditions d'un partage étaient équitables, il était entré dans les mœurs de parler d'un partage à la manière de la hyène. Pour être tout à fait juste, dans le cas de notre voyage, ce fut d'un commun accord que la part résiduelle revint au dévoué à la préparation du thé. Le rappel de la fable de la hyène contribua à mettre de l'animation dans l'austérité ambiante.

Le magnétisme produit par ces instants de convivialité et de complicité chassa le repli sur soi et la solitude. Il nous réconcilia définitivement avec la vie en société. Ce fut superbe. Nous nous sentîmes heureux. Je ne saurais dire si d'autres hommes, en d'autres lieux, bénéficiaient de circonstances analogues. Nous avions passé des instants inoubliables de franche rigolade et de camaraderie. Nous partageâmes le peu de bonheur qu'une vie ingrate distillait avec la parcimonie d'une marâtre acariâtre. Nous avions saisi ces parcelles de gaîté pour en faire l'ossature d'une concorde.

Rien a priori ne nous rapprochait. Chacun avait son histoire, ses ambitions et ses objectifs. Nous les avions tus par respect des autres ou par pudeur. Le voyage et le campement provisoire nous avaient unis. Il nous semblait que, en dépit de la diversité des itinéraires, la compagnie apportait une solidarité rassurante. Nous ne nous sommes pas encombrés de suspicion. Nous ne nous sommes pas demandé si la cohabitation pouvait être bénéfique ou houleuse. Chacun se projetait vers le futur sans un soupçon de crainte. Dans l'euphorie matinale nous avions fait fi des calculs et des règles de prudence. Chaque minute vécue était un profit, un bonus. Nous nous laissâmes griser. Les plus taciturnes sortirent de leur réserve et contribuèrent, par des mots bien choisis, à entretenir le climat général porté vers la convivialité. Tout concourait à rendre optimiste, du moins le croyions-nous.

Par tradition ou par inclinaison pour le burlesque, les prises de repas donnaient lieu à des railleries. Les plus jeunes se laissaient aller aux plaisanteries. Ils se taquinaient à force d'attrapes et de devinettes. Ils offraient ainsi quelques instants bienvenus de distraction. Ces amusements se transformaient en séances de taquinerie. Parfois, ils devenaient une occasion de brimer ceux qui acceptaient de se prêter au jeu. Pour égayer la compagnie, nous transposâmes entre nous ces divertimentos d'ordinaire partagés entre des amis ou entre les membres d'une famille. Nous nous sommes ligués pour moquer les plus distraits. En raison de leur propension aux niaiseries, ceux-ci s'auto-désignaient victimes.

Les cibles des blagues, plus vexantes que méchantes, tentaient de repousser les canulars. Mais, leur nature disposée à l'espièglerie prenait le dessus. Ils répondaient aux invectives par des calembours incroyablement sujets à susciter le rire. Ils disposaient d'une étonnante capacité à produire et à absorber les vacheries. Ils encaissaient sans broncher des boutades parfois à la limite de l'humiliation. Ils faisaient preuve d'une incontestable aptitude à la jovialité. Ils exagéraient leurs bourdes dans l'unique but d'amplifier les rires. Ils inventaient des formules péremptoires et des onomatopées invraisemblables pour produire le meilleur effet. Nous riions aux larmes pour des banalités. Etait-ce pour oublier nos problèmes et nos contrariétés ? Allez savoir pourquoi certaines personnes sont plus disposées à la convivialité ! Du moins, cela permit de me couper, momentanément, des préoccupations quant à l'état d'esprit d'Aguid.

Pour donner une idée de ces échanges, qui ne contenaient aucun relent ni talent intellectuels, je vais vous en restituer un exemple. De tout temps, les propos relatifs aux joutes verbales se sont présentés sous forme de tirades plus ou moins bien construites. Les inventeurs ou les conteurs de calembours disposaient d'un art consommé de provoquer l'hilarité de leur auditoire. A l'instigation des conteurs, maîtres de l'impassibilité, qui faisaient rire sans broncher, l'hilarité devenait du pain béni pour notre groupe de dix. Certains s'étouffaient mais demandaient encore plus de plaisanteries. Ce contexte agissait sur le moral des voyageurs. Il produisit un effet délicieux, voire une tendance à la divagation chez l'un des neuf compagnons. En homme jovial et généreux, il partagea sa science du rire et de l'à-propos. Il émit une sentence mémorable juste après la première gorgée de thé qu'il dégusta bruyamment. Le moment lui parut propice à l'introspection puis aux confidences.

Notre conteur aspira le liquide chaud puis se redressa. Il s'assit en mufti. Il replia la manche gauche de son *djanfa*[19] qu'il portait assorti d'un *yankè*[20]. Du plat de la main, il égalisa le sol sableux. Il apprêta une surface de deux fois deux belles paires de mains d'homme. Il tourna le regard à gauche puis à droite. Il lâcha sur le ton de la confidence : Koura[21], souviens-toi de cette après-midi pluvieuse. Il était entre seize et dix-sept heures. Baba[22] nous servit une calebasse entière de bouillie chaude et succulente. Nous la bûmes avec volupté. Il se tut et s'apprêtait à s'allonger. Nous nous retînmes de rire. Nous escomptions une suite à son discours bien construit et d'une haute inspiration. Nous subodorions la grosse gaffe, la bonne affaire.

Le narrateur posa le verre de thé. Il s'allongea de tout son long. Il semblait méditer à on ne savait quel songe dont lui seul détenait la clé. On eût dit qu'il attendait l'effet de sa confidence. Son silence se prolongea. Il scruta le ciel bleu. Des secondes s'égrenèrent. Peut-être, une

---

[19] Djellaba s'arrêtant à mi-jambe.
[20] Grand pantalon bouffant.
[21] *Grand* ou *Aîné,* en arabe tchadien, en kanembu et en dazzaga ; dans le contexte, nom masculin.
[22] *Tante paternelle,* en arabe tchadien ; dans le contexte, nom féminin.

minute passa sans qu'il n'y eût le moindre murmure. Un ange passait. Le temps retint son souffle. Nous étions comme médusés. Nous attendions la suite. Elle ne pouvait qu'être pure hilarité. Il fallait sortir du mutisme et de cette attente. L'un des neuf compagnons, ne pouvant résister davantage, prit la parole. Il bénit Dieu de l'avoir mis en situation de jouir de ces fugaces faveurs. Il exprima son admiration pour celui qui, tantôt, encensait sa tante. Cette précaution ne l'empêcha pas d'asséner sa sentence. Elle tomba comme un couperet. Feignant d'ignorer la nostalgie et la sincérité du narrateur, le sieur tint à relever le quiproquo. D'une voix monocorde, qui contenait mal sa suffisance, il titilla le conteur. Dans une morgue féroce, il acheva son laïus par une moquerie sur la gourmandise du conteur. S'agissant de bouillie, *nous mangeâmes* eût été plus à propos, dit-il sans indulgence mais non sans solliciter la complicité des autres. Son allusion couronna une jubilation commune qui ne fut que plus intense. Avec perfidie, le contradicteur du neveu de Baba, insinua que, taraudé par la faim, l'esprit du conteur n'avait pas été à la hauteur de son talent oratoire. Il s'en était allé pour exposer un traité sur la différence entre un liquide et un solide. Pour conclure, l'espiègle, jouant sur les nuances, rappela qu'une bouillie se mange.

Une autre réplique arriva sous la forme d'un oukase. Il tint lieu de pan sur le bec de notre amuseur. Cet assommoir vint de celui qui feignait un total désintérêt pour les palabres. Il asséna un couplet joliment construit puis retourna à son état de méditation. Il se mêla pour un court instant aux divertissements communs.

Réveillé de son introspection, le neveu de Baba ignora les sarcasmes comme les encensements qui ne furent pas de reste. Il se mura, à son tour, dans le silence et continua sa méditation. D'autres éloges ou commentaires de même facture s'ensuivirent. Il n'en eut cure. Il était déjà ailleurs, comme chacun de nous. Nous avions en tête d'autres rêves. Nous chevauchions d'autres voies. Nos préoccupations revinrent à la réalité. Pour ce qui me concerne, après la dissipation de la minute magique, vinrent les interrogations sur les implications de ma participation au bivouac.

Le temps continuait de s'écouler. C'était à peine si nous nous rappelions les rires, les moqueries et les marques de compassion de l'instant d'avant. C'était à peine si nous nous rappelions que le narrateur avait exprimé son bonheur et son amour pour son avenante tante. Il l'avait bel et bien fait savoir à qui voulait partager sa joie. Je l'avais admiré pour sa franchise et pour son sens du partage.

En dépit d'un soleil déjà agressif, l'équipe ne se pressait nullement de quitter le camp. L'absence d'un leader qui eût intimé de se mettre en branle se ressentait à ces détails. Personne ne prit le risque de suggérer une attitude plus dynamique. Les plus jeunes attendaient que les anciens décidassent. Ceux-ci voulaient que les cadets apprissent à décider. La tolérance durait un instant. Dès que les difficultés se faisaient pressantes, on intimait aux inexpérimentés de se faire oublier. Ils faisaient profil bas et se pliaient aux choix des plus qualifiés.

Je me résolus à prendre la parole. Je tentai une pichenette pour sortir de l'immobilisme. S'il se trouve parmi vous des candidats pour se diriger vers l'Ouest, aptes à soutenir une cadence d'une vingtaine de kilomètres, il est temps de partir, dis-je sur un ton totalement détaché. Je ramassai mon balluchon et mes armes. Je prêtai une écoute distraite à une éventuelle réaction. En dépit de ma hâte de plier bagages, je captai une proposition, plutôt un début de réponse. Nous pouvons cheminer ensemble, répondit une voix. Je repérai la provenance de la proposition d'un coup d'œil et précisai : ma destination est suffisamment lointaine pour que nous ne perdions pas de temps en palabres. Partons sans plus tarder. Pour votre gouverne, je vais au-delà des frontières administrées par notre chef-lieu. D'après mes estimations, cela nécessite environ deux semaines à dos de dromadaire. Ces informations doivent suffire pour vous décider, ajoutai-je un peu agacé.

Je fis preuve d'esbroufe et de culot. L'assistance y mordit. Je me tançai d'avoir affiché, de manière éhontée, un comportement critiquable. Toutefois, je m'amnistiai aussitôt en évoquant l'intérêt général qui voulait que nous ne perdîmes pas de temps. Trois hommes, dont celui surpris, tôt le matin, en situation d'uriner, s'ébrouèrent en même temps que moi. J'en déduisis que leurs mouvements annonçaient de la compagnie pour la suite du parcours. Ils n'eurent pas le loisir de mener à terme leur message d'acquiescement. Ils furent stoppés net dans leur élan de coopération. Un gaillard, la trentenaire, indécis ou traître, sema le trouble. Du pied, il jeta l'équivalent d'une pelletée de sable dans la direction des trois hommes. Il leur intima de reconsidérer leur offre. Il se voulait discret mais son mouvement ne m'échappa pas. Je négligeai son comportement sournois et admirai son habileté. Son geste était comparable à celui d'un footballeur frappant le ballon du revers du pied pour lober son adversaire.

Une sorte de perplexité s'installa. On s'interrogeait du regard. Il fallait se positionner car les bonnes alliances déterminaient la réussite. Que faire ? devaient se demander des compagnons courageux mais guère téméraires. Le choix n'était pas aisé. Ils hésitaient. Leurs opinions étaient partagées : suivre la proposition du cadet de la troupe ou accepter l'avertissement du fourbe qui les intimidait ? Je n'aurais pas souhaité être à leur place. Il fallait pourtant tenter quelque chose. Je proposai une bouée de sauvetage pour excuser l'empressement des trois hommes prêts à me suivre. Je relativisai ce qui pouvait être interprété comme une arrogance inutile. Si certains ne se sentent pas d'attaque pour soutenir une cadence de vingt kilomètres par jour, la marche peut être adaptée. En tout état de cause, il est préférable de voyager groupés, à moins que vous voyiez un inconvénient à l'entraide, suggérai-je.

Je regardai l'énergumène, au geste de footballeur, droit dans les yeux. Je lui signifiai ainsi que l'offre n'était pas négociable. Je sentis mes tempes s'échauffer. La fermeté de mon ton et le raidissement de mon discours traduisaient une irritation.

Le problème est que nous formions deux groupes distincts que la providence avait réunis le temps d'une halte nocturne. Ton arrivée ajoute à la disparité, marmonna l'indécis. Mais, tout compte fait, ta proposition me paraît raisonnable, crut-il bon d'ajouter. Ce fut dit sans conviction. Il ne sut pas argumenter afin de faire pencher la décision en sa faveur.

Nous levâmes le bivouac après avoir ensablé le foyer et débarrassé le camp de divers détritus. Je mis un soin particulier pour que rien d'apparent ne pût nuire à l'harmonie du paysage. Pour conférer une crédibilité à mes prétentions de marcheur émérite et conforter l'autorité née de l'incident, je pris la tête du cortège. Les trois premiers candidats pour la marche vers le soleil couchant se mirent à mes côtés. Leur enthousiasme signifiait une totale adhésion à mes propositions. Cela me surprit. Mais, je n'avais pas le choix de mes amitiés. Dans ces circonstances, tout soutien était bon à prendre. Je ne m'en privai point.

Au bout d'environ cinq kilomètres, soit le passage par deux dunes et un oued, le groupe de dix se trouva allongé et disloqué. Une centaine de mètres séparait la tête du peloton de la queue. La marche était soutenue sans être particulièrement rapide. Rien n'expliquait l'allongement de la file. Je pris l'avis de mes proches compagnons sur ce qui expliquait le ralentissement de ceux qui étaient derrière. Les réponses furent évasives. Quelque chose ne tourne pas rond ! m'interrogeai-je. Mes soupçons se précisèrent au fil du temps. Une tentative de sédition se tramait.

Prenant à témoin mes voisins immédiats, je suggérai de gagner du temps en évitant les passages entre les dunes. Le ralentissement du rythme et l'étirement du convoi apportaient certes du répit aux traînards mais il en résultait un rallongement du temps et du parcours. J'indiquai aux trois marcheurs en tête de file de faire preuve de solidarité afin de soutenir le moral des retardataires. Nous décidâmes de les inciter à plus de courage. Je me chargeai de faire passer le message. Nous ralentîmes le rythme de sorte que le groupe se reconstitua.

Nous constatons que la marche s'est anormalement ralentie, assenai-je. Je pris un air plus grave que sérieux. Je présentai une mine préoccupée. Je jetai un coup d'œil autour de moi sans raison autre que de faire impression. Sans attendre de réponse, j'ajoutai : nous avons une longue distance à parcourir ; chacun doit mettre du sien pour avancer. Lors du repos, nous aurons tout le loisir de discuter et d'accorder nos points de vue. Puisqu'il n'y a pas de malade ni de personne âgée parmi nous, tâchons de couvrir la distance convenue dans le temps imparti. Quelqu'un aurait-il des objections à la suggestion que nous faisons ? Je fis le geste du bras pour inclure mes trois compagnons les plus proches dans la formulation de la proposition.

La manière péremptoire, mon assurance et le ton sans équivoque supposaient une réponse positive. Le silence qui s'ensuivit fut mis à profit par une voix issue de la majorité silencieuse pour appuyer la proposition. Allons, ressaisissons-nous ; voilà de quoi réconforter chacun de nous et bonne marche, dit-elle. Cette intervention eut l'effet d'un stimulant. Les récalcitrants se montrèrent plus coopératifs, en tout cas plus alertes. Ils ravalèrent leur rancœur et leurs calculs mesquins. Ils remisèrent la tentative de révolte que certains ourdissaient. Je n'attendis pas davantage pour conforter l'entente retrouvée. M'adressant au bonhomme qui s'était exprimé, tantôt, en langage de footballeur, je le remerciai pour son concours. Je lui demandai de prendre la tête du cortège. Ce qu'il fit sans se faire prier.

Nous marchions d'un pas soutenu. J'aurais été moi-même en tête de file, nous n'aurions guère été plus rapides. Notre chef de cordée se montra à la hauteur. Etait-ce pour mériter le leadership qu'il revendiquait sournoisement ? Je ne pouvais le savoir. Mais, peu importait ce détail puisque nous avancions plus vite.

Le majestueux soleil de septembre baignait notre parcours de son manteau de lumière. Quelques nuages, des cumulonimbus, apportaient, de temps à autre, une ombre salutaire. Les corps en profitaient pour éviter une déshydratation quasi certaine. Les mouches du matin trouvèrent plus sage de s'éloigner. Elles nous accordèrent un répit mais revenaient nous harceler dès qu'une ombre atténuait les rayons du soleil. Un vent léger accompagnait notre course vers le couchant. Le ciel d'azur était magnifique. Les reflets de la chaleur sur le sable formaient une réverbération. Elle devenait une cible mouvante. Elle s'éloignait après chaque mètre gagné sur le parcours. Elle s'effaça avec l'atténuation de la chaleur de l'astre diurne dont elle était le mauvais génie.

Il fallut marcher encore et encore. Certains faisaient la conversation et amusaient la compagnie. D'autres attendaient avec espoir la prochaine pause pour se reposer des efforts d'une marche athlétique. Quelques-uns cachaient mal leur peine et mettaient difficilement un pied devant l'autre. Ils avançaient muets et avaient la mine renfrognée. Pour ma part, j'étais heureux d'avancer et de me rapprocher du but.

Nous nous arrêtâmes à l'ombre d'un grand arbre, pour la prière de la mi-journée. L'occasion était belle pour réajuster les paquetages, reposer les corps endoloris et prendre quelques litres d'eau pour la suite du parcours. Je partageai la maigre provision de dattes séchées que j'avais emportées. Chaque voyageur en reçut deux, pas une de plus. Elles furent dégustées avec parcimonie. Leur mastication prolongeait l'agréable suc qui s'en dégageait.

Au cours des périodes de disette ou pour le voyageur esseulé, un plat de dattes se dégustait accompagné d'une simple carafe d'eau. Plus généralement, la datte était une denrée couramment utilisée dans la cuisine.

Elle servait d'adjuvant dans certains mets, pour suppléer la carence en sucre. Elle était appréciée pour la préparation de bouillie de mil dont elle relevait la saveur et améliorait l'apparence. Elle la rendait onctueuse et lui conférait une teinte d'un marron plus ou moins foncé en fonction de la quantité utilisée. En opposition aux interdits coraniques, les dattes servaient aussi à produire du vin ou de la bière. Ces boissons agrémentaient les après-midis des jeunes et des moins jeunes. Ils en consommaient des calebasses entières pour rafraîchir le corps et soulager la faim.

Je fis des émules. Un généreux distribua quelques amandes de Balanite[23]. Ces fruits, au goût mixant le sucré et l'amer, étaient aussi une médication contre les maladies des voies respiratoires. Par ailleurs, les feuilles de l'arbre, le savonnier, servaient pour la préparation des mets dans les régions du Sud. Des voyageurs revenus de ces contrées en faisaient un descriptif atroce. Après avoir partagé un repas avec leurs hôtes, ils en parlaient comme d'une séance de torture. En dépit d'une longue cuisson, elles conservaient un goût plus proche du tanin que d'un produit comestible. Aucun de mes neuf compagnons n'ayant eu d'expérience culinaire en la matière, nous ne pûmes échanger de point de vue sur l'apport nutritionnel des feuilles du savonnier. Je fis de cette inexpérience une raison pour jouir de l'immédiat. Les provisions étaient rares. Les voyageurs s'étaient pourvus du strict nécessaire afin de faciliter la marche. Ceux qui emportaient quelques petites provisions les partageaient sans hésitation.

Pour la suite du voyage, je ne me fis plus de souci pour garder le bon cap. Je laissais mes compagnons se chamailler puis opter pour tel raccourci ou telle direction. On parlait beaucoup mais l'expérience ramenait à la raison. Les plaisantins se rendaient à l'évidence et laissaient faire les habitués. Ils se préservaient ainsi de l'accusation d'avoir induit le groupe en erreur. Toute protestation paraissait d'autant moins utile que certains voyageurs disposaient d'une expérience nullement surfaite. Ils avaient arpenté plus d'une fois le chemin dans les deux sens.

Les arrêts pour les prières du milieu de l'après-midi et du coucher du soleil furent brefs. Les obligations religieuses étaient expédiées aux heures indiquées et sans perte de temps. Ces pauses étaient bonnes à

---

[23] *Hadjilite*, en arabe tchadien.

prendre car deux heures de marche, au pas de charge, fatiguaient même les plus endurcis des marcheurs. Après chaque repos, les gaillards taisaient leur peine et répondaient promptement à l'ordre de lever le camp. Une seule fois, le redémarrage fut pénible. C'était après la prière du coucher du soleil. La plupart des marcheurs espéraient un repos mérité. A cette heure du jour, on se retrouvait réunis au domicile familial. Il était donc normal qu'ils aspirassent au repos. Pour détendre l'atmosphère, je tentai une distraction. Je demandai : qui a une incontestable explication quant à l'obligation faite aux membres d'un foyer de se regrouper à la tombée du jour ? Les réponses furent approximatives. La seule qui parut plausible fit référence au besoin de s'unir pour se protéger. En effet, en des temps guère lointains, les bêtes sauvages s'attaquaient au bétail. Il fallait des bras valides pour les repousser. La nuit tombée, les prédateurs rôdaient autour des campements ou des bourgs. Ils se nourrissaient d'animaux ou même de personnes incapables de se défendre. Les habitudes ont gardé ce risque en mémoire. Le mot d'ordre resta : *tous au foyer à la tombée du jour,* en dépit de la quasi-disparition des lions et des hyènes. Le besoin de se regrouper et d'unir les forces pour se protéger contre les prédateurs me parut une explication crédible.

Depuis l'islamisation des contrées auparavant païennes, les habitudes imposaient à tous de passer l'heure du coucher du soleil à domicile. Cela facilitait les séances de prière en groupe. En principe, cette formalité accomplie, la famille dînait puis réglait les affaires pendantes. Elle demeurait unie jusqu'à l'aube. La survenance d'incidents ou d'événements exceptionnels, réels ou présumés, permettait d'échapper à cette obligation. L'homme s'autorisait alors à aller prendre un peu d'air hors du logis conjugal.

Kloufi[24], reprenons la marche jusqu'à l'apparition de la lune, dis-je. Profitons encore un peu de la clarté d'avant la nuit, ajoutai-je en guise d'explication pour dissiper les hésitations. Je reçus un soutien qui supplanta les avis contraires. Nous repartîmes, cahin-caha, en traînant les pieds. Le climat se tendit. Pendant environ cinq minutes, il n'y eut aucun mot, aucune parole de prononcée. Je compris que la corde était raide. La patience avait des limites qu'il valait mieux ne pas franchir.

---

[24] *Le vantard* ou *le prétentieux,* en arabe tchadien ; dans le contexte, nom masculin.

La marche dura deux heures. L'arrêt à proximité d'un point d'eau fut aussi bénéfique qu'une pluie tombée juste à temps pour ne pas compromettre la moisson. Nous avons organisé le partage des tâches, essentiellement installer le camp et apprêter le repas. Certains allèrent puiser de l'eau et trouver du combustible. D'autres élaborèrent un foyer, montèrent les tentes et apprêtèrent la cuisine.

Faisant équipe avec les deux porteurs d'eau, j'en profitai pour me rafraîchir. Mes camarades de corvée ne saisirent pas cette opportunité. Ils avaient mieux à faire. Comme ils étaient éreintés et courbatus, un repas rapide et un bon sommeil suffisaient à leurs exigences. Une fois ma besogne assumée, je parcourus les alentours du point. L'oued couvrait moins d'un demi-kilomètre carré. J'espérais, secrètement, tomber sur un gros oiseau ou quelques mammifères nocturnes en quête de breuvage. Il n'y eut rien de consistant. Des tourterelles, malencontreusement dérangées dans leur sommeil et étourdies, s'ébrouèrent. L'odeur fétide des restes d'un chien ou d'un chacal en décomposition empestait. Des os et un peu de peau étaient ce qui restait du festin des charognards. Bredouille, je regrettai cette promenade nocturne mais je me consolai en prévision du repos. J'aspirais l'air frais qui distillait la senteur entremêlée de terre piétinée et de bouse de vache. Je ramassai à pleine main une belle bouse fraîche. Je la portai à hauteur du visage et humai le parfum d'herbes digérées. D'expérience, je savais que, le lendemain aux premières heures, les bouses auraient été ramassées. Elles servaient à fertiliser les champs et les pâturages.

Je rentrai au bivouac, ruminant mon infortune. Je me résignai à récolter, çà et là, du bois pour le feu. Soudain, j'aperçus une forme mouvante. Est-ce une brebis ou une chèvre égarée ? me demandai-je. En l'absence d'un village environnant ou d'un campement à portée de vue, une telle présence me parut peu probable. Je décidai d'aller constater de visu afin d'apaiser ma curiosité. J'avais à peine un hectomètre à parcourir pour en avoir le cœur net. C'était autant d'espoir en sursis. Je fis le détour. Mieux qu'un animal domestique qu'il aurait fallu conduire à ses propriétaires, le hasard me laissa nez-à-nez avec une gazelle. Elle titubait, presque étouffée et à moitié entravée par ce qui restait d'un piège. La chance sourit aux audacieux, louanges à Toi, Dieu de l'univers, me suis-je permis de risquer. A la vérité, avant ces pensées pieuses, je me précipitai sur la bête. Le couteau porté autour du bras accomplit sa besogne. J'ouvris de part en part la gorge de la pauvre gazelle. Pour son malheur, elle s'était échouée sur une troupe d'hommes affamés. Je n'eus pas la moindre intention de lui laisser ne fût-ce que l'espoir d'une vie sauve.

Je considérai ma proie avec le regard émerveillé du découvreur d'un trésor. Je la suspendis à un arbre. J'attendis qu'elle se vidât de son sang. Je m'empressai de rejoindre mes compagnons. Personne ne s'attendait à cette prise comparable à un radeau de sauvetage. C'était d'un secours inespéré. Vu la modicité de nos provisions et les bouches à nourrir, la prise arrivait à point nommé.

Je transportai ma proie, tel le légendaire Sao[25] de retour d'une partie de chasse. Il portait, négligemment à l'épaule, le gibier abattu d'un coup de massue. Je me hâtai mais le point de ralliement semblait s'éloigner. Le quart d'heure qu'il me fallait pour arriver au bivouac se prolongeait, interminable. Mon tempérament pondéré fut pris en défaut de maîtrise. Le bouillonnement d'idées et les mille et une manières de rapporter les circonstances de l'heureuse prise m'oppressaient. Les dithyrambes dont mes compagnons ne sauraient faire l'économie me frustraient à l'avance.

Le temps s'écoulant avec parcimonie, j'en voulais à ma propre lenteur. L'impatience me força à anticiper et à vilipender l'insipidité vaseuse des galimatias de la poignée de troupiers, heureux d'être si royalement servis. Je les imaginai, à qui mieux mieux, félicitant le héros du jour et priant la miséricorde divine. J'atteignis le point de repos sur ces introspections. Neuf visages hagards observaient ma lourde marche. Bouche bée, sans le moindre souffle, le regard absent, ils s'interrogeaient. Leur silence exprimait à la fois l'étonnement, le recueillement et la béatitude. Ce fut quelque chose d'analogue au retour à la vie du noyé. Le mutisme collectif signifiait que l'apport nutritionnel était plus qu'une surprise, un miracle inespéré.

Nous nous sommes trouvés confrontés à un instant susceptible de revigorer la foi de l'agnostique. Nous avons vécu un instant de trans-

---

[25] Peuple pêcheur et agriculteur qui vivait autour du Lac Tchad et des fleuves qui s'y jettent. Il a aujourd'hui disparu. Il est probable que les Buduma, les Kotoko et les Massa en soient de lointains héritiers.

cendance susceptible d'ouvrir les portes de l'espoir divin au plus incrédule des non-croyants. Nous avons dû nous rappeler que l'homme ne pouvait tout contrôler ni tout expliquer. Dans certaines circonstances, les doutes le plus tenaces pouvaient se muer en quasi-certitudes. Il semble qu'il y a des réponses qui ne sont pas uniquement du domaine de la connaissance stricto sensu.

Notre guide de prière profita de l'occasion pour relativiser nos ambitions et la précarité de notre situation. Il exposa toute sa culture religieuse. Même les plaisantins l'écoutèrent avec respect. Dès lors et jusqu'à notre séparation, plus personne ne lui contesta sa place de guide de prière.

Nous nous mîmes au travail après avoir loué, à l'unisson, l'Être suprême. Je préférais la simplicité de mes compagnons à mes doutes. J'aurais échangé leur naïve reconnaissance contre ma sagacité. Je donnais plus de valeur à leur esprit pratique qu'à ma quête du bien. Je les admirais plus que je ne les enviais. En me faisant part de leur admiration, ils me troublaient. Ils me félicitaient pour ma vaillance, à un âge où les plus jeunes écoutaient et s'inspiraient des plus expérimentés.

Dans l'euphorie générale, nous nous sommes posé nombre de questions dont celle cruciale de préparer le repas. Nous nous sommes interrogés sur l'équipe qui aurait la charge d'apprêter le repas. Serait-ce les gardiens du camp, les faiseurs de feu ou les porteurs d'eau ? En toute logique, l'honneur revenait à ces derniers. En effet, l'heureux chasseur était l'un des trois porteurs d'eau. Une fois sa corvée accomplie, aguiché par l'espoir, il avait maraudé puis capturé le gibier de trente livres. Nous ne nous sommes pas formalisés outre mesure. Il fut décidé que tout volontaire apporterait sa science ou sa contribution. Aussitôt décidé, les préposés se surpassèrent. Ils présentèrent la gazelle sous la forme d'un méchoui. Tout s'était passé au mieux et à la satisfaction de tous. Le partage fut équitable, autant qu'il était permis d'attendre de l'équité d'un groupe de rivaux. Chacun mangea à sa faim. Ce fut un régal ! Quelques prudents constituèrent des provisions. Ils sauvèrent une partie de leurs allocations en prévision d'heures moins fastes. Pour leur part, les dispendieux, persuadés que les économes remettraient leurs réserves dans la cagnotte commune, firent doubles efforts pour se goinfrer.

Repus, mes camarades me harassèrent de questions. J'improvisai pour expliquer les circonstances de la capture du gibier. A la vérité, nul ne pouvait dire pourquoi et comment la proie s'était trouvée sur notre chemin. Au vu des blessures de l'animal, on pouvait déduire qu'il avait résisté miraculeusement aux mailles meurtrières des filets. En théorie, il n'avait aucune chance. Il s'était débattu, s'infligeant de profondes blessures, pour échapper aux mailles des filets des chasseurs locaux. Les bouts de fil accrochés à ses cornes et entre les ongles de sa patte antérieure droite témoignaient de sa lutte pour la survie. Hélas, il ne l'avait gagnée que pour quelques instants. Je conclus que le destin nous l'avait offert pour festoyer. Il nous avait sauvé d'une probable détresse.

Les filets des chasseurs étaient posés nuitamment. Lorsque le gibier devenait rare, les pièges étaient posés de plus en plus loin des habitations. L'éloignement pouvait être une hypothèse plausible du sursis au destin fatal de l'animal. Il avait dû se débattre longtemps pour se dégager des tenailles diaboliquement efficaces des filets. Ainsi, après avoir échappé aux professionnels de la chasse, il s'était sacrifié à l'appétit vorace d'une bande de besogneux en manque de nourriture. Ce repas se révéla un antidote contre la disette qui se profilait. Sans le hasard de cette rencontre, le moral des dix hommes irritables et éreintés par la marche-commando aurait été fragilisé. Comme ils étaient confrontés à la précarité des conditions du voyage et à la survie, leur fragile entente n'aurait pas duré. En ce sens, la capture de la gazelle fut un gage de cohésion et d'éphémère concorde. Elle nous éloigna, momentanément, de la convoitise et de la violence.

Un matin calme et incertain

La pleine lune, le repas, le trajet et l'atmosphère détendue contribuèrent à la qualité du sommeil. Ce repos fut capital pour l'adversité à venir. Le réveil se fit tôt. Puis, vint la prière suivie d'un petit déjeuner sommaire.

Une effervescence baignait nos préparatifs. Nous nous apprêtâmes pour la suite du trajet. Nous étions déterminés à attaquer la cadence quotidienne de vingt kilomètres. Nous partîmes enhardis, avec l'espoir que les jours se suivaient et devaient se ressembler. Nous avons entamé une nouvelle journée. Nous tous la souhaitions bonne. Chacun l'espérait favorable pour son propre destin.

Je me dégageai de la brume des souvenirs et me consacrai entièrement au voyage. Aguid et les autres n'étaient certes pas oubliés mais je me fixai une nouvelle ligne de conduite : ni flancher ni tergiverser. Je m'y tins comme à une boussole. Même les conversations qui égaillaient notre chemin ne me distrayaient que partiellement.

Dès l'entame de la journée, je me dis : il y a un avant et un après la nuit de mon départ. Ce qui précédait mon départ fut considéré comme dépassé. Seul l'avenir m'importait. Je venais d'y mettre un pied et tenais à ne pas reculer. Je pris conscience que l'avenir se profilait sous le ciel bleu d'un matin calme, en compagnie des neuf hommes dont j'ignorais tout. Pourtant, jamais, l'inexploré ne me parut aussi amical qu'en ce jour né sous les auspices de l'espoir.

A la halte de la mi-parcours, mes trois compagnons les plus proches se séparèrent de moi. Leur route s'orientait sud-ouest et menait vers la région du Lac[26]. Ils avaient pour objectif de rattraper le gros de leurs troupes parti en caravane de plusieurs dizaines de dromadaires. Leur mission consistait à rapporter des cargaisons de mil, de natron et de maïs dont les polders étaient les principaux producteurs.

---

[26] Le Lac Tchad.

Parfois, les caravanes intégraient des commerçants qui allaient plus loin vers le Sud. Ils partaient acquérir du sucre, des ustensiles de cuisine, des médicaments, des verroteries, des cartouches, des armes et d'autres biens manufacturés. Pour assurer l'harmonie du convoi, chaque animal porteur était relié à son prédécesseur par une bride. Le chef de file, un dromadaire d'un âge mûr, choisissait le rythme de la marche. Les convoyeurs juchés sur les montures, laissées libres de leurs mouvements, intervenaient pour le strict nécessaire. Ils laissaient les animaux cheminer à leur rythme.

Le dromadaire, animal sobre et calme, ne s'écartait qu'exceptionnellement de son trajet. Il continuait le parcours et ne s'arrêtait ou ne changeait de direction que sur ordre du caravanier. A la manière du loup stoïque, il peinait mais ne se plaignait guère. Il attendait sa pitance au moment du repos, en fin de journée. Il ne sollicitait ni une pause, pour soulager son dos, ni une compassion, pour tous les services rendus. Il avançait, majestueux, le pas souple, le regard droit, toujours vers l'avant.

Les trois voyageurs qui nous quittaient, pour cheminer vers le Sud-Ouest, formaient une équipe d'éclaireurs. Ils balisaient les parcours et prévenaient toute attaque surprise. Au moment de se séparer, ils me firent des recommandations. Ils attirèrent mon attention sur un carré d'individus. Ce sont des truands notoires qui n'attendent que le moment propice pour se transformer en brigands, précisèrent-ils. Je fus surpris par cette révélation sans en faire, outre mesure, un sujet de préoccupation. La séparation, surtout après ces confidences, fut un peu tristounette. Nous nous promîmes de maintenir nos liens en les confortant à travers des visites.

Dans ce trio, Kloufi jouait le rôle de chef d'équipe. Pendant les quarante-huit heures de trajet, il avait conseillé les moins expérimentés et ceux qui l'écoutaient. Il assumait sa position d'aîné avec sérieux et application. Je lus beaucoup de tristesse dans son regard au moment de se dire au revoir. Si cela eût été possible, il m'aurait suggéré de changer d'itinéraire pour cheminer ensemble. Devinant ma réponse, il jugea plus réaliste de marquer notre rencontre du sceau de l'amitié. Il tenait à ce que nous nouions une alliance solide. Il me proposa la main de sa cadette. Il dit n'attendre que ma volonté pour concrétiser le mariage. Prends garde à toi, prévint-il. Ce fut sous les meilleurs augures que nous

nous sommes séparés, conscients qu'une amitié faite d'estime et de respect venait de naître à l'issue des deux jours.

Le groupe de dix se trouva scindé en trois. Kloufi et ses deux compagnons partaient vers le Sud-Ouest. Je m'interrogeais, seul, sur mon sort et sur la suite du chemin. Les six autres avaient en leur faveur le nombre. Ils avaient aussi un semblant de cohésion dont Taïb[27] se voulait l'inspirateur. Je ne pouvais expliquer son ascendant sur le reste du groupe. Je ne le voyais pas disposer du profil d'un dirigeant naturel.

Bien que désarçonné par la séparation d'avec les trois amis, je ne fis pas grand effort pour gagner le ralliement des plus timides du groupe de Taïb. Peu de choses, dans leurs attitudes, méritaient mon attention. J'en fis une lecture de ce qu'ils pouvaient être. De fait, mon interprétation des forces et des faiblesses en présence se trouva invalidée. A mon insu, un clan s'était constitué. Comme pour corroborer cette impression, les préparatifs pour le départ prirent du temps. Ils traînaient en longueur sans raison valable. Tout se passait comme si le groupe était subitement pris de mollesse. Or, le parcours journalier dictait de rassembler nos forces pour affronter les vingt kilomètres. Cela nécessitait un ordre de bataille prédéfini.

Il va falloir se décider à partir, dis-je sans insister. Je liai la léthargie ambiante à la scission du groupe. Le climat était devenu délétère sans que je m'en fus rendu compte. J'empoignai mon balluchon et quittai le camp sans répéter mon invite. Je remarquai une animation. J'entendis les cliquetis des armes suivis d'un son sourd. C'était le signal de la chute de lourdes charges. Deux ou trois membres du groupe avaient esquissé de m'emboîter le pas. Ils se ravisèrent, plutôt, on les en dissuada. On les somma de reposer leurs paquetages. Face à l'inertie, je lançai : nous progressons, oui ou m.... ? L'invective fit l'effet d'un incitateur sur deux des six compagnons. Ils semblaient attendre cet encouragement pour se décider à me suivre. Plus tard, je compris que leur ralliement me fut salutaire. Ces alliés de circonstance contribuèrent à accélérer la marche. Pendant une heure, nous marchâmes d'un pas soutenu. Nous avons facile-

---

[27] Une personne *amène, agréable et à la destinée favorable, en arabe tchadien* ; dans le contexte, nom masculin.

ment distancé les quatre autres. Selon mes deux compagnons, un stratagème était en cours d'échafaudage. Ils avaient été témoins des conciliabules.

Nar[28], soyons prudents ; imagines-tu ce dont est capable ce satané Taïb ? interrogea Malla[29]. Je répondis par la négative. J'ajoutai : le bonhomme ne m'est pas sympathique. Je ne l'aurais pas choisi pour me tenir compagnie. Mais, puisque le hasard nous réunit, tâchons d'en tirer le meilleur parti. Malla ajouta sur un ton confidentiel : je l'ai surpris murmurant quelque menace ; son intention ne me paraît pas amicale à ton égard. Où vas-tu chercher ces idées défaitistes ? Penses-tu qu'il se risquerait à nous chercher noise ? N'est-ce pas Messieurs ? Je prononçai ces phrases à voix haute pour qu'on m'entendît d'aussi loin que possible.

Nous avons maintenu notre cadence. Cependant, l'écart avec les quatre autres se stabilisa. Les retardataires durent calquer leur rythme sur le nôtre comme nous étions partis les premiers, il nous revenait de choisir le moment et le lieu du bivouac. J'avais dans l'idée d'opter pour la protection d'un arbre, faute d'une maison hôte. Les écorces et les brindilles qu'offrirait un tel abri serviraient pour faire du feu. Ce n'était pas le moindre avantage.

A dix-neuf heures, nous marchions encore. Nous nous sommes concertés pour différer la prière du coucher du soleil. La tension devint palpable. Certains souhaitaient s'arrêter pour la prière. Il revenait au groupe attardé de proposer une voie de solution qu'il fut incapable de formuler. Nous tenions le beau rôle. J'avoue que nous en avions abusé. Les attardés marchaient en retrait. Ils étaient empêtrés dans des calculs mesquins. Il ne tenait qu'à leur bon vouloir de prendre la décision autant que nous le fîmes. Mieux, la courtoisie imposait que nous les écoutassions. En dépit des circonstances, nous accédérions à leur demande.

Nous avons posé nos paquetages au moment le moins attendu. Les plus perspicaces avaient perçu ce brusque arrêt comme le signal de la

---

[28] *Feu,* en arabe tchadien ; dans le contexte, nom masculin dont le sens est *courageux, téméraire ou fougueux.*
[29] *Responsable de...* dans le sens de *personne en charge de...*, en *kanembu.*

mise à nu des tractations à l'arrière du convoi. Pour tout dire, mes pensées étaient loin de soupçonner un complot ou même une attitude belliqueuse. Le partage des charges se fit aussitôt après l'arrêt. Deux personnes se chargèrent de trouver du bois et faire du feu. Deux se portèrent volontaires pour la cuisine et le nettoyage du camp. Malla monta la garde. Je me désignai pour aller puiser l'eau. Je demandai à Taïb de m'y accompagner. L'arbre sous lequel le campement fut installé occupait le sommet d'une dune. Nous avons marché une demi-heure pour atteindre le point d'eau.

La répartition des rôles fut décidée de commun accord. Taïb ne pouvait se soustraire à la corvée, même si telle était son intime intention. Sa préférence penchait pour une expédition à trois. Il souhaitait la compagnie de l'un de ses lieutenants. Une présence tierce aurait rassuré son moral incertain. Il se montrait mal à l'aise en face d'un cadet qui avait réussi le tour de force de s'imposer en leader. Nous nous dirigeâmes, ensemble, vers le point d'eau. J'étais satisfait d'avoir bousculé une habitude faussement consensuelle. Si j'y avais souscrit, Taïb se serait soustrait du partage des tâches, parce que l'âge l'en dispensait, disait-on !

Le caractère introverti de Taïb ne le portait pas, spontanément, à engager la discussion. Il était taciturne. Il ne dédaignait cependant pas de se mêler aux rires et de goûter à la gaîté commune. Pour le mettre en confiance, j'entamai la conversation par une entrée en matière susceptible de détendre l'atmosphère. Grand, connais-tu Kloufi et ses deux compagnons qui nous ont quittés ce matin ? lui demandai-je. Après un instant d'hésitation, il répondit par l'affirmative. Nous nous rencontrons de temps à autre mais je ne peux pas dire que nous sommes liés d'amitié. Etant un voyageur au long cours sur cette mer de sable et le trio s'étant improvisé protecteur des caravaniers, nos chemins se croisent ou se décroisent. Par le hasard de nos pérégrinations, nous nous heurtons ou nous évitons les confrontations. Tout est question d'intérêts bien compris. Toi, en revanche, ton faciès m'est inconnu. D'où viens-tu, mon petit ? Que cherches-tu dans ce monde où tout voyageur seul peut être pris pour une cible ? Es-tu conscient des risques encourus ? D'ailleurs, n'eût été ma présence, ce trio n'aurait pas hésité à se servir de ton sac de couchage tandis que tu aurais été enseveli six pieds sous terre. Il précipita les dernières phrases comme s'il se débarrassait d'un fardeau. Sa fausse assurance, malgré une diction qui se voulait volontaire, trahissait un embarras. Il récita son discours d'un ton monocorde et paternaliste. Je l'écoutais avec détachement. Son discours d'apparence protectrice cadrait mal avec son regard sournois qui exprimait la dissimulation et la fausseté. Sa nature sombre, après ses vains efforts de séduction, se recroquevilla et se mura dans un silence indigne d'un homme à la fleur de l'âge, robuste et en bonne santé. Je fus aussi peu sensible à son charabia que l'aurait été un boucher en prise aux meuglements protestataires d'un veau destiné aux abattoirs.

Je sus d'instinct que la fin de notre histoire se profilait. Marchant devant, légèrement sur la gauche de Taïb, je voulus lui signifier que sa logomachie ne m'impressionnait pas davantage que sa position d'aîné. Je me retins. Je lui intimai d'accélérer le pas. Ce qu'il fit sans résistance. Nous parcourûmes, en silence, les cinq à six cents mètres menant au puits.

Je fixai le téri[30] au bout de la corde d'une longueur de quarante coudées. Selon qu'on abreuvait les troupeaux ou que l'on puisait l'eau à usage domestique, le récipient changeait de volume. De même, la force motrice utilisée pour tirer l'eau dépendait de la quantité nécessaire. En général, un âne, un bœuf ou un dromadaire était utilisé pour tracter le breuvage des animaux.

L'heure de l'abreuvement étant la même pour toutes les bêtes d'une même espèce, des troupeaux de plusieurs centaines de têtes affluaient vers le point d'eau. Les bergers canalisaient cette multitude pour éviter les débordements et les dommages qui pourraient résulter des frictions entre les animaux de grande taille et les plus petits. Chaque propriétaire s'organisait et les passages au puits étaient planifiés. Un calendrier précis était établi. En dépit de cette organisation, de temps à autre, notamment lorsque le programme n'était pas observé au pied de la lettre, des esclandres se produisaient. Il fallait la sagesse d'un sage pour éviter que le sang vînt ternir la fête animale.

---

[30] Mot *dazzaga,* réceptacle en peau de mouton ou de veau relié à une corde servant à tirer l'eau d'un puits. Par extension, tout récipient utilisé pour puiser de l'eau.

Pour prévenir les embouteillages et la saturation des sites, des bassins[31] creusés à même le sol étaient remplis dès sept heures. Les premiers animaux affluaient vers neuf heures, après la traite matinale. Les derniers quittaient les abords des puits autour de seize heures. La quantité d'eau puisée dépendait de la taille des troupeaux et des bêtes concernées. Les dromadaires buvaient moins souvent mais en grande quantité tandis que les vaches, les chevaux, les ânes, les moutons et les chèvres se désaltéraient chaque jour.

L'ordonnancement des passages était crucial, surtout dans les zones de grand pâturage. L'abondance de l'herbe et la qualité de l'eau agissaient comme un aimant sur le comportement des herbivores. Les animaux se dirigeaient vers les points d'eau, survolés de nuages de poussière et d'une multitude d'insectes. Ils se bousculaient et martelaient le sol. Par hordes entières, ils se précipitaient avec la hâte du reclus jeté hors de prison, pressé de retrouver l'air libre.

Le rappel de la vie autour des points d'eau évoquait des moments heureux mais ne me fit pas perdre de vue ma tâche. Je lâchai l'ustensile dans la profondeur du puits, suivant le geste séculaire du berger. Je tenais d'une main la corde enroulée dans un ordre convenu et le récipient dans l'autre.

Dans sa science pour puiser l'eau, au service de ses animaux, le puiseur mesurait avec précision le temps et la distance. En laissant choir l'ensemble nécessaire au puisage, ne le retenant que par l'extrémité de la corde, il faisait un savant calcul. Il estimait, au dixième de seconde près, le temps de parcours du *téri* allant de la main à la surface de l'eau. En raison de la juste estimation de la profondeur du puits, le bras porteur ne souffrait pas. En effet, lors de sa chute dans le vide, le réceptacle de deux livres ne pesait guère plus qu'un cerf-volant manipulé avec adresse. La corde se dépliait au rythme de la chute du récipient. Les gestes se mouvaient en une chorégraphie. Le son et la cadence formaient une houle à peine audible. Entraîné par sa masse, le récipient s'emplissait d'air et enflait. On entendait rien ou presque jusqu'au heurt entre le *téri* et la surface de l'eau. Le son émis lors de ce contact brutal dépendait de l'adresse du puiseur. Une coordination parfaite des gestes

---

[31] Le mot *kélè* est utilisé en kanembu tandis que *guishi* est préféré par les locuteurs du dazzaga.

autorisait une résonance agréable comparable à celle d'une claque de la main dans une calebasse renversée, flottant dans une bassine d'eau. Le *téri* s'emplissait d'eau puis se laissait remonter à la force des bras humains ou tiré par un animal tracteur.

Dans la pénombre environnant le puits, baignait un insondable silence. En dépit du hululement remarqué du hibou qui veillait tout autour, l'atmosphère était celle d'un confessionnal. Je prêtais peu d'attention à l'environnement jusqu'au choc du *téri* contre la surface de l'eau. Le heurt avec la surface de l'eau se fit par la partie solide de l'ustensile, constituée d'un assemblage de lianes. L'ensemble formait un cerceau dans lequel se lovait la poche en cuir. Le réceptacle se remplit aussitôt et se laissa remonter au rythme imprimé par mes bras, mon torse et mes jambes. Taïb m'aida à faire le plein de la girba[32] que nous transportâmes en la tenant de part et d'autre.

Nous avons parlé de choses et d'autres sans y accorder une grande attention. Les échanges se faisaient d'autant plus brefs que Taïb se murait dans le mutisme. Après quelques tentatives, je ne fis plus d'effort. Je me refusai d'écouter ressasser des banalités. Lorsqu'il se décidait à parler, ses causeries ressortaient sans envergure, sans intérêt. Elles s'apparentaient aux balivernes d'un potache titulaire d'un médiocre bulletin, obligé de s'expliquer sur ses résultats. Face à des parents médusés, il justifiait sa piètre production scolaire par l'acharnement de la nature sinon par l'injustice des professeurs.

Tout le long du trajet, nous n'avons pas sollicité, ni l'un ni l'autre, une pause pour reposer le bras. L'arrivée au camp fut un soulagement. La vue des compagnons résonna comme un message inespéré annonçant le report d'un ordre de mobilisation en situation de conflit. Pour Taïb et moi, l'arrivée au camp signifia la fin de notre tandem porteur. Nous avions marché de concert mais contraints pendant près d'une heure. Nous espérions la plus petite occasion pour cesser cette collaboration.

Un silence interrogateur suivit notre retour. Tous durent se demander par quel miracle notre attelage avait tenu. Personne n'osa poser la question. Ils se contentèrent de se désaltérer en attendant le moment propice

---

[32] En arabe tchadien, outre en peau de mouton dont elle épouse les formes.

pour sonder nos cœurs. Nous avons farfouillé dans nos balluchons pour trouver de quoi casser la croûte. Le dîner se limita aux provisions économisées sur le repas de la veille. Comme prévu, les prévoyants partagèrent ce qu'ils avaient sauvé de leur repas de la veille. Je ne fus que plus reconnaissant pour leur sens du partage et de l'abnégation.

La nuit précédente avait été chaleureuse en raison de la qualité des relations entre les dix voyageurs et surtout de l'abondance du dîner qui s'avéra providentiel. Celle en cours s'annonçait peu propice à une profusion d'amabilités. J'avalai une poignée de semoule puis m'allongeai. Couché sur le dos, la jambe droite passée par-dessus la gauche, posée en équerre, je plaçai mes bras sous la nuque. J'avais le regard perdu dans les étoiles. J'adoptai une posture de penseur. Je méditais comme d'autres réfléchiraient à un projet capital. Ma situation était analogue à celle d'un romantique laissant voguer ses idées vers le visage amène d'une dulcinée inaccessible. Ne me sentant pas dans la peau d'un amoureux, je me rangeai du côté d'un chercheur d'or préoccupé par sa quête. Mais, à la différence de l'orpailleur, ma mine n'était pas localisée. Je me vis aussi dans l'état d'esprit d'un voyageur représentant placier parcourant ses chalands. Puis, je me rabattis sur le sort d'un père de famille s'improvisant spéculateur. Enfin, j'envisageai une comparaison possible avec le cas d'un homme ordinaire qui refusait la médiocrité de son quotidien de précarité et de privation.

Riche de mon balluchon, sans valeur marchande, flanqué de la présence rassurante de mes armes, je plongeai dans le sommeil. J'ignorai Taïb et ses acolytes qui, quelques heures plus tôt, semblaient représenter un risque, voire une menace. Plus tard, je déplorai cette vaine assurance et une espèce d'arrogance qui fut cause de perte de vigilance. Vu la mise en garde de Malla et les menaces à peine voilées, j'aurais dû me montrer prudent. Toutefois, mon apparente indifférence contint les velléités agressives. Elle anesthésia ma propre suspicion. Eu égard à l'hostilité ambiante, mon attitude indifférente dissuada la partie adverse. Elle l'obligea à plus de circonspection.

Le lendemain, le réveil se fit tôt en raison d'un sommeil léger. Mon premier geste fut de m'assurer de la présence de mes armes. Je tâtai tout autour de moi. Ma main droite balaya discrètement le sol. Je ne retrouvai pas *les jumelles,* les cinq lances d'attaque à distance. De la main gauche, je cherchais à localiser la grande lance, celle utilisée en position défensive, en corps-à-corps. Il n'y avait point d'armes à portée de main. La présence de mon couteau m'apporta une relative sérénité. Je notai que ma protection se trouvait dégarnie. Après une furtive amertume, je me ressaisis. Je me relevai d'un bond. Je ne ressentis pas de chaleur, ce qui aurait été le signal d'un trouble. Je n'éprouvai pas non plus un abattement qui aurait paralysé mes gestes. Je l'ai cherché, me murmurai-je.

La prudence aurait conseillé de déguerpir nuitamment. Je crus en la dissuasion de ma fougue et en ma détermination. Du côté de l'adversité, l'avantage se fondait sur la force du nombre. J'admis avoir mal évalué la menace. Je m'étais leurré sur les positionnements respectifs des six protagonistes. Dans ces circonstances, *la loi des grands nombres*, inductrice d'occurrences prévisibles en calculs statistiques, penchait pour la force et la synergie du groupe adverse. Toute tentative d'opposition devait entraîner l'expulsion de l'élément solitaire. Pour le groupe organisé, je paraissais à la fois réfractaire, isolé et intrus. Je représentais donc une proie facile. Les coalisés pensaient m'éjecter, à l'égal d'un électron libre. Cependant, pour que l'entreprise pût réussir, il aurait fallu une indéfectible cohésion de la force centrifuge qui méditait mon expulsion. Le groupe souhaitait me mettre hors jeu. Il me considérait comme un élément périphérique sans ancrage ni arrimage. Encore aurait-il fallu que je fusse en situation d'accepter une possible déchéance. Or, au constat de la disparition de mes armes, mon dénuement et l'adversité m'obligèrent à repousser mes propres limites. Je refusais tout comportement victimaire. Telle était ma situation au petit matin de ce jour d'épreuves qui marqua le début d'une leçon de relations humaines. Je la retiens comme une règle absolue de survie.

J'oubliai la fraîcheur de la brise qui apaisait mon naturel énergique. Je dirigeai mes pensées vers la suite du trajet. La disparition de mes armes provoqua en moi un changement radical d'attitude. Au calme d'avant le réveil succéda un bouillonnement intérieur. Je hochai la tête. Je laissai éclater un rire sarcastique, presque provocateur. Je bondis hors de mon sac de couchage. J'oubliai les bonnes manières et même la prière. Mes yeux cherchèrent, ainsi que le ferait une lampe de chasseur, en nuit noire, tout ce qui ressemblait à une arme. Je vis, épars, un arc et son carquois, des lances, grandes et petites. Je recherchais les miennes reconnaissables au fil de cuivre qui cernait la queue de leur manche et la base de la lame. Cette parure leur conférait un caractère distinctif évident. Elle les rendait plus souples à manœuvrer et plus précises. Je les aperçus plantées dans le sable, à peine visibles, près d'un buisson. On eût dit le symbole victorieux d'un demi-dieu sorti vainqueur d'un combat épique contre un ennemi de combativité comparable. Je les récupérai. Je m'emparai aussi du carquois contenant des flèches, abandonnant l'arc inutile sans ses munitions. Je m'appliquai à vérifier les armes restées à la disposition du groupe. Un arc en état de servir pouvait faire la différence en faveur de mes ennemis. Je n'avais pas appris à m'en servir.

Je m'apprêtais à quitter les lieux quand un des six hommes me héla. Il était couché sur le ventre et prit appui sur les coudes. Il tourna la tête dans ma direction. Je ne lui laissai pas l'occasion de finir son bâillement qui me parut une arrogance impardonnable. Je saisis la première lance à portée de main et clouai le pauvre homme au sol. Il émit un bref gémissement. Il se comporta dignement. Sa plainte alerta un témoin. Plus chanceux ou moins téméraire, ce dernier préféra observer l'incident dans sa position allongée. Il n'entendait nullement intervenir. Bien lui en avait pris car je m'apprêtai à rééditer le même geste. Je lui aurais destiné la même sanction. Il demeura inerte. Je quittai les lieux d'un pas alerte mais sans courir. Je gardais mes sens en éveil. J'étais aux aguets. J'étais en mesure de capter le moindre bruit. Je pouvais avoir dans mon champ de mire le plus petit incident. Rien ne s'annonça.

Vous demandez-vous si je ressentis du remords après ce premier geste malheureux. Je me dois de dire qu'en ces moments de tension, la réponse ne pouvait être que non. La vie dépendait de la clairvoyance et de la rapidité avec laquelle les options se prenaient. Je m'étais rappelé ce que m'avait dit Malla : *ton sac de couchage aurait profité à d'autres tandis que tu serais six coudées sous terre*. Non, la vérité commande à dire que, dans l'immédiateté de l'action, je ne ressentis pas le moindre remords. Il en va naturellement tout autrement à l'instant où je vous parle. Cela me paraît évident !

Après avoir traversé trois oueds et parcouru une dizaine de kilomètres, deux des six hommes me rejoignirent. Ils étaient essoufflés par leur marche forcée. Ne sachant pas ma réaction, ils se montrèrent prudents. Pour détendre l'atmosphère, *Nar, nous venons en amis*, annoncèrent-ils en chœur. Nous avons cheminé pendant plus d'une demi-heure sans qu'un mot supplémentaire ne fût prononcé. Ils étaient sur leurs gardes. Je n'étais pas disposé à bavarder. Le silence détendit l'atmosphère et apaisa la méfiance de part et d'autre. L'escarmouche ne fut pas évoquée car cela eût été maladroit. En effet, si quelqu'un s'était risqué au bavardage sur l'incident, je l'eus traité de lâche. Ce qualificatif se concevait parfaitement. Les deux hommes qui avaient décidé de me rejoindre passaient pour les complices de ceux qui avaient subtilisé mes armes. Celles-ci étaient passées entre des mains ennemies sans qu'ils pussent me prévenir ou qu'ils empêchassent l'acte malveillant.

Le parcours fut quasi silencieux tout au long de la matinée. L'ambiance était morose et nerveuse. L'arrêt pour la prière de *zuhr,* prescrite pour la mi-journée, déconcentra la tension. Dans la pratique religieuse du musulman, l'entame d'une prière est un instant de repentance et de pardon. A la fin d'une séance de prière collective, la communion implique le pardon. Il se diffuse à tous. Symboliquement, il est transmis d'un participant à l'autre, d'une main à l'autre. L'exemple est donné par le guide de la prière. La salutation, qui conclut la prière, et la gestuelle, qui propage la communion, symbolisent l'espoir de paix et le souhait de concorde. Les premiers mots prononcés à la fin d'une prière se réfèrent au salut et à la paix. Les adeptes d'une religion aussi ferme sur les principes de fraternité et de concorde ne peuvent tolérer que la colère ou la rancœur ternissent leurs rapports aux autres, a fortiori dans leurs relations avec d'autres coreligionnaires. L'Islam prône la maîtrise de la colère et de la rancœur. Ces deux péchés doivent être maîtrisés pendant la prière et contenus la vie durant. Rester sourd à cette disposition expose au sacrilège. L'inobservation de cette conduite est une enfreinte aux fondamentaux religieux. J'ai agi conformément à cette doctrine.

J'implorai Dieu pour qu'Il baignât nos actes et paroles de son incommensurable bienveillance. Je me fis fort de prendre la parole sans que j'en eusse prémédité l'intention. Je surpris mes deux compagnons. Je les conviai à la repentance. *Puisque Dieu fit que nos chemins se sont croisés par un matin dont Il est seul maître, soyons dignes de sa mansuétude. En attendant la fortune, comportons-nous en hommes de cœur. Tâchons de nous conformer aux enseignements de la foi en Dieu.* Je formulais ces souhaits avec sincérité et calme. Voilà qui est bien raisonné, reprirent-ils de concert. Leur réaction exprimait le soulagement. Eux aussi souhaitaient une baisse de la tension. D'un point de vue mercantile, après leur séparation précipitée d'avec les comploteurs, une éventuelle confrontation, nous trois contre ce qui reste de valide parmi les autres, donnait un avantage certain à notre trio. Nous fîmes de cette cause commune un ciment pour nous rapprocher davantage. Dès lors, des relations comparables à celles d'avec le trio protecteur des caravaniers s'instaurèrent entre nous. Mes compagnons entreprirent de détendre l'atmosphère. Le quart d'heure de repos et de prière fut mis à profit pour présenter nos objectifs et nos destinations. Nous avons parlé aussi de nos familles, ce qui contribua à alléger encore plus la pesanteur.

J'appris que les deux hommes, âgés de vingt-six et trente ans, étaient mariés et pères de deux et quatre enfants. Bou[33] était issu d'une famille d'éleveurs de dromadaires. Malla avait prospéré dans le commerce de moutons. Leurs deux approches de l'aventure en cours reflétaient leurs origines respectives. Ils étaient si différents que je m'interrogeai sur la compatibilité de leurs tempéraments. Le marchand jonglait avec les chiffres. Il était adepte d'une approche policée des relations publiques. L'éleveur était un paysan à l'abord franc. Il avait une conduite carrée. Je ne remarquai pas la moindre fioriture dans son comportement. Il incarnait la robustesse, la certitude et l'esthétisme. L'un était fin et avait le profil d'un matou. L'autre comptait sur sa robustesse, sa droiture et son courage. Il avait une absolue confiance en lui. A la différence du premier qui vérifiait, dans le regard du partenaire, de l'ami ou du passant, la justesse de ses propos, il se suffisait à lui-même. Cependant, je ne détectai pas d'incompatibilité majeure de caractère entre les deux compères. Il me semblait même que leurs attitudes et attentes se complétaient.

Malla était volubile et blagueur. Bou paraissait attentif et jovial. L'un aimait parler, captiver l'écoute et faire le zouave. L'autre préférait ingurgiter des histoires cocasses et coquines pour s'en amuser. Il se délectait des pitreries de son compagnon et affichait une envie d'apprendre. Il ne simulait ni ses joies ni ses douleurs. Son attitude était égale, y compris envers ceux qui, sur la foi d'un jugement hâtif, pourraient paraître incultes ou inintéressants. En somme, le marchand était exubérant et affichait une tendance à la convivialité tandis que l'éleveur dégageait une forte énergie et se montrait généreux, fiable, peut-être, un tantinet rigide.

---

[33] *Grand,* en dazzaga ; dans le contexte, nom masculin ayant le même sens que *Koura* en kanembu.

A leur tour, les deux hommes durent me jauger. Ils avaient tout loisir de me trouver des défauts et quelques qualités. Je n'aurais pas été surpris qu'ils me jugeassent imprudent. Je n'aurais pas été étonné qu'ils critiquassent mon côté aventureux. Vu leur aptitude à se montrer sagaces, ils durent me trouver audacieux, fanfaron et vagabond. Je me sentais flatté de leur prévisible indulgence. Cependant, je n'ignorais pas que notre éducation enseignait le courage, la décision et l'audace. Ce qui passait pour une qualité exceptionnelle dans leur amicale appréciation aurait été la norme, voire une banalité dans un contexte plus exigeant. Je me dis : quelle grandeur y aurait-il à se prévaloir du respect des normes culturelles ? Pour l'essentiel, les habitudes comme les comportements se transmettaient selon un schéma convenu. Ils intégraient puis consolidaient des éléments constitutifs de la vie sociale. Le raisonnable était perçu comme la caractéristique distinctive d'une société sédentaire tandis que le nomadisme privilégiait la liberté. Pour le nomade, sans la liberté de circuler, donc sans le risque de se frotter à d'autres, le degré de satisfaction restait maigre et le bonheur relatif. Comment se risquer à voyager loin des ancrages des douars, sans un zeste de témérité ou une dose de détermination ?

Ignorant ce que je laissais à Bou et Malla, au-delà de leurs seules affirmations, je me retins de soliloquer. Je ne dis rien. Je refusais d'exposer ma vision des choses. J'avais pourtant envie de démontrer toute la différence entre conquérir et défendre, s'émanciper et se soumettre. Je me préservai de leur servir un argument dont ils se seraient saisis pour attester de mon caractère aventureux. Comme tout un chacun, j'espérais leur avoir fait bonne impression. Je souhaitais entendre de leur part, comme j'aurais souhaité l'entendre de mes amis, les qualificatifs courtois et serviable.

Dans le monde qui était le nôtre, l'aventure personnelle importait peu. L'intérêt général était de loin plus important. On demandait : qu'as-tu fait pour tes parents et tes voisins, pour les pauvres, les infirmes et les personnes âgées ? On posait rarement sinon jamais des questions sur la richesse. On pouvait, cependant, s'enquérir du courage ou de la beauté d'un beau-fils. En particulier, au moment où les alliés et les parents des jeunes gens convoitaient une jeune fille pour leur protégé, il suffisait de peu d'éléments pour faire la différence. Les parents de la future mariée accordaient plus de valeur à la droiture et à la rigueur morale de la famille du futur gendre. Certes, ils considéraient aussi le cheptel, donc la fortune du prétendant, mais la position sociale servait essentiellement à départager des concurrents de moralité comparable. La sociabilité du père du futur gendre et sa générosité, envers les faibles ou les démunis, étaient autrement plus fondamentales. On nous apprenait à accorder plus de considération aux proches qu'à nous-mêmes. Cette mise en exergue du fait collectif ne déconsidérait pas l'ego. Il était construit puis bonifié dans le but ultime de répondre à l'attente de solidarité. L'ego n'était pas négligé. Il se fortifiait pour sublimer l'égoïsme et l'orgueil dans le but de renforcer le caractère chevaleresque. L'égoïsme et l'orgueil, traits de caractère essentiels à la construction individuelle, paraissaient insuffisants. Ils devaient être transcendés pour renforcer la pugnacité et la détermination indispensables à la perpétuation de la communauté.

Pour mes deux compagnons et moi-même, la méfiance née des quiproquos s'était effritée. Elle se désagrégea dans l'ambiance de décontraction. Elle ne résista pas à notre complicité. Ce fut donc naturellement que nous vînmes à parler de nos projets.

Malla s'était engagé auprès de son père, resté alerte à plus de quatre-vingts ans, à améliorer la rentabilité du commerce des moutons. Il s'était mis en tête d'explorer des perspectives plus lucratives. Il avait promis de faire mieux que les rendements proposés par des intermédiaires qualifiés de filous ou de félons. Son rude paternel doutait. Il ne souhaitait pas l'engager dans une entreprise périlleuse. Il fallut la complicité de l'oncle, cadet du père, pour lui accorder une chance. Enfin, il lui revint de démontrer son aptitude à relever d'autres défis que la capture de biches et de gibiers de moindre gabarit. Il s'était fait une spécialité de chasser toutes sortes d'animaux avec le concours d'un pur-sang et le renfort des chiens. Son cheval n'était qu'un yearling lorsque son père le lui offrit en cadeau de mariage. Il en prit soin au point d'en faire le principal attrait lors des fêtes. Les jeunes, filles et garçons, lui vouaient une sorte de culte. Les jeunes gens écoutaient ses conseils et imitaient sa tenue à cheval. Ils l'admiraient pour son habilité au dressage ainsi que pour la carrure et le harnachement de son cheval. Outre la chasse qui n'était qu'un passe-temps aux yeux de son père, Malla espérait démontrer qu'il possédait d'autres qualités. Son souhait le plus fort était de prouver, aux critiques, qu'il disposait d'un potentiel solide. Il voulait démentir les propos de ceux qui le taxaient de se donner bonne conscience à peu de frais. Il estima que le moment d'apporter sa propre contribution à l'édification de la fortune familiale avait sonné. A l'entendre, le traitement royal dont il jouissait, galopant par monts et par vaux, tel un prince des anciens temps, n'était pas usurpé.

Le discours de Malla me séduisit. Je me dis qu'il traînerait bientôt, sous ses ordres, une escouade d'agents et de bergers. Ils conduiraient d'immenses troupeaux de moutons vers les contrées occidentales. Dans ces territoires, distants d'à peine une semaine de voyage à dos de dromadaire, tout ce qui tenait sur quatre pattes était chèrement négocié. Je souhaitais m'embarquer avec lui. J'entrevoyais une solution pour l'aboutissement de mon projet. Mais, plus trivialement, rien que pour vérifier le sérieux de ses prétentions, le pari en valait la peine. Si tout se passait bien, ainsi que je l'espérais, il m'ouvrirait des opportunités et des pistes lucratives que je pourrais exploiter pour mon propre compte. Je ne lui fis pas part de ce projet. Je laissai la conversation suivre son cours.

Bou s'était tenu informé du passage d'une équipe de vétérinaires dont la mission était de soigner les camélidés. Il entreprit de convaincre le responsable, du moins une partie des techniciens, de faire une halte dans ses pâturages. Cela permettait de prendre en compte les besoins des élevages parmi les plus féconds de la région. Si son invitation se trouvait rejetée, en raison du tracé du découpage administratif, le cheptel du clan Bou serait privé de soins. La visite vétérinaire suivante était programmée, pour le meilleur des cas, dans trois ans. Compte tenu des risques d'épidémie, la vaccination était indispensable. C'était l'unique parade contre une épidémie. Les éleveurs en avaient, très tôt, pris conscience.

En raison des capacités limitées des équipes vétérinaires, certains éleveurs se trouvaient privés de conseils pour l'amélioration, le suivi et l'entretien de leurs cheptels. L'objectif de Bou était de solliciter une exception au découpage administratif. Il n'avait d'autre choix que de tenter d'infléchir le chef d'équipe. L'objectif était de dévier le parcours prédéfini en y adjoignant une incursion vers la circonscription jouxtant l'itinéraire. Il insista pour que cette erreur fût réparée. Il argua que cela n'allongerait le programme initial que d'à peine une journée et que l'équipe serait particulièrement bien accueillie par les populations.

Tout dépendait du chef de l'équipe vétérinaire. Si Bou rencontrait un connaisseur des régions arides, un amoureux du dromadaire, un jeune romantique en voyage de formation ou même un vrai pragmatique, sa requête serait retenue. Il aurait ainsi gagné son pari. En compensation, les aides-soignants, les infirmiers et le docteur vétérinaire se verraient offrir l'occasion d'assister à une véritable fête animale. Il leur serait accueillis avec les égards réservés aux plus illustres hôtes. Ils se seraient donné l'occasion d'observer le dromadaire dans son environnement de prédilection. Enfin, ils assisteraient à un gigantesque rodéo de plusieurs centaines de têtes.

Le dromadaire dominant, un mâle, se tenait à distance du troupeau pour mieux y veiller. Lorsqu'il blatérait, en manifestant ses émotions, un organe de couleur et de forme semblable à un poumon se laissait découvrir à la place de sa langue. Cette excroissance de teinte rose était le signal de sa détermination à charger toute présence considérée comme un adversaire ou un obstacle. Par cette expression bruyante et colorée, il signifiait aux congénères mâles de se tenir à l'écart de son harem. Les prétendants au rang de premier étaient sommés de s'éloigner et d'attendre leur tour, plus tard. Subjugué, l'animal devenait incontrôlable. Il se montrait dangereux y compris pour le berger qui s'en approcherait sans précaution. Le risque d'être chargé, renversé et écrasé n'était pas négligeable.

Pendant la saison de pluies qui coïncidait avec la tournée vétérinaire, les animaux étaient repus. Ils broutaient à satiété une herbe bonifiée par des pluies abondantes. Aux heures où ils allaient s'abreuver, partant des dunes, ils se ruaient vers les oueds riches en eau saumâtre. Pour mener leurs troupeaux aux puits riches en sels minéraux, les transhumants parcouraient des dizaines de kilomètres. Le natron contenu dans le breuvage favorisait la digestion. Il incitait les herbivores à brouter davantage pour accumuler des réserves de graisse et passer sans dommage fatal les privations de la saison de soudure.

Hormis les dromadaires, qui constituaient la principale fortune, une multitude composée de bovins, moutons, chèvres, ânes et chevaux fourmillait. Les animaux broutaient, se bousculaient, couraient à tort et à travers mais cheminaient vers les points d'eau. Les beuglements, les vagissements, les bêlements, les hennissements et les braiments se faisaient de plus en plus forts et s'entremêlaient. Des senteurs d'urine, de bouse, de crottin, d'herbe piétinée, de poussière et de sable gorgé d'eau se confondaient. L'ensemble formait une brume aux parfums indécis. Cette multitude inondée de poussière et régie par la loi du plus fort suivait un code dicté par les bergers. Les animaux de grande taille et les plus petits se côtoyaient dans un apparent désordre. Ils obéissaient aux appels et suivaient les ordres des bergers. Cette masse mouvante représentait la vie dans ce qu'elle avait de plus palpable. Elle fournissait lait et chair. Elle constituait la seule réserve de valeur disponible. Elle contribuait à rapprocher des hommes aux intérêts divergents. Pour les animaux, les hommes parvenaient à maintenir un équilibre instable mais suffisant pour préserver des rapports qui, à défaut d'être cordiaux, ne concouraient pas moins à la paix. C'était le prix à payer pour assurer une cohabitation tolérable entre les éleveurs nomades qui parcouraient de larges espaces et des agriculteurs sédentaires portés à les considérer comme une nuisance. Au rebours de cette fête qui mêlait les hommes et les cheptels et rapprochait les nomades et les sédentaires, la saison de soudure guettait. Pour les uns comme pour les autres, les plaisirs et les avantages de la période faste n'en étaient que plus enivrants.

Le spectacle de cette randonnée piaffante, satisfaite de sa condition, valait le détour. Si l'équipe vétérinaire invitée par Bou acceptait de passer par ses pâturages, elle repartirait avec une inoubliable impression de fête. Elle aurait pris conscience que la puissance du dromadaire ne le rendait pas moins galant. Hormis l'éléphant d'Asie, il était la plus grande monture domestiquée par l'homme. Il était aussi le plus sûr véhicule jusqu'à l'invention de la machine à vapeur. Ses prouesses égalaient en intensité les moments les plus intimes des plus secrets des animaux. Tout dans le dromadaire rappelait la noblesse de son sort. Son comportement, son allure et son endurance en faisaient un moyen précieux et un compagnon fiable.

Par hasard, si Bou se voyait désigner pour vis-à-vis un fonctionnaire à l'âme racornie, agrippé à son cahier des charges et aux consignes, il pourrait dire adieu à son rêve de faire revenir les Nasara[34] dans ses douars[35]. Il ne lui resterait alors que les souvenirs des premiers qui passèrent au début du XXème siècle. Ils affrontèrent les troupes sénousites[36].

---

[34] *Les Blancs*, par simplification *les Européens*.
[35] Regroupements d'habitants formant des villages ou des espaces plus grands.
[36] Légion adepte d'un Islam rigoriste naguère en activité dans le Nord du Tchad. Son influence prit fin, au tout début du XXème siècle, à l'arrivée des troupes françaises.

Ces dernières bâtirent en retraite face à la charge des mousquetons et des canons. L'arrivée de cet occupant, au Kanem et dans les pays environnants, mit un terme à la propagation d'une foi religieuse rigoureuse.

Si j'avais à choisir un ami ou un confident, il ne faisait aucun doute que j'aurais opté pour Bou. Il était solide mentalement, physiquement, dans son expression, ses rapports aux autres, son regard franc, son sourire retenu, ses conversations guère superflues, sa nourriture d'esthète, ses bouchées élégantes, sa main ferme et sincère. Il l'était jusque dans sa manière de s'asseoir, économe de l'espace pour ne pas gêner. Il pensait à l'autre avant de se préoccuper de sa propre personne. Il était de ces hommes que l'on peut qualifier, sans emphase, de nobles. Il était *la relation* à avoir parmi ses connaissances. Il valait bien plus que son pesant d'or, notamment, dans les moments de détresse. Il était un recours inestimable. S'il avait fallu choisir un chef, Bou aurait fait l'affaire dans quelque milieu que ce fût. J'éprouvais de l'affection et j'avais du respect pour lui. Pourtant, cet idéal amical était inopérant dans cette jungle où la survie primait sur tout le reste. Tout était lutte pour arriver à bon port. On ne reculait devant aucun obstacle pour mener à terme les projets.

Après mon départ éhonté, une nuit de pleine lune, et après ma rencontre avec Bou, j'avais à peine commencé à mesurer les contraintes de mon aventure débutante. Il me restait à faire les bons choix. Je manquais de conseils. Ce fut chose faite avec cette rencontre. Je scellai avec lui une amitié guère ininterrompue. Ainsi qu'il le promit, dès que j'en formulai la demande, il consentit que j'épousasse Samha[37], mère de Kourou[38]. Bien avant ce mariage, je me rapprochai de Malla, le marchand de moutons. Sa maîtrise du commerce et ses relations constituaient un atout dont je comptais tirer parti. J'envisageai de profiter de sa prédisposition transactionnelle pour apprendre et me former au commerce. La fausse candeur qu'il affectait se refermait tel un étau sur ses cibles. Je l'observais et j'appris, vite.

Malla était né pour la palabre et la communication. Il modifiait sa voix de basse et l'adaptait pour séduire l'interlocuteur. Dans son rapport

---
[37] *Belle* ou *magnifique*, en arabe tchadien ; dans le contexte, nom féminin.
[38] *Aîné* en kanembu et dazzaga ; dans le contexte, pseudonyme du premier enfant d'une femme.

à l'autre, tout était simulation. Il calquait son langage et sa tenue sur sa cible. Il se glissait parfaitement dans tout rôle qui se présentait à lui. Il était né comédien. Il se trouvait à son avantage dans toute situation qui nécessitait du tact et de l'agilité verbale. Lorsqu'il parlait, on se demandait s'il récitait, tel un magnétophone, ou s'il parlait à la mesure d'un griot maîtrisant par chœur son récital. Il était beau parleur mais on aurait tort de le mésestimer. Pédant, on le prendrait pour un sage dictant ses réflexions. Précieux dans les choix de son vocabulaire, on le tiendrait pour un spécialiste en grammaire. Bref, il était bien sous tous les angles. Plus tard, une grand-mère, étonnée de tant de qualités en un seul enfant, fit cette observation : *ne cherchez pas ses défauts, ils parlent pour lui.*

Je conclus un accord avec Malla, après quelques hésitations mais sans difficultés majeures. Il avait besoin de moi. Il testa le sérieux de mon engagement et n'en douta point. Nous convînmes que je lui servirais à la fois de second, d'aide de camp et de partenaire. Pour la rétribution du premier rôle, il consentit à partager le marché, à l'issue de dix convoyages réussis. Après d'âpres palabres et quelques concessions, le terme *réussis* fut supprimé de notre accord verbal. Pour ma tâche d'aide de camp, en réalité, de garde du corps, j'avais le gîte et le couvert gratuits. Pour notre association, il me promit dix pour cent des profits. Il pouvait se le permettre, ses gains dépassaient le double de ceux déclarés à son père. Tout novice que je fus, cette offre me parut avantageuse donc acceptable. Je n'avais pas le moindre sou à investir. Je ne pouvais donc prétendre à davantage.

Contrairement à mon jugement initial circonspect, Malla se révéla un charmant garçon. En dépit de son inclination à inonder ses interlocuteurs sous un flot de mystifications, nous avons gardé des rapports des plus cordiaux. Il resta correct tant que dura notre accord. Il tint parole. D'ailleurs, s'il avait tenté d'agir autrement, je l'aurais vertement rappelé à ses devoirs. Je lui collais à la culotte. Je ne me résignais pas au simple rôle de second, d'aide de camp ou d'agent commercial dévoué. Je me voulais un partenaire à part entière, situation qu'il eut la sagesse de ne pas refuser. Il finit même par avouer que nous étions faits pour nous entendre. Ce n'était pas entièrement dénué de sens.

Dès les premiers voyages, l'opération s'avéra rentable. Mon associé se ravisa. Il était persuadé qu'il m'avait consenti des conditions trop favorables. Dans un élan de candeur ou de franchise qui bonifiait son image, il exprima sa contrariété pour avoir mal apprécié la teneur de notre accord. Il avoua s'être fourvoyé. Il dit avoir perdu le sens des mesures dans le partage. Il était ulcéré de m'avoir consenti dix pour cent des gains sans qu'il y eût le moindre apport en capital de ma part. Je lui rétorquai, avec raison, que, n'eût été ma présence, il n'aurait pas été en situation de relater les faits. Peu préparé à se protéger contre des brigands, des coupeurs de route et des chapardeurs de petite vertu, il serait retourné honteusement et précipitamment auprès de son père. Peut-être, dit-il, mais cinq pour cent auraient pu tout aussi bien faire l'affaire ! Manifestement, il se sentait meurtri. Non tant pour les avantages qu'il m'avait concédés que pour s'être mal avisé dans un domaine dont il pensait maîtriser les moindres arcanes. Il proposa de rompre le contrat après le dixième voyage. C'était le terme de notre accord. Nous nous séparâmes à l'amiable. Chacun satisfait de l'issue. Il put se libérer de notre accord tandis que j'avais réuni suffisamment de ressources pour voler de mes propres ailes.

Je n'éprouvais aucune aigreur. J'étais convaincu que le pactole amassé grâce à la bonne disposition de mon associé suffirait. De plus, les sacrifices auxquels je souscrivis m'ouvraient d'autres horizons. En effet, je m'étais appliqué à ne pas dilapider des gains qui paraissaient faciles. Ne devais-je pas justifier mon exil impromptu, une nuit de pleine lune ? En cas d'échec, parents et amis se seraient fait un devoir de me ramener à des considérations plus terre-à-terre. Ils m'auraient fait ressentir les limites de ma prétention et la vacuité de mon entreprise. Chacun se serait hissé sur ses ergots pour me blâmer. Je pouvais même craindre que certains profitassent de ma disgrâce, fût-elle passagère, pour m'avilir. Prenant appui sur mon échec, ces persécuteurs seraient ainsi parvenus à montrer qu'on ne brave pas les mœurs et l'ordre social pour assouvir des fantasmes de grandeur individuelle. Toute protestation aurait été improductive. Toute tentative de prouver que mon intention était honnête et noble aurait été vaine. La logique communautaire voulait que le transgresseur payât sa faute. La sacrosainte loi de solidarité et de respect des us et coutumes l'obligeait à expier les fautes de la plus abjecte des manières.

Plus tard, je retrouvai Malla en campagne pour les élections législatives. Il sollicita mon aide. Je la lui apportai sans contrepartie ni hésitation. Il fut élu et siégea parmi les premiers députés de l'Assemblée nationale. J'éprouvai une juste fierté d'avoir contribué à son élection. Je l'éprouve encore aujourd'hui. Il fut un valeureux représentant du peuple. La région entière en tira bénéfice. Il fit creuser des puits dans les oueds les plus arides. Il désenclava la région. Il fut régulièrement réélu. Il se comportait en obligé de la population qui avait, en sa personne, un porte-parole fidèle et un parrain attentif.

Entretemps, je continuai mon chemin. Je m'essayai au commerce des moutons. Sans que cela fût un échec, je ne retrouvais pas les mêmes sensations qu'avec Malla. Le contexte devint moins aisé que pendant notre association. Nous nous amusions et, en même temps, nous menions à bien nos projets. J'avais confiance en sa capacité à traiter les affaires les plus incertaines. Il avait une certitude inébranlable dans mon aptitude à ne reculer devant aucun obstacle. De fait, notre complémentarité et notre entente catalysaient nos énergies et les dirigeaient vers la réussite. Cette complicité me manquait. Seul, je trouvais le temps trop long. Je cherchais en vain le rire gourmand de Malla. Plus que tout, je me sentais orphelin de ses blagues vaseuses et de son intelligence jamais prise en défaut. Je rencontrai solitude et banalité, impatience et nervosité, fatigue et insatisfaction. J'en déduisis qu'il fallait trouver des occupations distrayantes tout en restant profitables.

Disposant de fonds solides, je contactai mon ancien associé pour une reprise des affaires. Malla me fit part d'engagements dont il ne pouvait se défaire. Il quittait définitivement ses habits de fils prodige pour ceux de chef de famille. Pour mon malheur, mais d'abord pour le sien, son vieux père s'était éteint. Il était parti comme s'il n'attendait que l'accomplissement de son fils. Dès que celui-ci se métamorphosa en homme d'affaires redoutable, plus rien ne le retint. Je ne le connaissais que par l'intermédiaire de son fils mais j'éprouvais de la peine en apprenant son décès.

Malla ne tarissait pas d'éloges sur son père. Il le qualifiait d'homme sévère mais juste ou encore de rustre au cœur tendre. Il le remerciait de lui avoir transmis sa science des affaires et d'entreprenariat. Même lorsqu'il osait des critiques, j'y détectais de l'admiration. Il ne cachait pas son respect qui était bien au-delà de la simple obligation de reconnaissance.

J'abandonnai Malla à son sort, à plaindre certes mais guère outre mesure. Je lui manifestai mon amitié ainsi que ma compassion. Je m'en allai vers d'autres horizons. La campagne des sucriers fut mon premier objectif. Nous ramenions du sucre sous la forme de pains de deux kilogrammes que nous achetions dans les territoires limitrophes de l'Ouest. Le sac de jute en contenait trente-deux. Ce conditionnement permettait de limiter les pertes.

Pendant longtemps, le sucre granulé, plus commode à utiliser, eut la préférence des consommateurs. Cependant, les pertes occasionnées lors du transport amenèrent les marchands à privilégier le pain de sucre. Pour les commerçants et les trafiquants, la commodité avait un prix. Chaque fois que le trajet devenait incertain ou était perturbé, les pertes se faisaient plus grosses et le bénéfice s'amoindrissait. Ce constat les amena à délaisser le sucre en vrac pour le cône de deux kilogrammes et demi. Les considérations de maniabilité se révélèrent plus pertinentes. En effet, pour le même poids, le sucre granulé revenait moins cher à l'achat que le pain de sucre. Toutefois, en tenant compte des pertes liées au transport et au transbordement, cette économie faisait place à un net manque à gagner.

Les premiers trafiquants s'étaient rapidement enrichis. De plus en plus de marchands se risquèrent au commerce du sucre. Il en résulta une âpre concurrence. Les prix baissaient continûment. Il fallut trouver d'autres éléments de différenciation. Par ailleurs, pour tout trafiquant, échapper aux douaniers était devenu le plus redoutable des écueils. Quelque efficace que pût être la manière dont la marchandise était amarrée au véhicule, les chutes étaient fréquentes. Parfois, la caravane se délestait volontairement de ses charges afin de faciliter sa fuite. En conséquence, le conditionnement du sucre sous la forme de pain devint la règle. Cela n'empêchait pas les plus audacieux d'acheter et de revendre des sacs de sucre granulé.

Plus tard, aux calculs économiques de rentabilité, s'était joint le poids des habitudes. On conféra au cône de sucre une valeur sentimentale et sociale supérieure. Aux heures de préparation du thé, on entendait, à une distance respectable, le son émis par le choc entre le bloc de sucre et l'objet utilisé pour en détacher un morceau. Pendant les périodes de disette, l'heureux propriétaire de la maison d'où émanait ce son si convoité était vite repéré. Tout le monde n'étant pas logé à la même enseigne, le signal agissait comme une invite. On envoyait un enfant requérir un peu de sucre que l'on s'engageait à rembourser dès le retour à meilleure fortune. Les plus fortunés invitaient leurs voisins à partager le thé. Tous s'attroupaient autour du ronronnement de la théière. Chacun venait puiser, à la source, de quoi étancher sa soif de cette infusion importée d'Extrême-Orient. Femmes et hommes, vieux et jeunes s'y accoutumèrent. Certaines personnes étaient peu partageuses. Elles enveloppaient le sucre dans du tissu afin d'amortir l'écho au moment d'en extraire un fragment. Ces dissimulateurs, bien que rares, ne témoignaient pas moins des limites d'une prétention générale à la solidarité et à l'entraide.

Une fois ramené des territoires de l'Ouest, le sucre se revendait au triple de son coût de revient. A la revente, les prix grimpaient encore plus pendant les hivernages. Les stocks s'amoindrissaient tandis que la demande atteignait son paroxysme. Des fortunes étaient bâties grâce au décalage entre les demandes et les offres de produits rares. Les prix du sucre, comme ceux de certains autres biens consommables indispensables au panier de la ménagère, suivaient une ample fluctuation. Le plus souvent, il s'agissait de hausses en fonction des saisons et de la disponibilité ou non des produits.

Mon expérience de contrebandier en sucre s'était soldée par une perte sèche. L'intrusion impromptue de la douane en fut la cause. Les agents avaient des instructions fermes pour combattre les trafics transfrontaliers qui nuisaient à la société sucrière nationale. Elle était moins performante que celles des pays à littoral maritime. L'enclavement n'était pas l'unique explication mais peu importait la véritable cause de la moindre efficacité de la société nationale. Il se trouvait que nos traites et notre outrecuidance à écarter les douaniers des bénéfices les rendaient hargneux. Nous les privions d'une part de la manne qu'ils estimaient mériter de droit. Je ne le compris que trop tard.

Les douaniers avaient attendu une de nos plus importantes caravanes pour nous prendre en chasse. Bien renseignés, ils avaient établi leur gué au point d'eau qui servait de lieu de ralliement incontournable. Les marchands légaux mais aussi les trafiquants s'y arrêtaient pour prendre une provision d'eau et permettre à leurs montures de se désaltérer. L'irruption de la douane s'était soldée par la saisie de nos marchandises et de nos animaux de transport. Nous avons subi des tracasseries et des brimades. Notre libération fut chèrement négociée. Outre des compensations financières exorbitantes, nous avons promis de ne plus nous risquer au même délit. Pour couronner leur victoire, les agents de l'Etat s'étaient montrés âpres. Jouant de leur position d'autorité réglementaire, ils nous firent attendre sous le soleil, le turban défait. Nous nous en sommes échappés après de fermes engagements à renoncer pour de bon à ce type de commerce. Pour finir, nous nous vîmes réduits à remercier ces peu orthodoxes représentants de la force publique pour leur fausse mansuétude. Face aux menaces très précises qu'ils ne cessaient de brandir, nous prîmes congé hâtivement. Craignant de retomber sous leurs serres, moins acérées mais tout aussi redoutables que celles d'un aigle royal, nous nous enfuîmes.

Une fois hors de portée des douaniers, chaque commerçant échafauda son hypothèse relativement aux tenants et aux aboutissants de nos déconvenues. Certains évoquèrent la malchance. D'autres se contentèrent de souligner notre manque de stratégie. Il fallait procéder comme le trio voltigeur, regretta-t-on. Un marchand s'amusa de notre amateurisme. Les enjeux financiers étaient autrement plus importants, opina-t-il. Le gouvernement, les agents de l'Etat, les commerçants et les intermédiaires, chaque corps voulait disposer de la plus grosse part des bénéfices.

Après avoir écouté les uns et les autres, un homme, la cinquantaine, suggéra une réponse plus que vraisemblable. Il dit avoir aperçu l'un des commerçants en tête-à-tête avec le plus gradé des douaniers. Il le désigna du doigt. Ils partageaient un repas dans un relais. J'ignore le mobile de leur conciliabule mais je suis certain de les avoir vus ensemble. Ils occupaient la table contingente à la sienne. En bon musulman, il ajouta : Dieu m'est témoin, Lui seul est omniscient, je puis affirmer ne pas me tromper. De fil en aiguille, l'hypothèse prit forme. L'accusé, sommé de s'expliquer, ne put trouver une réponse convaincante. Pour le confesser, on le caressa. On le cajola pour lui faire admettre son forfait.

L'homme de peu de foi, rassuré par la bienveillance promise, se crut hors de danger. Il assuma son comportement. Il se racla la gorge en signe d'assurance ou de suffisance. Tous les moyens ne sont-ils pas bons pour casser la concurrence ? se permit-il d'affirmer. Il insista sur *casser* comme s'il goûtait à une vengeance longtemps inassouvie. L'indignation générale devint de la rage. Le traître était un des nôtres. Cela avait donc été un coup monté par un vrai commerçant malveillant et des non moins vrais douaniers véreux. Le premier avait cru éliminer des concurrents à peu de frais tandis que les seconds démantelaient un réseau bien organisé. Les retombées dans leurs escarcelles n'étaient pas la moindre de leur satisfaction. Des menaces fusèrent de toutes parts. On voulut faire la peau au malotru. On parla d'exécution. Les sages calmèrent les plus véhéments. On dressa un tribunal séance tenante. On admit que la sentence, quelle qu'elle fût, serait mise à exécution. Le prévenu n'eut pas voix au chapitre. Il attendit en tremblant un verdict qu'il soupçonnait sévère.

Le traître paya cher sa coupable collaboration. Il eut les deux oreilles coupées par les hommes de main du plus important convoyeur. Ce dernier avait vu la totalité de son capital confisquée lors de l'irruption de la douane. La vie fut laissée sauve au traître après qu'il eut promis des réparations substantielles. Ce qu'il fit. Ce chenapan n'en était pas à son coup d'essai. En d'autres temps, il s'était évertué à vendre ses propres compagnons. Il avait profité des langues étrangères qu'il baragouinait pour conclure un marché qui s'était avéré de dupes. Les jeunes gens qu'il voulut transformer en marchandises ne durent leur salut qu'à leur vaillance. Ils dissuadèrent le prétendu acquéreur de les considérer comme ses biens. Sous les menaces, il sortit sauf de la transaction en s'acquittant d'une compensation. C'était le moins qu'il risquait pour sa tentative de traiter des humains en biens négociables. Pour sa part, le vendeur s'était vu confisquer trois balles de tissus, une cargaison de natron et quelques sacs de sucre. Apparemment, sa cupidité était sans limite. Ce n'était donc pas une surprise de le retrouver emberlificoté dans d'autres affaires douteuses. A un âge où d'autres se consacraient à la méditation ou à la repentance, il pensait tirer avantage de la crédulité des faibles et de sa propre propension à la duplicité.

L'opération douanière contre notre groupe avait amputé l'essentiel de mon capital investi. Elle mit un terme prématuré à mes activités commerciales. Je me résolus à trouver d'autres sources de revenus. Je rejoignis les trois protecteurs des caravanes. Après quelques escarmouches, je fus rapidement pris de lassitude. Je guerroyais en compagnie d'autres aventuriers, chapardant par-ci, extorquant de petits avantages par-là. Je servis d'intermédiaire pour deux ou trois opérations qui ne me laissèrent pas une impression flatteuse. Bref, je tourbillonnais et embrassais nombre de métiers et de rôles. Les uns étaient aussi peu à la hauteur de mes attentes que les autres. Je glanais toutefois suffisamment de ressources pour conserver une allure et une situation enviées. Enfin, j'envisageai qu'une plus grande stabilité me serait profitable.

Je me fixai dans un bourg, pas trop urbanisé, pour continuer de goûter à la paisible vie d'antan. Il n'était pas trop exigu non plus pour que je ne perdisse pas les bénéfices de mon expérience déjà établie. Le hasard et la curiosité me rapprochèrent de l'administration coloniale. Elle se montrait prompte à reconnaître les vaillants et à récompenser les serviables. Si je pouvais m'inclure, avec quelques réserves, dans la première catégorie, j'étais en revanche certain de ne pouvoir faire affaire avec ceux qui cherchaient à asservir.

Je me rappelle, comme si c'était hier, un jeune administrateur colonial, à peine la trentaine. Il me reçut avec la suffisance accolée à son statut. Il me toisa de toute sa hauteur. Il affichait un rictus de supériorité qui déformait son visage déjà torturé. Sa figure parcourue de contorsions rappelait les ravages de la petite vérole menaçant de tiédir la belle gueule d'un jouvenceau adepte de nuits blanches. Il m'interrogea du menton pour me jauger. Je restai de marbre. Mon impassibilité créa le doute dans sa tête habituée à entendre les indigènes ressasser *oui messieurs* à tout vent. Il sonda son interprète du regard. Ce dernier l'aida à dénouer la situation. Mon commandant, celui-là est un bon, lui répondit-il. Flatté ou rassuré par l'intercession de son homme de main, le commandant ordonna que l'on me fournît une tenue de soldat. La règle était alors d'équiper les nouvelles recrues du même accoutrement grotesque que les gardiens des biens de la République, essentiellement des bœufs et des dromadaires.

Appelant l'interprète par son nom, Safrani[39], occupe-toi de sa formation, ordonna le commandant. Il tourna les talons et regagna ses bureaux sans répondre au salut des soldats. Le lieutenant prit la relève. Il harangua d'une voix traînarde la double rangée de tirailleurs. Ils portaient kaki et étaient coiffés d'un bonnet rouge. Le couvre-chef était surmonté d'un pompon noir que prolongeaient quelques fils formant des guirlandes. Le tout donnait à la soldatesque une allure bon enfant. Les populations admiraient les soldats, en dépit ou plutôt en raison du

---

[39] *Descendant de voyageurs ou de migrants,* en arabe tchadien ; dans le contexte, nom masculin.

fusil à un coup dont chacun était équipé. En effet, l'arme produisait l'effet d'un épouvantail.

Entamée sous la férule de Safrani, ma formation se poursuivit, encadrée par le sergent Batre[40]. C'était un gaillard amateur de femmes et de bonne chère. Malgré ses penchants, il sut se maîtriser. Les épouses et les jeunes filles furent épargnées. Il se contenta des femmes libres qui profitaient de son commerce concurremment à celui d'autres soldats. Au bout de quelques semaines, je baragouinais des phrases à peu près correctes en français. Cette assiduité pour la maîtrise de la langue de Molière suscita une sorte de compassion du chef colon à mon égard. Il voulait que je parlasse avec l'accent méridional, le sien. Il me dissuada de suivre celui du moniteur qui me paraissait plus abordable. Il insista. Je parvins à domestiquer plus ou moins bien les deux versions.

Constatant mes progrès qu'il jugea rapides, le capitaine me prit dans sa suite. Je devais assister Safrani et, au besoin, le suppléer car ses interprétations n'étaient pas toujours fidèles. Les querelles et les éclats des voix devinrent courants. Je mis du zèle pour présenter aussi clairement que possible les récriminations et les plaintes de la population. Or, Safrani tirait avantage de ses fonctions. Il monnayait, visiblement sans objection de la hiérarchie, la qualité de ses traductions. Il blanchissait qui il voulait, pour peu que l'intéressé se montrât prévenant. A contrario, il faisait condamner ceux qui se montraient récalcitrants ou refusaient de céder à ses prétentions d'émoluments. Les rétributions se faisaient en bœufs, dromadaires ou chevaux, pour les grosses affaires. Safrani se faisait payer en chèvres ou moutons pour les peccadilles qui ne méritaient pas un passage devant le principal administrateur. Notre collaboration fut houleuse et parsemée d'éclats. Enfin, vint la séparation. Impossible d'accepter plus longtemps l'insupportable, je décidai de partir. Peu avant notre divorce, le capitaine quitta ses fonctions. Il partait occuper des fonctions plus importantes. On murmurait qu'il était rappelé en métropole.

Les vicissitudes des mutations me mirent en rapport avec un vieil homme. Il avait perdu son précédant poste, en Casamance où il dirigeait un poste de commandement plus élevé. Il exécrait tout, à commencer par ma manière de servir. Il maugréait contre ma prétention à vouloir

---

[40] Identité d'emprunt d'un sous-officier français qui avait servi au Kanem.

m'ériger, sans la qualité requise, ajoutait-il, en porte-parole de la population indigène. Sa formule magique était : coupez cette tête que je ne saurais voir. Il ne rigolait pas. Des têtes tombèrent. Je tenais à sauver la mienne.

Le présent voyage peut être perçu comme une continuation de ma rupture avec les autorités administratives. Ce fut une condition de survie. En effet, nombreux furent ceux qui choisirent l'exil. Ils refusèrent la compromission ou une collaboration avilissante. Mais, s'exiler c'était abandonner. Partir pour un ailleurs inconnu s'interprétait comme une fuite. Cela heurtait une société restée majoritairement conservatrice.

Pour le pouvoir colonial, comme plus tard pour l'administration nationale qui le remplaça, le dévouement passait pour une faiblesse. L'obéissance s'analysait comme un manque de personnalité. Même la simple parole juste, lorsqu'elle tombait à point, exposait l'auteur aux sarcasmes. Elle le faisait passer au mieux pour un zélé sinon pour un faux ou un filou…

Voilà qui nous mène loin de nos préoccupations immédiates. Après ce détour qui n'était qu'une des facettes des vingt-cinq années de vie, revenons à notre voyage et aux deux jours de trajet qui nous permirent d'être dans la capitale régionale. Je n'ai pas voulu m'étendre sur mes retours au pays. J'y revenais chargé de présents destinés aux parents et aux amis. L'accueil avait toujours été festif. Je ne détectais ni de convoitise ni de reproche dans leur regard. J'interprétais leur attitude comme un acquiescement. Je faisais passer leur silence pour de l'approbation. Je prenais leurs encouragements pour un blanc-seing. Les uns et les autres devaient se dire : cela vaut bien un exil.

Je pensais avoir fait honneur à tous ceux qui comptaient sur moi. J'ai cependant une dette spéciale à l'endroit d'Aguid. Il avait consacré la plus belle partie de sa jeunesse à s'occuper des vieux et des proches. Il avait tout fait pour contenter ceux qui avaient besoin de nous. Dieu lui rendra grâce pour cette abnégation. Je porterai toujours en moi la reconnaissance pour ce qu'il a fait. Les services que je lui rendis étaient loin d'équivaloir au respect qu'il s'était forgé. Sa droiture et son dévouement me rappellent, aujourd'hui encore, les limites de mes actes, éphémères et banals. Les siens furent désintéressés et irréfragables.

Des fragments de vie

Les deux enfants et leur mère ont écouté, effarés et perplexes, le récit de Rahma. N'eût été le respect dû au chef de famille, ils auraient applaudi la maestria de la narration. Plus gravement, ils auraient souligné le toupet du conteur. Ils auraient vertement critiqué son comportement pour le moins attentatoire aux enseignements que lui-même ne cessait de prodiguer. Puisqu'il n'y avait pas de doute quant à la véracité des faits et que Rahma en était partie prenante, ils se retinrent d'exagérer leur réprobation. Cependant, ils auraient souhaité entendre un conte ou une histoire faite de tendresse. Le respect dû au père ou à l'époux ne diminuait en rien leur ressenti réprobateur. Tout compte fait, tenant compte des circonstances, ils auraient compris qu'il y eût des frasques entre jeunes gens. Mais, comment ne pas réprouver la violence ? Renoncer à toute critique était au-delà de leur capacité de tolérance.

Hanna, Kali et Najma ne se doutaient pas que, tout au long du parcours de Rahma, la moindre inattention pouvait être fatale. La dureté de la vie laissait peu de place aux sentiments. L'espace compassionnel était ténu. La confiance était mal récompensée ainsi qu'elle méritait de l'être.

Rahma avait tenu à raconter sa vie. Il n'avait pas voulu transgresser la réalité, quelle que brutale elle fût. Cela lui paraissait du moins une règle, sinon un engagement. L'auditoire ne le suivit pas et tint à relever l'intolérable et l'inutile usage de la violence.

De fait, deux mondes se faisaient face, sans se comprendre. Rahma avait raconté une histoire dont il n'avait été qu'un élément, un pion. Son épouse et ses enfants jugeaient une époque sans tenir compte du contexte. Ils se trouvaient projetés face aux méandres d'un mode de vie où la violence tenait une place importante. Les faits rapportés étaient indubitablement vrais. L'erreur de Rahma fut de ne pas les avoirs évoqués auparavant.

Hanna et ses enfants s'interrogèrent du regard. Ils étaient dans la situation de celui qui voudrait chasser un cauchemar de son esprit. Chacun attendait que l'autre trouvât une pichenette, une observation ou le mot juste pour détendre l'atmosphère. Ils se sentaient naufragés. Le narrateur restait désemparé. Tous étaient dans la même barque en dérive mais divergeaient quant à la manière d'envisager une solution de sauvetage. Rahma ne sut pas trouver le moyen de dédramatiser sa narration en la circonscrivant à son contexte. Il ne pouvait qu'encaisser la désapprobation générale.

Fondamentalement, le monde des vingt-cinq premières années de Rahma et l'époque de son exil dans la ville étaient semblables. Certes, les règles avaient changé mais l'homme en tant que principal acteur était resté constant dans son approche de la vie sociale. Dès que l'on se croyait à l'abri des contraintes sociales, la réalité rappelait le besoin de vigilance. Certes, convint son auditoire, mais nous attendions davantage de retenue de ta part, pensaient Hanna et les deux enfants. Il n'y eut ni blanc-seing ni absolution.

Rahma se ravisa. Il se taisait. Il assumait ses torts. Il laissait passer la bourrasque. Il prit sur lui de différer sa tentative de relativiser la dureté des faits rapportés. Jamais, l'expression *laver son linge sale en famille* ne parut aussi à propos. Pourtant, il fallait à la fois mettre les pieds dans le plat, oser s'attaquer à l'auréole du père et prendre le risque de situer la morale au-dessus de l'honneur.

La rudesse de la vie telle que relatée surprenait. Elle provoquait l'émoi des personnes respectueuses des normes solidement établies. Najma et Kali avaient reçu de Rahma une éducation basée sur la tolérance, l'abnégation et l'entraide. Eux et leur mère, pour des raisons différentes, peut-être même pour des motifs diamétralement opposés, ne pouvaient comprendre la violence. Ils ne voulaient rien entendre qui l'excusât. Ils auraient souhaité entendre une autre histoire que celle de cette partie obscure de la vie de leur père. Ils auraient préféré que l'épisode se métamorphosât en conte. Ils auraient supplié Dieu pour qu'Il le transformât en une affabulation. Enfin, puisque ce passé paraissait si improbable, ils conservaient un mince espoir que cela reflétât le délire d'un homme en mauvaise posture. La quête de gloire ou de célébrité pouvait mener à des improbabilités, pensaient-ils dans leur silence réprobateur.

La réalité se dressait devant Hanna et ses enfants comme pour narguer leur convoitise à servir d'exemple. Elle leur rabattait le caquet comme pour leur dire que nul ne pouvait prétendre à la perfection en ce bas monde. Ils se savaient, eux, vulnérables, mais ils ne s'étaient doutés des faiblesses de Rahma. Il savait faire la part des choses. Plus ils se rendaient à l'évidence des faits, plus ils devenaient intolérants. Désemparés, ils n'ont retenu de l'histoire que les à côtés d'une vie riche. Rahma avait suivi un parcours, pour la plupart, pavé d'intentions louables et d'actes remarquables de courage.

Dans l'incongruité de sa situation, Rahma trouva la force de sourire. Il se consola en reprenant une des phrases que Malla aurait prononcées : *allez faire entendre raison à cette môme et à ses deux mioches de cinq et sept ans !* Il se résigna à laisser passer la vague récriminatoire. On mettait sa patience à rude épreuve. Il fit le sourd face aux soupçons, aux regards réprobateurs et aux non-dits accusateurs. Dans le mutisme de sa famille, il sentait la force d'une charge sans concession. Il chancela mais tint bon. On lui en voulait de ne pas s'être montré à la hauteur des attentes. Il ne fallait pas attenter à la vie d'autrui. Aucune excuse ne paraissait acceptable. Aucune circonstance ne pouvait atténuer la faute. Aucune tentative d'exemption n'effaçait la faute indélébile d'un meurtre ou peu s'en fallait. Les aspects héroïques furent moins relevés. Les risques parsemant les voies régulières et plus souvent les chemins de traverse des aventuriers ne furent même pas évoqués. On se disposait à comprendre que Rahma pût abandonner mère et consorts pour aller quêter des richesses ou des sensations fortes. Attenter à la vie d'autrui restait un acte que l'auditoire ne pouvait ni comprendre ni justifier. Tout se figea.

Le silence qui suivit le récit de Rahma résonna dans sa tête comme *un hors sujet* asséné par un professeur au plus doué de ses élèves. Le mutisme général rappela au narrateur que la transmission du message méritait davantage de soins. L'auditoire signifiait que l'histoire était d'un intérêt contestable. Rahma resta comme choqué. Il ressentait une aigreur comparable à celle que l'on éprouverait après une séparation d'avec une bien-aimée. Il aurait souhaité avoir la tête sereine et se préparer à affronter les rigueurs de la vie citadine. Accusé de toutes parts, il attendait une réaction de compréhension. Tout au moins, espérait-il un soutien de son épouse. Rien ne vint.

La minute qui s'écoula entre la fin du récit et la réaction de Najma fut interminable. Rahma se résigna au silence, après trois tentatives avortées d'appel au calme. Il aurait tout donné pour que la mécanique du cerveau étouffât les velléités attendrissantes et la sensiblerie du cœur.

Kali gardait le torse droit. Son regard se promenait de son père à Hanna puis de celle-ci à Najma et refaisait le chemin dans le sens inverse. Il se cherchait. Il souhaitait un mot, un geste pour apaiser son irritation. Il affichait la sévérité d'un moniteur coranique refusant toute défaillance de la mémoire. Il butait contre sa propre incompréhension, tel Wachili[41], le précepteur. Celui-ci se braquait et rouait de coups les esprits qu'il jugeait imperméables à la maîtrise, par cœur, des sourates. Le regard de Kali s'attardait sur le visage de son père mais n'en tirait aucune conclusion autre qu'une réprobation. Sa sœur l'imaginait tempêtant, tapant des poings sur les cuisses, professant des insultes dures. Son inaction ne mettait que mieux en exergue le versant bouillonnant de ses pensées inexorablement dirigées vers la quête d'une formule pourfendant les fanfaronnades de Rahma. Il sut garder son calme et sa dignité.

A la différence des baroudeurs, enclins à se laisser emporter par leur instinct sanguinaire et la précipitation qui se révélait mauvaise conseillère, Hanna, Kali et Najma, membres d'un tribunal de circonstance, demeurèrent constants dans leur réprobation. Plus que de la douleur, ils ressentaient un abattement. La résignation, compagne ordinaire des situations inextricables, contamina leurs esprits.

Najma jeta un regard vers son frère puis baissa la tête. A son tour, elle s'abandonna à l'introspection. Elle posa son menton sur l'envers de ses mains qui enlaçaient son genou gauche. Comme elle ne regardait personne, elle ne vit même pas le geste de son père tendant la main pour prendre la carafe d'eau. Sans doute, avait-elle les yeux mi-clos ? Peut-être voulait-elle s'évanouir ou se fondre dans le sable ? Elle n'était pas que désolée, elle personnifiait la désolation. Plus triste que vexée, elle s'interrogea. Elle s'interdit tout geste qui aurait ajouté l'imposture du juge à la bêtise du fautif. De temps à autre, elle faisait mine de frapper

---

[41] En kanembu et en dazzaga, le terme désigne un ressortissant du Fezzan ou de la Tripolitaine.

le sol du pied, comme pour se dégager de sa torpeur. On ne voyait pas ses mouvements car elle ne les esquissait pas. Elle faisait comme si son pied droit, elle était droitière, rythmait une chanson ou un cantique. Elle chantonnait sans qu'aucun son ne sortît de sa bouche. Elle disait sa désolation et son désarroi mais affichait un visage d'ange. Elle ne laissait rien transparaître, en tout cas rien qui parût éprouvant. Stoïque ou résignée, elle supportait la douleur sans broncher et sans plainte. Contrairement aux autres, elle était restée accrochée à son allure joviale.

L'aptitude au silence, dans la douleur, était un caractère des Rahma. Najma était la personne qui personnifiait le mieux sa famille. On aurait dit qu'elle en était une reconstitution synthétique, un résumé fidèle ou une exacte miniature. Son père la considéra un moment et se fit cette réflexion : qui sera l'heureux homme qui l'aura pour épouse ? Il se sentit subitement jaloux ou dépité. Il craignait qu'elle échouât dans une famille médiocre dont la respectabilité ne serait qu'apparence. Ce serait une perte d'avoir enfanté, élevé et éduqué ce bout de chou si elle devait passer sa vie en compagnie d'un mari quelconque. En son for intérieur, il souhaitait que l'un de ses cousins emportât la mise et la prît pour épouse. Il s'adonna d'autant plus aisément à cette rêverie qu'il appréciait la relative quiétude qui s'en dégageait.

Hanna n'ajouta rien à sa réflexion liminaire qui tint en quelques mots : Dieu merci, le monde des hommes n'est pas le mien. Seigneur, préserve mes enfants de telles tentations et des outrances. Elle attendait, comme les autres, que l'étincelle jaillît. Elle aurait souhaité que la sérénité l'emportât sur la rancune ou la sévérité du juge. Sa longue jupe noire qu'elle portait toujours haut, au-dessus du nombril, couvrait toute la partie inférieure de son corps, jusqu'aux chevilles. Elle se délesta de son couvre-chef. Ses cheveux tombèrent sur ses épaules dodues, couvertes des traces d'huile qui suintaient des tresses. Elle paraissait, non, elle était, digne comme l'avait été Osiris en compagnie du Pharaon. Même Rahma lui reconnaissait une forme supérieure de sagesse. On pouvait dire qu'elle était aussi sage qu'un scribe assermenté. Comme ce dernier, elle était fidèle. Elle rapportait avec exactitude les moindres faits et scènes dont elle se trouvait témoin. Elle les restituait sans les déformer ni les travestir.

C'était Kali qui parlait le mieux de sa mère. Il disait qu'elle était Najma en plus grand, en mieux, de son point de vue. En effet, pour mesurer ses sentiments, la référence ne pouvait être que la personne chérie parmi tous : sa sœur. Etait-ce à cause de ce lien ou parce que sa grâce, sa tendresse et sa finesse bonifiaient cette attache-là ? Toujours était-il que Kali ne s'embarrassait pas de précaution. Il affichait sa préférence. Il ne justifiait pas un choix. Il le tenait pour normal, presque naturel. Lorsqu'il observait Najma, *parfaite* était le mot qui convenait le mieux pour en faire un descriptif synthétique. Il prenait acte de son appréciation et secouait la tête pour éloigner le moindre soupçon de doute. Admiratif, il résumait sa pensée en disant : je lui donnerais tout pour la voir pimpante et belle. Najma était magnifique comme il est permis d'espérer d'une œuvre divine. Kali ne lui aurait rien refusé qui pût la choyer, la contenter ou simplement la laisser vivre. Il la sublimait au point de prétendre la préférer à sa propre personne.

Dans l'inconfort de sa situation, Rahma compara machinalement son épouse à sa fille. Il trouva entre les deux une ressemblance mais aussi une complémentarité. La jeunesse de Najma complétait la sagesse et la réserve de Hanna. La mère était restée belle et précieuse comme toute fille de bonne famille se devait d'être. Elle demeurera sans doute ainsi, plus tard, lorsque l'âge flétrira les traits et corrompra la vaillance. Il projeta leurs deux représentations jusqu'au moment où la plus jeune atteindrait la maturité. Alors, la mère porterait les gerçures du temps sur son visage éprouvé mais encore agréable. Rahma semblait las d'avoir ressenti un contentement de la comparaison qu'il avait faite entre son épouse et sa fille. Il conclut qu'un somme lui ferait du bien. Il n'en eut pas le loisir.

Najma fut la première à briser la glace. Face au récit impliquant son père dans un acte attentatoire à la vie de deux hommes, elle n'attendait que la fin pour donner son impression. Elle avait espéré une autre fin mais l'évidence des faits ne lui laissait pas le choix. Elle se devait donc de réagir. Demeurer muette lui était inconcevable, impardonnable même. Elle frappa, comme une vipère prise au dépourvu. Elle exposa son point de vue sans acrimonie ni énervement. Avec la minutie d'un métronome et des mots simples, elle décrivit l'enchaînement des faits. Elle n'omit rien, de l'évasion de son père du domicile familial à l'achèvement du récit. Elle disséqua la cruauté. Un témoin non averti en aurait déduit une hallucination. On aurait dit qu'elle se complaisait dans la morbidité. Elle se voulait implacable. Elle ne passa sous silence aucun détail, y compris les abjectes scènes macabres. Hanna et Kali lui emboîtèrent le pas mais sur un registre moins accusateur ou homérique. Tous cherchaient à donner un sens à l'enchaînement des gestes fatals. De toute évidence, les querelles entre les hommes se concluaient par des confrontations. Elles étaient rarement exemptes de brutalité. Plus grave, elles provoquaient la mort ou de graves blessures. Un Iblis[42] embrumait l'humeur des hommes et les rendait irritables. En raison de leur tendance à se suspecter les uns les autres, le diable semait le doute autour d'eux. Ils s'abandonnaient à la défiance au lieu de s'unir pour cultiver la concorde et susciter la confiance.

Incapable d'apporter une réponse apaisante aux angoisses et aux interrogations, Rahma proposa à sa femme et ses enfants de poursuivre la narration. Il voulait relater le déroulement du voyage qui les avait menés de leur village à la grande ville. C'était une esquive pour se sortir de l'impasse. L'atmosphère était grave. Hanna restait silencieuse. Elle aurait souhaité voir son mari réagir avec flegme. Même pendant ces moments de doute qui paralysaient les réflexes, elle espérait plus de son mari. Elle aurait voulu l'entendre admettre que son comportement n'avait pas été exempt de fautes. Elle lui reprochait de n'avoir pas su avouer ses faiblesses.

Personne ne s'attendait à la poursuite d'une causerie thérapeutique censée détendre l'atmosphère et doper le moral d'une famille, expulsée volontaire de son terroir. Hanna, Najma et Kali exploraient un monde inconnu donc hostile. Tout le problème était de se dégager des miasmes du parcours initiatique du père pour consacrer leurs énergies et leurs intelligences à dompter le nouvel environnement, celui de la ville. Le monde de la ville ne s'embarrassait pas d'état d'âme. Les réactions outrées, en réponse à un vécu révolu, pouvaient faire illusion le temps de la narration mais ne pouvaient émouvoir la cité ou ses habitants.

Pour les Rahma, l'avenir se présentait en une alternative : réussir leur intégration à la ville ou s'abandonner à la providence. Autrement dit, combattre pour se faire une place ou se résigner et attendre que les choses se fissent d'elles-mêmes. Le calme de la nuit étoilée se consumait sans qu'ils en cueillissent les bienfaits. Hors de la ville et de leur vie de sédentaires cloîtrés, Sirius, Véga, Capella, Agena, Altaïr, Antarès

---

[42] Djinn malfaisant.

et Mimosa, les étoiles les plus brillantes, scintillaient de toute leur luminosité. Dans leur lointaine clarté, ces étoiles invitaient les Rahma à abandonner la tristesse et les querelles inutiles. Elles dansaient à l'unisson en l'honneur du Grand Chien, de la Lyre, du Cocher, du Centaure, de l'Aigle, du Scorpion et de la Croix du Sud, leurs constellations respectives. La nuit étoilée serait-elle seule à jouir des bienfaits de la nature ? Elle garda son secret. Tant pis pour les souffreteux qu'envahit le découragement.

Hanna tenta quelques rangements pour oublier les déconvenues. Elle fredonnait des chansons, des berceuses. Bien que juste, le charme de sa voix se trouva diminué. A la manière du registre d'un baryton dont le trémolo, contrarié par l'émotion, se dérègle, elle ne sut trouver le rythme adapté. Elle s'agaça. Elle insista, davantage pour susciter une observation que pour s'enorgueillir ou partager sa nostalgie. Au moment où elle allait perdre espoir, elle s'entendit dire : chante donc la ballade de la mariée revoyant son époux après une longue séparation. C'était une requête de Rahma aussitôt contestée par les enfants qui avaient d'autres préférences. Najma proposa la chanson de la fiancée tandis que Kali penchait pour la berceuse pour la circoncision des garçons. Rahma profita de cette distraction inattendue pour s'accorder un peu de répit. Il se dirigea vers les toilettes alors qu'il y était une demi-heure plus tôt. Comme son retour se faisait attendre, le trio se concerta. Hanna reprocha à ses enfants, à demi-mot, de s'être montrés trop agressifs. Elle les tança pour n'avoir pas laissé la possibilité de clarifier une narration empreinte d'énigmes et de sous-entendus. Elle ajouta : le contexte demandait une lecture plus nuancée et méritait une interprétation intelligente plutôt que la sensiblerie dont nous avons fait preuve. Ils accordèrent leurs points de vue pour convenir que la réaction de Najma avait été sèche mais guère inappropriée. Kali admit qu'il aurait pu émettre un avis beaucoup plus sévère. Enfin, ils conclurent, de concert, avoir perdu le sens des nuances. Cette prise de conscience fut une implicite absolution pour Rahma mais aussi pour la famille.

Rahma revint galvanisé, comme s'il avait puisé dans cette courte retraite une énergie et une force qui lui avaient fait défaut une heure plus tôt. Il renouvela ses ablutions et se mit en conformité pour lire le Livre saint. Il pria pour solliciter le pardon céleste. Tous ces actes requéraient une relative pureté du corps.

La nuit s'écoulait lentement. La lune se situait à la hauteur d'un soleil de quinze heures. Il était environ vingt-trois heures. En d'autres temps, toute la famille aurait été endormie depuis deux bonnes heures mais les circonstances en avaient décidé autrement. Enfin, las de fatigue, les enfants, à commencer par Najma, cédèrent à l'appel du sommeil. Ils se laissèrent emporter par Morphée dans son doux royaume. Les parents les rejoignirent dans cette *suspension de manière immédiatement réversible de la vigilance* ainsi que le rapportait le Larousse d'une certaine époque.

Dans son insondable secret, la nuit vit naître nombre d'enfants en ville et dans le pays. Elle observa la formation d'un nombre comparable de débuts humains, résultats des dévouements quotidiens des couples. Elle prit note du départ définitif des personnes âgées en fin de séjour et des malades ne pouvant résister davantage à la tentation du paradis. La nuit dut regretter la mort en couches des femmes, en raison des conditions sociales ou parce que le hasard faisait mal les choses. On avait vite fait de mettre tout cela sur le compte de Dieu. Sans l'intervention divine, les chances de sortir victorieux de cet acte essentiel à la perpétuation de l'humanité se seraient trouvées considérablement amoindries. La nuit dénombra les traîtrises, les vols, les meurtres et autres crimes dont l'homme, dans ses moments d'égarement, se rend trop souvent coupable.

Face à tant de drames, l'un des Rahma se serait demandé : que représentent nos déconvenues, nos rancœurs et nos petites querelles en comparaison de l'immensité du monde ? Que représentent nos complaintes face à un futur improbable ? Kali aurait ajouté : que vaut l'homme face à la course jamais achevée de la terre, à la profondeur de la nuit, au poignant besoin du muet de faire jaillir quelques mots libérateurs de sa gorge ? Najma aurait crié sa détresse et pleuré la précarité de la condition humaine. Elle avait entendu raconter les malheurs d'une mère empêchée d'apporter secours à son fils dévoré par un incendie dévastateur. Elle aurait dit : face une telle douleur, que représentent nos petits problèmes de survie ou d'amour-propre ? Comme à son habitude, Hanna aurait répondu de manière concise : peu. Non parce qu'elle ne croyait pas en la capacité de l'homme à moduler son monde mais parce que la foi en des lendemains meilleurs imposait une attitude de contrition. Elle était convaincue de la valeur du repentir tandis que son allant d'un naturel conciliant pouvait passer pour une résignation.

En raison de l'atterrissage difficile dans la ville, Kali, plongé dans la torpeur de la nuit, rêvait de refaire le monde. S'il lui avait été donné de remonter le temps, il se serait envolé vers l'époque fantasque et querelleuse des vingt-cinq premières années de son père. Il aurait gommé les conflits et les batailles, les confrontations et les meurtres, les convoitises et les prédations. Il se voyait en archange Raphaël tel que décrit dans le Livre biblique de Tobie. Il aurait sauvé un monde précipité vers sa perte, emporté par sa force folle. Il aurait ramené l'homme au besoin de Dieu, à la fraternité et à l'entraide. Il se devinait retenant le bras de son père, au moment où ce dernier empoignait une des *lances jumelles* pour blesser ou ôter la vie. Il aurait insufflé des mots idoines pour rasséréner ses compagnons de route et les baroudeurs de fortune. Il les aurait ramenés à des intentions coopératives et les aurait enjoints au respect des lois et coutumes. Il leur aurait ainsi évité de s'exposer au courroux des autorités ou à la malédiction des *Anciens*. Il aurait effacé l'infamie de voir son père dans la position du condamné subissant la rigueur des lois, faute d'avoir réfléchi et prévu la parade en temps opportun. Il aurait restauré le regard malicieux et amoureux dont Hanna couvait son mari. Il aurait apporté à Najma l'assurance que l'homme devait être au service de son épouse. Il lui aurait fait partager la conviction que sa famille se chargerait de lui trouver le meilleur des maris. Ce conjoint se révélerait un trésor d'amour et de bienfaisance pour elle-même et pour les enfants qu'ils engendreraient. Il aurait tapissé la nudité des dunes d'une végétation verdoyante. Il aurait voulu voir, partout, de la verdure. Cela aurait été une satisfaction pour la vue, un plaisir pour les pasteurs et un ravissement pour les troupeaux. Ah ! aurait-il dit, juillet, août et septembre attendus tel le retour du Messie par des populations soumises aux caprices des saisons. Fatiguées d'espérer un sauveur qui durait à se manifester, elles s'en détournaient. Mais, elles s'abîmaient contre un monde dépravé et perverti. Dans une société qui avait érigé l'argent en norme absolue de bonheur, la sagesse reculait.

Kali se serait vu grand, tendant la main aux veuves, aux orphelins, aux malades, aux invalides, aux nécessiteux. Il aurait soutenu les faibles devant les forts, les justiciables devant le bourreau, les femmes devant les hommes, les enfants devant les brutaux, les esseulés devant la foule, les pauvres devant les possédants, les malheureux devant l'infortune. Il aurait substitué, partout, le bien et la rectitude au mal, à l'hypocrisie, au vol, au crime, à la trahison, à la cupidité. Il aurait donné à l'envieux la foi, au cupide la sobriété, à l'impatient la concentration, à l'aveugle l'espoir, au pauvre la patience. Il aurait raccourci les nuits pour rallonger les jours. Il aurait balayé les murs et autres enclos pour laisser passer la brise de septembre, porteuse de mille et une senteurs chatoyantes. Il aurait créé l'immortalité. Il aurait fait disparaître les maladies et les handicaps. Il aurait éloigné la famine et la disette, la soif et l'aridité. Il aurait éliminé les guerres et les razzias, les différends et les conflits, l'ignorance et la bêtise. Il aurait tout donné pour que sa famille restât unie et heureuse. Il aurait tout sacrifié pour que les villes et les bourgs trouvassent en leur sein le nécessaire pour prospérer, croître et se développer. Il aurait rendu ses vingt ans à sa mère. Il aurait repoussé le désert vers sa position la plus lointaine, pourvu que cela ne lésât personne ni aucune tribu. Il aurait refait le monde de sorte que chacun pût s'y reconnaître. Chaque être aurait ainsi puisé dans son voisin ou dans l'environnement l'espérance en un lendemain meilleur et le sentiment que tout nouveau jour pouvait être un don de Dieu.

Avant le lever du soleil, chaque membre de la famille Rahma connut sa nuit de songe. Il y eut celle de Kali dont la description corroborait sa vision d'un monde meilleur. Un espace où l'on pourrait vivre sans injustice, sans drame, sans souffrance. Il croyait en une vision à laquelle beaucoup aspiraient sans oser l'avouer ou le réclamer. Il y eut la nuit de Najma, berceau d'un sommeil réparateur, rarement affectée de cauchemars. Elle s'animait de quelques rêves prémonitoires dont elle ne souhaitait pas se souvenir. Elle refoulait songes et rêveries au point de vouloir les faire passer par pertes et profits. Elle aurait voulu les voir engloutis dans un vide-ordures mais son cerveau s'évertuait, avec un certain zèle, à les en extirper. Il y eut aussi la nuit de Hanna, modèle d'épouse et de femme. Sa pudeur servait de parade contre des rêves sans intérêt ou sans envergure. Elle ne rapportait que les moments d'affection avec son mari pendant qu'ils se trouvaient éloignés l'un de l'autre. Sans doute, signifiait-elle ainsi que les trop longues séparations l'éprouvaient. Moins elles duraient, mieux elle se portait. Il y eut enfin la nuit de Rahma, souvent optimiste mais toujours pareille, jonchée de règles, de lois, de réprimandes, de contestations, de combats presque gagnés, de rumeurs favorables, de gestes concis, de paroles fortes, de poésie aux rimes et aux raisons précises au point de ressembler à des sentences de Boileau. L'art poétique que ce grand Monsieur sut porter si haut fit dire à certains *qu'il se projetait dans l'esprit des classes d'élèves telles les grilles d'un cachot*. Confondant la morphologie et l'inspiration, ils déduisaient, un peu vite, que les vers de Boileau-Despréaux ressortaient rigides, cassants même. Ils prenaient pour de l'agressivité ce qui n'était que de la poésie poussée dans ses limites extrêmes. Il recherchait une justesse absolue des rimes.

Ainsi va la vie. Les songes et les instants de veille constituent les deux versants de la même trame. Ils reflètent les espérances et les vécus de ceux qui en sont les sujets, à un moment donné et dans des circonstances déterminées.

Le jour doute de sa majesté lorsqu'il prend le relais d'un crépuscule de bonne facture. Le soleil qui succéda à la première nuit des Rahma dans la grande ville, bien que conforme à son apparence saisonnière, semblait redoubler d'éclat. Il voulait réserver aux arrivants un accueil digne des plus augustes des hôtes.

Pour Kali et les autres, le réveil fut difficile. Le repos nocturne s'était limité au strict nécessaire. Ainsi que nous en eûmes un aperçu, la nuit fut jonchée de songes. Les Rahma espéraient un jour favorable. Voilà pourquoi ils ne négligèrent aucun des gestes caractéristiques de la cérémonie matinale des ressortissants de Hilwé. Ils firent la prière. Ils s'adressèrent les salutations d'usage. Ils se mirent en situation de préparer le thé qui était pris en même temps que le petit déjeuner. Les préalables furent expédiés aussi rapidement que l'autorisait un soleil mordant dès sept heures.

Hanna, qui était toujours la première à se lever, donna le signal du réveil. Son mari quitta le lit presque aussitôt d'un geste alerte. Les quelques pas qu'ils firent pour sortir de la chambre ne perturbèrent pas le sommeil de Kali et Najma. Comme de coutume, les incitations parentales les décidèrent à abandonner le lit. Ils participèrent à leur manière à l'esquisse de la vie nouvelle.

Après avoir arrosé de pétrole lampant le charbon de bois entassé dans le brasero[43], Hanna fit craquer une allumette. Le foyer s'embrasa aussitôt. Le dispositif pour le service du thé avait été apprêté avant le réveil des

---

[43] *Ganun*, en arabe tchadien : foyer amovible utilisé pour préparer du thé ou cuire des aliments.

enfants. Il y avait, outre les verres et deux théières, une bouilloire, un éventail utilisé pour donner de la vigueur au feu et deux boîtes en aluminium de dimensions inégales. L'une contenait du sucre, l'autre du thé vert. Une petite housse en tissu écru servait pour la conservation des feuilles de menthe séchées.

Le partage des tâches imposait une part du travail aux enfants. Najma avait à nettoyer et à ranger les verres et les théières. Kali se flattait d'assumer la partie noble des tâches. Il avait à prendre soin des boîtes de thé et de sucre. Compte tenu de la tentation prêtée aux enfants de subtiliser quelques grammes de sucre, à laquelle il refusait catégoriquement de se laisser aller, sa prétention de noblesse était fondée. Il s'estimait flatté et honoré par la confiance de ses parents. Il tenait à s'en montrer digne. D'autres gamins auraient picoré un morceau de sucre pour satisfaire la curiosité de leurs papilles gustatives. Les enfants les moins favorisés se seraient rabattus sur des fruits sauvages ou des dattes pour en extraire un plaisir aussi intense. Pris dans le carcan de la ville, ils oubliaient les réflexes ordinaires de la vie. Même s'amuser devenait un exploit. En effet, comment trouver une occupation pour leur naturel espiègle ? Comment satisfaire leur appétit gourmet à l'affût des douceurs ?

Nombre de fruits, pour lesquels Kali ne sut trouver d'équivalents en français, vinrent bousculer sa perception des préférences infantiles. Il admit son impuissance et se remit à astiquer l'aluminium récalcitrant à briller autant qu'il l'aurait souhaité. Najma l'observait d'un air hilare frottant avec insistance. En retour, il se moqua d'elle au vu de son souffle court. Haletante, elle revenait, en trottinant, des étals des vendeuses de beignets. Jeune femme, ménage tes forces, lui dit-il pour ne plus être soumis à son insistante interrogation. Elle passa son chemin, rejoignit sa mère et lui remit les beignets ainsi que les crêpes qu'elle avait acquis contre quelques francs.

Pour le petit déjeuner, Najma et Hanna préféraient les crêpes, Rahma se contentait des beignets de mil tandis que Kali penchait pour les beignets de blé. La couleur rouge argile cuite de ces derniers renseignait sur l'utilisation de beurre fondu pour la friture. Cinq beignets de mil et autant de crêpes étaient vendus pour le même prix. Plus précieux, le beignet de blé, pour une quantité trois fois moindre, valait autant, c'est-à-dire cinq francs.

Etait-ce les cogitations nocturnes ou le fruit d'une improvisation au parfum du petit matin, porteur d'inspiration ? Toujours est-il que Rahma informa son épouse de sa décision de trouver une activité lucrative dès ce jour. Fidèle à sa conduite, il ne pouvait rester inactif. Pour justifier sa décision qui paraissait soudaine, il ajouta : le mieux est que je sois le premier devant l'échoppe afin de ne laisser aucun doute quant à ma détermination à intégrer l'équipe. Peu importe à quel niveau et la qualification de la tâche, il me faut du travail dès aujourd'hui. Il quitta le domicile après les premiers rayons du soleil et se présenta au lieu de travail. La boutique était encore fermée. Il attendit une demi-heure avant de percevoir les plus matinaux. La plupart des autres travailleurs arrivèrent en petits groupes. Rares étaient ceux qui arrivaient seuls.

Les liens familiaux qui rattachaient Rahma au patron de la boutique pourraient le faire passer pour un *pistonné*. Il se devait donc de faire plus que les autres. La moindre défaillance lui aurait attiré des observations négatives. Dans sa situation, tout écart ou tout laxisme aurait été traduit, par les soupçonneux, comme l'abus du bénéficiaire d'un soutien extra-professionnel. Après la surprise du contact préliminaire, le contremaître n'hésita plus. Il en référa plus haut pour en tirer, en même temps qu'une satisfaction personnelle, l'occasion de se faire remarquer. Il avait en effet à se racheter. Quelque temps auparavant, il avait commis une bourde surprenante pour un homme de son rang. Son erreur avait coûté la bagatelle de sept cent mille francs. Ce qui fut mal accepté par le commerçant qui faillit le congédier en dépit de son dévouement. Le contremaître était au service du père Daoud[44], de son fils aîné parti pour d'autres aventures et du cadet des garçons, Kinda[45], successeur par défaut pour la gestion de l'affaire familiale. L'homme d'affaires était très à cheval sur le respect des règles. Il était dur et n'avait, pour ainsi dire, aucune tolérance envers les fautifs. Quelques jours avant l'arrivée de Rahma, la chance sourit au contremaître. Il préserva sa place au prix d'un engagement à ne plus jamais récidiver dans l'erreur.

A l'arrivée de Rahma, le contremaître se souvint du bref instant pendant lequel son visage défait s'était trouvé confronté au regard inflexible du commerçant. En présentant Rahma, il recherchait la même

---

[44] *Lion*, en arabe tchadien ; dans le contexte, pseudonyme dont le sens est courageux, téméraire ou audacieux.
[45] *Non*, en kanembu ou en dazzaga ; dans le contexte, pseudonyme donné à une personne refusant une conciliation ou niant la réalité des faits.

lueur salutaire dans les yeux de son patron. Il ne fut pas déçu et s'autorisa une hardiesse, heureux de la bonne disposition du commerçant. Il prit un engagement. Avec votre permission, je le prendrai sous mon aile, patron. Je vous le transmettrai lorsqu'il aura acquis plus que les rudiments du métier. Je suis sûr que vous saurez lui trouver un poste à la hauteur de ses capacités qui me semblent d'un bon potentiel. J'en veux pour preuve sa disponibilité et le sens de responsabilité dont il a fait preuve, tout en sachant peu du monde des affaires. Il pourra, lorsque vous en aurez convenance, vous seconder efficacement, conclut-il, heureux du nouveau contexte relationnel qu'il venait d'établir. Le patron l'interrompit sans agressivité. Eh bien, on dirait que vous l'avez déjà adopté ! Faites à votre guise mais je vous aurai à l'œil, lui lança-t-il. Vous savez à quoi vous vous engagez, ajouta Kinda d'un ton conciliant. Prenez-le donc sous votre aile et faites-en un agent polyvalent. La discussion s'arrêta sur cette dernière phrase. Chaque protagoniste tirait satisfaction de l'entrevue et de sa tournure.

Rahma n'avait pas besoin de davantage de sollicitude pour agir avec l'énergie qui lui était coutumière. Il se montrait partout où on avait besoin d'un coup de main. Il était dans le magasin pour rapporter un produit non disponible sur les rayons, dans le hall pour diriger les ouvriers et les porteurs, dans la rue pour aider au chargement ou au déchargement des camions, à la caisse pour enregistrer les recettes pendant les absences du patron. Bref, il s'était révélé un touche-à-tout, disponible et peu économe de ses forces. Il oublia jusqu'au déjeuner qu'il partagea, après moult insistances, avec son cousin. Il prit prétexte de la file des clients et fournisseurs pour se priver de l'heure de la pause.

Les clients, comme ceux de tous les commerces de par le monde, étaient peu avares de plaintes et de remontrances. Ils accusaient le personnel de ne pas agir avec la sollicitude attendue. Ne dit-on pas que le client est roi ?fit remarquer Rahma. C'est satisfait et en confiance qu'il rejoignit le domicile. Il partit du magasin après les autres. En réponse aux interrogations de son épouse, il relata sobrement sa première journée de travail. Il prenait ses marques pour s'adapter à une ville qu'il avait vilipendé vingt-quatre heures plus tôt. Il brandit le trousseau de clés que le patron lui avait remis en témoignage de sa confiance. Au moment d'en prendre possession, il avait sollicité l'assentiment de son formateur, le contremaître. Celui-ci s'était senti rassuré et avait marqué son accord avec bienveillance. Depuis lors, les choses étant clairement établies, l'un se jugea à son aise pour assumer le rôle de formateur tandis que l'autre s'engagea à se montrer à la hauteur de l'espoir placé en lui.

Des parents et des relations qui habitaient la ville vinrent souhaiter la bienvenue aux Rahma. Il y avait des cousins et des cousines, des tantes et des oncles. Tous les membres de la tribu présents dans la ville s'étaient associés aux proches parents pour leur manifester leur satisfaction de les voir parmi eux. En la circonstance, chacun apportait un soutien moral, gage minimal de bonne disposition à leur égard.

Dans la foule des visiteurs, Kali remarqua une parente par alliance, veuve d'un oncle de Hanna. Coupable d'une dispute ayant entraîné la perte d'un œil de son cobelligérant, l'oncle avait été sévèrement jugé pour son caractère velléitaire et son comportement récidiviste. Il avait passé sept années derrière les barreaux. A sa libération, il s'était installé en ville. Sa débrouillardise l'y avait imposé comme un intermédiaire apprécié pour son entremise dans les rapports avec les services de l'administration. Il réussit tant et si bien qu'il devint le représentant permanent de son ethnie dans la capitale régionale. Plus personne ne le vit revenir au village. Il partit guerroyer ailleurs. On déduisit qu'il s'était sacrifié au bénéfice de la France pendant le second conflit mondial. Ce sacrifice méconnu des siens resta ignoré par la France. La métropole ne sut pas rendre un hommage mérité à ce brave combattant, né quelque part dans le Sahel. Il représentait un soutien indéniable pour ses parents et sa famille qui apprirent qu'il s'était porté volontaire et avait rejoint la légion des tirailleurs, composante essentielle de la colonne Leclerc partie du Tchad. Il associa ainsi son nom, de manière peut-être inconsciente mais volontaire, à la libération de Paris. Il reçut, comme d'autres anonymes, la reconnaissance factice que la patrie réserve aux plus vaillants et aux plus valeureux de ses enfants. De nos jours encore, les descendants du tirailleur assènent, non sans raison, que la seule reconnaissance ne suffit pas à nourrir une famille. Ils auraient souhaité bénéficier d'une pension, fût-elle maigre et octroyée de manière discriminatoire par une nation censée traiter ses enfants sur un pied d'égalité. Ils ne réclamaient même pas la mise en application de la deuxième composante de la devise française, l'égalité, chère aux justes. Ils se seraient satisfaits de quelques jalons les rattachant à cet aïeul mort pour une patrie lointaine. Par cette filiation, jusqu'à preuve du contraire, elle demeure aussi la leur.

Les choix de l'administration française se sont révélés pernicieux. Celle-ci avait établi un état des lieux sur la base des documents écrits et authentifiés. Ce faisant, elle avait méconnu les usages locaux. Or, dans ce monde-là, la parole donnée était la règle. Une déclaration sur l'honneur suffisait à faire prévaloir la justice et à établir l'équité. Les considérations de technique administrative, basées sur l'écrit, s'étaient révélées inopérantes et inéquitables. Elles avaient condamné au silence ou pire au renoncement des plaignants mal administrés. Imbus de la valeur de leurs propres préjugés et fidèles aux règles ancestrales, ils s'étaient murés dans un silence digne mais peu productif.

L'ami qui enjambe ta concession pour s'installer chez les voisins plus fortunés est un mauvais allié, disait-on. On ne pouvait s'empêcher de se pencher sur le sort des descendants du tirailleur et d'autres soldats partis guerroyer et non revenus parmi les leurs. On faisait remarquer que tout dépendait de la tutelle à qui revenait de galvaniser mais aussi de conseiller et de tempérer.

Rahma disait : le bon chef est celui qui n'abdique pas à défendre ses administrés. Il doit être le premier garant des intérêts de ses subalternes. Il est celui qui, pour porter haut les couleurs de la patrie ou même pour flatter son propre ego, doit se persuader que l'engagement des hommes en est la condition sine qua non. Il doit associer ses compagnons à ses objectifs plutôt que de les y obliger. Il doit faire partager son point de vue plutôt que de l'imposer. Manifestement, les tirailleurs, en tout cas ceux de la compagnie de l'oncle, partis se battre pour la France, n'avaient pas bénéficié d'un encadrement de qualité. Il y eut davantage de capitaine Voulet[46] que de colonel Klobb[47].

Le parent perdu pour la France n'aurait pas causé autant de tort aux siens s'il avait eu la chance de compter parmi ses chefs des hommes à l'esprit pratique. Or, ses encadreurs et leurs supérieurs se souciaient d'abord de leur propre avenir. Ils s'abritaient derrière des notions floues mais idéalisées telles que patrie et honneur. Ils négligeaient le quotidien des patriotes venus de loin. Ils se disaient prêts à se sacrifier pour leurs compagnons. Mais, orgueilleux et irascibles, ils prétendaient donner

---

[46] Capitaine français devenu célèbre par sa cruauté lors d'une mission en Afrique centrale, à la fin du XIXème siècle.
[47] Officier supérieur chargé de faire rentrer dans les rangs le capitaine Voulet qui fut accusé de comportement indigne.

leur vie pour la grandeur de la nation qui se confondait avec leurs prétentions à la promotion et à la reconnaissance.

Hanna et ses enfants, claustrés tout au long de la journée, avaient accueilli dans la joie les visiteurs. Ils leur réservèrent la civilité due aux proches. Par respect des coutumes, des connaissances, des parents, des amis, des voisins et même des curieux, pour la plupart des femmes, vinrent présenter leurs vœux et leurs amitiés. Cette manifestation de solidarité apporta un peu de chaleur à une famille qui en manquait. Elle s'estimait désorientée. Elle n'avait pas su trouver, d'emblée, ses repères dans la ville qui n'était pas son milieu naturel.

Les Rahma virent, dans la sollicitude des personnes venues s'enquérir de leurs nouvelles, l'occasion de se sentir considérés. Habitués à tenir le haut du pavé, ils s'étaient retrouvés à un échelon qui ne pouvait leur convenir. C'est dans l'adversité que les plus vaillants usent de leurs ressources internes pour enclencher l'élan de dépassement de soi, admit Kali.

Hanna partagea, avec les visiteuses, le contenu de sa mallette aux produits cosmétiques. Elle offrit du parfum, de l'encens et une préparation locale à base d'ambre et de bois raffinés. Les femmes s'en enduisaient les mains, la peau et la chevelure sans grande précaution. Elles avaient vérifié son degré de nocivité. Apparemment, les organismes toléraient les décoctions composées de parfums, musc et diverses adjonctions à base de gomme arabique. Les théières ne désemplirent pas de la journée. Les repas étaient servis en fonction des arrivées, sans tenir compte de l'heure.

Si la mère et la fillette s'étaient senties à leur aise, en compagnie des visiteuses, tel ne fut pas le cas de Kali. Il rêvait de grand air, de jeux et de rencontre avec des garçons de son âge. Après s'être morfondu un moment dans la cour, un éclair jaillit dans son esprit. Il se saisit de l'idée et se mit en tête de prospecter les alentours. Dans un premier temps, il programma la visite de la concession, du magasin puis des voies environnantes. Entreprenant sa prospection, il remarqua le manège des ouvriers en transe. Ces travailleurs, perpétuellement en mouvement, criaient, s'interrogeaient, réprimandaient, se moquaient les uns des autres, se taquinaient, s'interpellaient, se hélaient. Il conclut que cette animation ne différait pas des jeux pratiqués jadis en compagnie de ses camarades. Toutefois, il admit que la charge, l'intensité et l'environnement différaient. En effet, tout était ludique du temps de sa jeunesse tandis que tout paraissait contraignant dans le monde du travail. Seuls l'excitation et l'engagement étaient comparables et se situaient à leur paroxysme. Chez les adultes au travail, il n'y avait pas de temps pour les bavardages inutiles. Dans le groupe de jeux de Kali, l'inattention se payait cash. Toute baisse de vigilance se traduisait par une disqualification dans un cas et par une réprimande ou une sanction pécuniaire dans l'autre.

D'une certaine manière, l'agitation des ouvriers, intensément occupés, conviait Kali aux souvenirs qui lui restaient de Ngar. Il ressentit un las amusement, après cette remarque. Il continua son chemin tout en se disant : décidément, ce monde-là me surprendra toujours ! Il déduisit que des êtres capables d'une telle boulimie de gestes seraient susceptibles de produire le pire. Le rappel des agissements passés de son père confirma cette impression. Est-ce cela la quintessence de l'être humain ? se demanda-t-il. Une hésitation perturba la tranquille assurance de cette réflexion et contraria son pessimisme. Il admit que Bou aurait eu un tout autre comportement, dans des circonstances analogues à celles de son père. Cette nuance l'égaya. Elle illumina son regard. On eût dit qu'il découvrait les sautillements d'un colibri en situation de forcer la décision à une compagne dédaigneuse. Il fit mine de se moquer du comportement humain.

Kali s'aéra l'esprit en se remémorant les ébats des oiseaux. Pendant les amours, la chaleur de la procréation transformait l'éclatant plumage du colibri en un bourgeon à feuilles tel celui d'un pommier. Il se sentit ému et joyeux de ce rapprochement. La joie qu'il éprouva ne l'empêcha pas de poursuivre son chemin au même rythme. En sortant de la concession, il avait sur sa droite une des voies principales de la ville. Elle prolongeait la vue d'une forêt clairsemée d'épineux qui apportait un peu d'ombre et de fraîcheur à l'aridité ambiante. La rue longeait le marché. Elle passait par la face ouest de la résidence d'un chef traditionnel parmi les plus respectés ; il descendait d'une longue dynastie.

C'était sur la même artère que des cavaliers, harnachés et ivres de fierté, présentaient leur allégeance au sultan lors de grands évènements. La célébration de la fête nationale, abusivement appelée *quatorze juillet*, se transformait en une véritable kermesse. La confusion avec la commémoration française découlait des souvenirs des anciens temps, ceux de la colonisation, pendant lesquels le commandant métropolitain officiait en lieu et place du préfet.

Les chevaux et les cavaliers, au mieux de leur forme, dansaient, piaffaient et se concurrençaient dans une sorte d'allégresse générale qui n'excluait pas les soupçons et les convoitises. En milieu d'après-midi, par groupe de dix à quinze, les chevaux, crinières au vent, et les cavaliers, debout sur leur monture, les pieds dans les étriers, sabre au clair, allaient et venaient au galop. Ils s'enivraient des youyous. Ils étaient aveuglés par la poussière et rendus sourds par le vacarme des musiques. En dépit de la fougue des chevaux, les cavaliers parvenaient à les maîtriser, au moment où tout semblait basculer du mauvais côté. Sûrs de leur sens du dressage, ils ne craignaient pas la chute. Ils avaient foi dans l'obéissance de leurs montures. D'une excitation dans les côtes, les animaux partaient au galop et d'une pression sur les mors, ils obéissaient et s'arrêtaient net.

Les chevaux étaient nobles et forts, beaux et susceptibles. Rares étaient ceux qui refusaient d'obtempérer ou se montraient désobligeants à l'égard du maître. L'exception se produisait lors de la survenance d'un imprévu provoquant une réaction incontrôlée. Quelques cavaliers, trop âgés ou à la maîtrise précaire, chutaient et devenaient la risée des spectateurs.

Sur le parcours de Kali, à gauche, se situait le marché moderne, encadré sur le flanc sud par des bâtisses régulières et bien entretenues. La plupart des autres abris étaient des hangars et des huttes en paille ou en tiges de mil. La pauvreté des matériaux n'enlevait rien à la beauté des constructions. Elles étaient parfaitement alignées, pour former des points de vente permanents ou uniquement occupés le mercredi et le jeudi, premier et second jours du marché régional.

Le marché populaire, lieu de prédilection des vendeuses, jouxtait la belle rangée de bâtisses en pisé[48]. Les femmes y vendaient toutes sortes de marchandises. On y trouvait en particulier des denrées alimentaires et des condiments aux noms exotiques et suggestifs. Des produits aux teintes variées, allant du rouge piment au vert pâle gombo en passant

---

[48] Constructions en terre crue.

par le marron foncé caractéristique de la tomate séchée, ornaient les étalages. On y trouvait aussi des oignons, de l'ail, du mil, du maïs, du sorgho et du blé, pour ne citer que les produits les plus consommés. Une multitude de couleurs et d'odeurs, tendres ou épicées, éblouissantes ou sobres, aux parfums de plantes ou aux goûts sauvages, à l'aspect raffiné et attrayant ou à l'apparence fripée, s'offraient à la vue et à l'odorat.

Pendant la saison chaude, essentiellement de mars à avril, les étalages des vendeuses de dattes s'exposaient en une suite de couleurs attrayantes. Elles alliaient le jaune safran du début du mûrissement des dattes, à leur couleur de maturité, qui était aussi celle du miel, et au marron foncé caractéristique de l'apogée de ce produit tant prisé à Hilwé et dans ses alentours. Ces trois étapes du mûrissement de la datte recouvraient une kyrielle de teintes, en fonction de son développement.

En dépit du bourdonnement des mouches, attirées par les dattes comme par le miel, la vue du promeneur ou de l'acheteur se fixait sur l'harmonie des couleurs. Elle transmettait au cerveau une impression de succulence. Pour cinq francs, on emportait un kilogramme de dattes que l'on consommait sans aucune modération.

Kali poursuivit son parcours. Il ne se laissa pas tenter par les dattes. Peut-être ne disposait-il pas du moindre sou pour se les offrir ? Il bifurqua, quitta le cadre du marché et s'enfonça dans le quartier.

Plus loin, se tenait le marché au bétail, redouté pour ses sangsues qui échouaient au sol, par lassitude ou gourmandise, après s'être surchargées du sang des animaux. Ces voraces bestioles s'agrippaient à tout corps immobile à sang chaud. Bouger et trépigner évitaient aux ânes, chevaux, vaches et dromadaires de s'exposer à leurs morsures. Elles s'accrochaient et ne lâchaient leurs victimes que contraintes ou surchargées de sang.

Au marché au bétail, on vendait et on achetait des moutons et des chèvres, des chevaux et des ânes, des bœufs et des dromadaires. Certains étaient acquis par des bouchers qui les destinaient à la consommation quotidienne. D'autres servaient pour des sacrifices, lors des cérémonies religieuses ou festives. Quelques-uns passaient d'un propriétaire à l'autre pour grossir les cheptels de nouveaux propriétaires.

Comme sous toutes les latitudes, des intermédiaires s'interposaient. Ils jouaient leur rôle. Mais, d'abord, ils tentaient de rehausser les prix pour en tirer une marge dépassant la commission promise par le vendeur ou l'acheteur. Ce faisant, ils risquaient de faire échouer la conclusion des affaires tant attendues. En particulier, leurs prétentions exaspéraient les vendeurs qui souhaitaient recouvrer de quoi régler les impôts ou acquérir les provisions hebdomadaires. En dépit des tribulations des uns et de la hâte des autres, l'expérience évitait l'irréparable. A la fin, vendeurs, acheteurs et intermédiaires vendaient, achetaient et servaient d'agents de liaison à des conditions satisfaisantes pour tous.

Au cours de la semaine précédant la fête de la Tabaski, le marché aux moutons devenait très actif. Des béliers se vendaient par centaines, par milliers. Chaque famille s'évertuait à acheter la plus belle bête. On la soupesait. On la tâtait pour apprécier la forme plus ou moins pleine de son encolure. On procédait à des comparaisons. On mesurait les cornes. On observait l'animal convoité pour déterminer sa force. En effet, selon une croyance toujours vivace, la bête sacrifiée servirait de moyen de transport le jour du jugement dernier. La famille du sacrificateur et tous ceux qu'il aura désignés pour faire partie du convoi y trouveraient une place.

Le marché intermittent réservé aux étalons échappait à la règle de proximité. Il se tenait près du centre vétérinaire. La valeur des chevaux exigeait que l'on prît en compte les conseils d'un spécialiste. Les ventes s'y faisaient à la criée. L'officiant était originaire d'Afrique de l'Ouest. Il assumait, visiblement satisfait, son rôle de crieur public. Il présentait et décrivait les animaux proposés à la vente. Peu de monde comprenait son charabia vantant les garrots, les croupes, les jarrets, les chanfreins, les naseaux, les ganaches, les poitrails, etc. Les enfants l'écoutaient avec amusement. Ils retenaient des bouts de phrases qui, placés hors du contexte, ne signifiaient plus grand-chose. Comme Kali, tous gardaient de l'infirmier, Abba Ngnaï[49], l'image d'un homme un peu suffisant mais élégant.

Du côté du couchant, la vue échouait sur une route transversale. Elle s'achevait sur un pan de constructions érigées en cul de sac. Le carré de

---

[49] Par respect, les enfants l'appelaient *Abba,* ce qui veut dire *père. Ngnaï* peut être une déformation de Diagne ou Diane.

maisons débouchait sur une voie qui prolongeait latéralement le marché principal, celui des vendeuses de denrées. Un arbre centenaire trônait en plein milieu du carrefour. Selon des récriminations transmises de génération en génération, il s'était vu accusé d'offense envers le cortège d'un préfet qui se rendait de sa résidence au sultanat, distant d'à peine un kilomètre. Cet administrateur, plus susceptible que les autres, avait ordonné que l'arbre ancêtre fût mis hors d'état de nuire. Cela fut fait sans autre forme de procès. La population, demeurée silencieuse, maugréa. Elle n'admettait pas le geste sacrilège. L'arbre représentait un repère et une référence historique. Il portait les traces et la mémoire de ceux qui avaient été pendus pour s'être opposés à la prétention des envahisseurs. On le disait bas, mais les habitants en étaient persuadés, les ancêtres veillaient sur le savonnier[50]. Après le sacrilège, le mécontentement était resté tu. On laissa à Dieu la charge de châtier le coupable. Ce n'était pas de la résignation. Le respect de l'autorité s'imposait comme une évidence. La religion en avait fait *la condition* pour l'édification d'une société structurée. On crut le préfet menacé de mille risques. Il n'en eut cure. On entendit même dire que l'arbre pleura et saigna sous les charges répétées des bûcherons. L'administration avait réquisitionné des prisonniers pour accomplir la sale besogne. Les traditions, les présupposés et les croyances animistes avaient survécu à l'islamisation. Toujours est-il que, dans l'immédiat de cette entorse à l'écologie, aucun courroux ne tomba sur la tête du fauteur. Personne ne sut si les dieux s'étaient déchaînés contre l'irrévérencieux.

Bien plus tard, l'auguste administrateur perdit son poste. Il fit partie de la charrette des préfets, sous-préfets et chefs de postes administratifs renvoyés à d'autres activités, au lieu de sévir au détriment des populations administrées. Comme toujours, ceux qui étaient politiquement exposés furent les premiers à payer le prix fort. Quelques incompétents les accompagnèrent pour donner à la décision une apparence de sérieux et d'équité. L'ex-préfet se situait entre le groupe des mal notés et celui des politiquement blâmables. On ne le pleura pas. Le sacrifice inutile de l'arbre-ancêtre empêchait qu'on pût lui exprimer quelque compassion que ce fût.

A l'est, la vue de Kali se posa sur un quartier aux demeures de statut inégal mais uniformément hautes d'environ trois mètres. De la terre, de

---

[50] Arbre à feuilles caduques ; il produit des fruits comestibles.

l'argile, de la paille et de la bouse de vache en constituaient les principaux matériaux. Elles étaient plus fraîches durant la journée et pendant les périodes de grande chaleur. A l'inverse, elles conservaient une température plus douce la nuit et au cours de la saison froide.

Kali continua de marcher, passant de carré en carré. Il se trouva en face d'un espace vague. C'était un lieu inhabité sans être tout à fait désert. Des camions et d'autres véhicules de plus petit gabarit, en état de fonctionnement ou en panne, des briques rescapées d'une maison en ruine, des meules de foin destiné à nourrir les ânes et les chevaux et toutes sortes de détritus y étaient entreposés. Cet espace était aussi le lieu de rencontre des marmailles semblables à celles de Hilwé. Elles jouaient aux gendarmes et aux voleurs, au cerceau et à d'autres occupations juvéniles.

Kali marqua un arrêt devant l'espace vide. Il ressentit de la nostalgie puis se réjouit. Il revisita la turbulence des jeux et la rassurante compagnie de ses camarades. Soudain, il se sentit transplanté de son exil citadin dans le village, devenu proche par la seule force de ses pensées. Pourtant, au lieu de revoir les visages réjouis ou les regards complices de ses camarades de jeu, ses souvenirs se fixèrent sur le *shaw*[51]. Cette plante aux feuilles semblables aux épinards, d'un goût saumâtre, était particulièrement appréciée des dromadaires et des chèvres. Elle servait aussi de nourriture à d'autres herbivores, particulièrement pendant la période de soudure. Les ânes s'en repaissaient sans retenue lorsque l'herbe arrivait à manquer.

Le *shaw* servait de lieu de rendez-vous aux gamins. En saison des pluies, les arbustes formaient un abri dense. Ils constituaient un terrain d'exploration idéal pour Kali et ses compagnons. Au souvenir de ces espaces, de ses camarades et de leurs jeux communs, Kali comprit qu'un enfant aura toujours besoin de jouer. Qu'il fréquente l'école religieuse, pour l'apprentissage coranique, qu'il arpente les cours de l'enseignement moderne, dispensé en français, ou qu'il emprunte le parcours des astucieux, entrés tôt dans le monde actif, un enfant a besoin de se dépenser. Il sait trouver un motif pour laisser libre cours à son envie effrénée de jouer et se détendre. Il recherche la compagnie d'autres enfants pour se consoler de la solitude.

---

[51] Suite compacte d'arbustes non épineux ; ils poussent dans les oueds.

Le soleil se situait à mi-distance entre le zénith et l'horizon. On s'acheminait vers la fin de l'après-midi. La chaleur se faisait moins insupportable. A cette heure, les enfants, dont les parents avaient souscrit aux instructions rendant la scolarisation obligatoire, se retrouvaient sur les bancs. Les parents étaient tenus d'envoyer les filles et les garçons à l'école dès l'entame de leur septième année. En principe, la non-observation des textes édictés par le ministère de l'Education nationale exposait aux sanctions. Les chefs des clans et les responsables des quartiers répercutaient les directives en exagérant les sanctions contre les récalcitrants. En dépit des menaces, certains parents restaient sourds aux bénéfices que leurs progénitures pouvaient tirer de l'instruction. Ils écoutaient plus souvent les anathèmes des marabouts qui menaçaient des feux de l'enfer toute collaboration avec les instances liées à l'occupant. Autant dire que nombre d'enfants, surtout les filles, furent privés du droit à l'instruction.

Des générations d'enfants payèrent cher l'aveuglement de leurs ascendants. Ils durent se rendre compte, plus tard, que ceux de leur âge qui avaient été formés à l'école française n'en étaient pas moins de bons musulmans. En effet, les lettrés accédaient plus facilement à des positions sociales élevées. Ils occupaient des fonctions bien rémunérées. Ils étaient écoutés et consultés par l'administration dont la proximité bonifiait leur considération. Cela irritait nombre de conservateurs bien pensants. Pour les enfants nés avant les indépendances, le tort était déjà fait et le sort jeté. Pour les générations suivantes, la différence de situation, entre ceux qui avaient fréquenté l'école et les autres, servit de leçon. Des efforts louables furent consentis. Une majorité de parents décidèrent d'inscrire leurs enfants à l'école. Au besoin, ils payaient des frais supplémentaires, notamment lorsque l'enclavement ou l'éloignement les privaient de la présence de moniteurs dans les environs.

Plus promptes à édicter des lois qu'à les mettre en application, les autorités administratives étaient incapables de tenir leurs engagements de scolariser tous les enfants de plus de six ans. A cette défaillance de l'Etat se superposait le sectarisme des fonctionnaires. Ils jugeaient contreproductif, sinon dangereux, de former des enfants qui concurrençaient les leurs. Ils craignaient de les voir concourir pour les mêmes postes et les mêmes fonctions. Ils déniaient aux *ignares*, croyaient-ils affirmer, la même éducation, donc la même chance qu'à leurs propres enfants. Pour ces énergumènes, les filles et les garçons qu'ils condamnaient à l'ignorance n'avaient pas à s'occuper des affaires de l'Etat ou de l'administration. A les entendre, ces ignares seraient majoritairement des mahométans. Plus dupés par des faux religieux qu'incorrigibles adversaires de l'éducation moderne, ceux-ci avaient fini par percevoir les avantages de l'enseignement apporté par la France. Une fois le premier écueil vaincu, leurs enfants firent preuve d'application. Ils monopolisèrent la plupart des fonctions à dominante technique. Ils devaient cette efficacité à leur abnégation mais aussi à la bonne disposition des enseignants, pour la plupart métropolitains. Ceux-ci jugeaient les élèves à l'aune de leurs résultats. Ils ne faisaient pas de grande différence entre les musulmans et les autres ou entre les nordistes et les sudistes. Chargés de former les agents de l'Etat et les futurs cadres, ils agissaient dans le sens de l'intérêt public. Kali n'eut cesse de les louer.

Pendant les cours, installés sous des abris de fortune, les élèves se creusaient les méninges pour répondre aux interrogations du maître. Lors des séances de calcul mental ou d'orthographe, ils soumettaient leurs productions à l'appréciation du moniteur dans le temps imparti. Il fallait savoir calculer vite et retenir les *mots difficiles* dont le sens était à peine assimilé. L'enseignant attentif tenait sa classe. Il apportait l'accompagnement requis à ceux de ces élèves qui risquaient de se trouver en déphasage par rapport aux autres.

Les enfants s'appliquaient à reproduire les lettres de l'alphabet. Ils apprenaient les tables de multiplication. Ils récitaient les fables de La Fontaine. Ils consentaient mille précautions pour ne sacrifier ni la morale ni les rimes ni même la ponctuation. Ils répondaient aux questions de l'instituteur en levant un doigt décidé. Chacun braillait à tue-tête et à qui mieux mieux : *moi, Monsieur, moi Monsieur !* Ce rituel était une manifestation de l'aptitude à répondre aux questions. Il emportait dans le même élan les cracks et les cancres. En effet, pour éviter qu'on les remarquât, ces derniers se réfugiaient dans le vacarme. Le maître connaissait ses protégés sur le bout des doigts. Il se faisait un malin plaisir de rappeler aux plaisantins qu'il n'était nullement dupe de leur manège. Au dernier rang de la classe, las d'avoir tant soutenu l'attention, les résignés se faisaient oublier. Moins doués, ils abandonnaient jusqu'à l'espoir de la réussite. Les fainéants, sur lesquels les corrections, à coups de chicotte, avaient peu d'incidence, jouaient aux bateleurs publics. Leur centre d'intérêt était plus souvent le sport et les tâches de propreté que les mathématiques ou la grammaire. Ils étaient joviaux et faisaient le pitre pour amuser la classe qui les tolérait. Ils gagnaient ainsi l'amitié des enseignants. Vu leur sens du dévouement, les maîtres se montraient tolérants. En dépit de cette bienveillance, la plupart redoublaient. Ils quittaient l'école primaire tandis que leurs camarades de même génération décrochaient le brevet d'études du premier cycle (BEPC). Leurs détracteurs les plus insidieux et les plus implacables insinuaient dédaigneusement : laissez-les végéter à l'école primaire ! Les plus persévérants parmi ces retardataires passaient le double du temps sur les bancs de l'école primaire. Ils achevaient de mémoriser le J. Auriol, le manuel de mathématiques des cours moyens 1 et 2. A force de volonté, ils passaient le certificat d'études primaires et réussissaient le concours d'entrée en sixième. Wichè[52] fut le prototype de ces élèves attardés. Il entra en classe de sixième à dix-sept ans. Il s'accrocha tant et si bien qu'il obtint son baccalauréat. Il décrocha une bourse et revint d'Union soviétique avec le titre d'ingénieur en hydraulique pastorale.

Les parents angoissés doivent prendre exemple sur Wichè. Ils doivent éviter de malmener les enfants pour le brevet qu'ils ont raté un jour d'inadvertance. Ils doivent arrêter de les tracasser pour la mauvaise note en physique qu'ils n'ont pas su éviter un matin moins propice. Ainsi parlait le plus expérimenté des instituteurs.

Kali se rappelle que certains, parmi les élèves laissés pour compte, auraient pu être formés aux métiers techniques tels que le dessin, la menuiserie, la maçonnerie ou la plomberie. Ce fut bien plus tard que des réformes les rendirent accessibles. Ceux qui étaient passés par les centres de formation et de perfectionnement professionnel (CFPP) gagnaient correctement leur vie. Le plus expérimenté parmi les enseignants ajoutait : il n'est guère besoin d'être médecin ou ingénieur pour faire bouillir la marmite.

Pendant que la plupart des enfants de six ans et au-delà se trouvaient sur les bancs, les plus jeunes ne chômaient pas. Ils se précipitaient hors des demeures familiales pour s'adonner aux jeux ou, en compagnie d'adultes, contribuaient aux travaux domestiques. Ils prenaient en

---

[52] *Félicitation,* en kanembu et en dazzaga ; dans le contexte, le mot est utilisé comme nom masculin.

charge des tâches à la hauteur de leurs capacités, seuls ou avec l'assistance des parents. Il était rare de rencontrer un enfant, de plus de sept ans, assis à ne rien faire.

Des gamins parcouraient le marché et les échoppes à la recherche d'une besogne à faire. Ils portaient des marchandises, soignaient les animaux ou vendaient des gobelets d'eau pour une bouchée de pain. Toute occupation permettant de glaner quelques revenus était la bienvenue. L'essentiel était de se procurer le nécessaire pour assurer le déjeuner ou rapporter à une mère sans ressources quelques agréments pour égayer une vie faite de privations.

Les enfants qui étudiaient le Saint Coran étaient au service de leurs percepteurs. Ces rudes guides montraient peu de retenue. Ils les utilisaient à nombre de travaux éreintants. Cette jeunesse maniable et corvéable à merci était proprement exploitée. Leurs enseignants prétendaient agir en accord avec les parents qui attendaient de cette collaboration une récompense divine, dans l'au-delà. Les apprentis marabouts conduisaient des moutons et des chèvres aux pâturages. Ils arpentaient les artères de la ville pour quémander. Ils acceptaient ce que la providence et la solidarité mettaient à leur disposition. On leur donnait de la nourriture, de menus biens ou quelques pièces de monnaie. Ces quêtes revenaient à leurs mandants hormis le strict nécessaire à la reconstitution de leurs forces, souvent prélevé à l'insu des marabouts.

Rahma jugeait sévèrement ces marabouts qui se comportaient en négriers. Ils se disaient enseignants coraniques mais leur comportement ne se différenciait pas de celui des spéculateurs. Ils s'étaient spécialisés pour tirer profit de la candeur des parents et de la faiblesse des enfants. Rahma incitait les parents à ne plus se laisser berner par les filouteries de ces religieux peu dignes de la clémence divine qu'ils prétendaient invoquer pour le salut de tous. En commerçants avisés et en affairistes rompus aux arcanes des comptes, ils calculaient juste. Ils prolongeaient, au-delà du nécessaire, le séjour des plus serviables et des plus robustes des enfants. En réponse aux parents étonnés de ne pas voir revenir les leurs en même temps que ceux des voisins, ils rétorquaient perfidement et sûrs d'eux : les surdoués doivent mettre les bouchées doubles. Il serait dommage de retarder leur apprentissage ou de contrecarrer leurs dispositions à produire plus que la moyenne de leur classe d'âge, prétendaient-ils.

L'obligation de scolariser les enfants et les conseils avisés finirent par inciter la plupart des parents à sérier les formateurs coraniques. Les apprenants furent ainsi confiés aux enseignants pieux, ceux qui observaient les prescriptions du Coran et les enseignements du Prophète. Les calculateurs et les exploiteurs perdirent ce qu'ils considéraient comme leur clientèle et leur gagne-pain. Ils durent migrer. Sans doute sévirent-ils pour un moment, sous d'autres cieux, le temps qu'on découvrît leur dessein. Les repentis se convertirent tardivement mais fort heureusement à une meilleure pratique de leur savoir religieux. Dieu, par miséricorde, leur accordera son pardon.

Continuant son exploration, Kali s'attarda devant un camion à six roues. Il y lut que la charge utile était limitée à vingt tonnes. Il l'inspecta avec intérêt. Il le compara à la Land Rover croisée, naguère, parcourant les dunes et les oueds, sous la conduite du commandant de district. Insatisfait, il fit le rapprochement avec la Jeep du capitaine militaire. Manifestement, l'une et l'autre lui parurent beaucoup trop petites à l'échelle de ce mastodonte. Il se pencha sur la roue avant démontée et sur le châssis soutenu par un cric surélevé à l'aide d'un échafaudage de fortune. Deux carrés de bois, épais de vingt centimètres chacun, donnaient plus de hauteur au système de soutènement. Il tenta de soulever la masse de métal, la gente, qu'il présuma mieux convenir à ses capacités d'haltérophile occasionnel. Cela fut une double erreur. Non seulement le pneu est d'un usage plus commode mais il est aussi, ainsi qu'il l'apprit plus tard, une mine pour un esprit curieux. Il peut être utilisé à toutes sortes d'amusements, allant du cerceau au moyen de transport en passant par l'amortisseur de choc.

Les clés, les écrous et les boulons, posés à même le sol, n'intéressèrent guère Kali. Cette attitude lui attira la sympathie de l'apprenti aide-mécanicien. Il tenait lieu de bon-à-tout-faire pour le chauffeur qui l'initiait aux rudiments du métier. Outre la petite rémunération qu'il percevait, son espoir reposait sur une hypothétique qualification qui le ferait passer du statut de porte-outils à celui de chauffeur. Cela était considéré comme une juste récompense après des années de dur labeur.

Le jeune homme interrogea Kali. C'est intéressant, n'est-ce pas ? lui dit-il. Il reçut pour toute réponse une remarque de bon sens du genre : oui mais, je n'y comprends pas grand-chose. Assieds-toi là et regarde-moi faire. Tu verras, ça s'apprend très vite, dit doctement le mécanicien en herbe. Kali, heureux de trouver un compagnon en même temps qu'une occupation, ne se fit pas prier. Il s'assit à califourchon sur le pneu et se mit à observer. Le réparateur ne tarda pas à solliciter son assistance. Prétextant qu'*on a souvent besoin d'un plus petit que soi*, il utilisa au mieux la disponibilité de son visiteur.

Max, diminutif du joli prénom Maximilien que Kali trouva de mauvais goût, le sollicitait sans ménagement. Il ordonnait qu'il lui transmît, tour à tour, le tube de colle, le grattoir, le marteau, la clé à molette, la clé à pipe, le levier, la pompe à air et la valve. En fonction de l'avancement de la réparation du pneu, le mécanicien réclamait, avec autorité, l'objet nécessaire. Il expliqua que, sans les roues, un camion devient une infructueuse immobilisation d'un capital qui pourrait trouver un autre emploi ou une meilleure rémunération. Cette initiation permit à Kali d'apprendre que le caoutchouc noir qui se gonfle sous la pression d'une pompe est une chambre à air. Le mécanicien n'avait pas trouvé mieux qu'une traduction mot à mot de la membrane souple centuplant de volume une fois remplie d'air. Kali demeura perplexe. Il crut à une farce. Il ne pouvait admettre qu'on pût trouver un habitacle pour loger de l'air. Dans son entendement et dans le monde de son imaginaire, l'air était un élément insaisissable par nature. Il aurait accepté *bidule gonflable* ou *outre à air* mais *chambre à air* lui parut pour le moins incongru. Il ignorait que sa suggestion, *caoutchouc gonflable,* aurait heurté nombre de bien pensants.

Les heures s'égrenaient. Le soir se profilait. L'apprenti acheva sa besogne. Il suggéra à son aide occasionnel de rejoindre le domicile familial. A l'heure du dîner, ta maman se fera du souci de te voir absent de la table, lui dit-il. Kali joua sur le registre de celui qui n'avait pas de compte à rendre. Il rétorqua qu'il n'était aucunement surpris par la fuite du temps. Cependant, il remercia son initiateur et évoqua la possibilité d'approfondir sa formation d'apprenti débutant. Max n'y vit pas d'inconvénient mais avertit qu'il partait dès ce soir. Il convoyait une cargaison de marchandises et serait de retour dans juste une semaine. Il le reverrait alors avec plaisir. A l'occasion, l'aide mécanicien endossait les responsabilités de chauffeur, voire celles de propriétaire du véhicule. Aux yeux de Kali, ce distinguo paraissait un détail sans importance. L'essentiel était que le mécanicien participât à l'expédition et que le déplacement eût bien pour motif de livrer une cargaison de biens commercialisables. Ils promirent de se revoir et se séparèrent en toute amitié. Kali arpenta le chemin de retour. Max poursuivit les menues tâches et les plus importantes de manière à apprêter le véhicule pour le voyage tantôt annoncé.

En voyant revenir son fils, Hanna ressentit de la gêne. En dépit de l'air guilleret de l'enfant, elle ne put cacher son inquiétude. Kali ne mesura pas tout de suite la détresse de sa mère. Elle se sentait coupable pour son manque de vigilance. Elle s'était laissé distraire par ses hôtes. Absorbée par les préparatifs de l'accueil, elle ne s'était pas aperçue de son éclipse. Elle se rappelait, un peu tard, qu'elle devait le surveiller et, au besoin, rendre compte à Rahma. Son mari n'était pas d'humeur à tolérer les négligences. Se peut-il que le petit se soit égaré dans l'univers urbain ? s'interrogea-t-elle. Elle n'eut pas le loisir d'épiloguer plus longtemps. Car, après avoir compris le désarroi de sa mère, Kali lui relata sa demi-journée. Il s'évertua à la calmer, lui expliquant qu'il n'avait couru aucun danger. Il lui raconta qu'il avait exploré le quartier et qu'il avait apprit comment fonctionne une auto. Il mangea de bon appétit et s'offris un repos salvateur tandis que Hanna ruminait ses errements coupables de mère inattentive.

Après la pause pour la prière du coucher du soleil, Rahma fit une courte halte pour vérifier que tout allait pour le mieux. Il repartit satisfait. Il n'eut pas le temps d'écouter les récriminations de son épouse. Elle se résigna à attendre le soir pour le tenir informé de l'emploi du temps des uns et des autres. Kali, tu ne perds rien à attendre, je ferai un rapport circonstancié à ton père qui saura calmer tes ardeurs fugitives, murmura-t-elle. Une manière comme une autre de prévenir une récidive ou une sortie inopinée.

A partir de seize heures, les visiteuses regagnèrent leurs domiciles. Elles repartaient en petits groupes, les unes après les autres. Les curieux et les relations lointaines partirent en premier. Puis, ce fut au tour des membres du clan. Enfin, vint le tour des proches parentes et des amies. Toutes promirent d'autres visites.

Autour de dix-huit heures, la famille, à l'exception de Rahma, se retrouva rassemblée pour savourer le retour au calme. On parlementa un peu sur les appréciations dithyrambiques d'une tante. On moqua les simagrées d'une vieille fille interloquée par l'accueil. On refit un peu de généalogie afin que les enfants sussent les relations avec les unes et les autres.

Tout au long de l'après-midi, Najma s'était mise au service des visiteuses avec dévouement. Elle s'était montrée disponible et avait apporté une précieuse aide à sa mère. Ce ne fut pas de trop pour accueillir une vingtaine de convives. Visiblement, elle était fière de son rôle. C'était, en effet, dans des circonstances analogues qu'une jeune fille faisait l'apprentissage de sa future vie d'épouse, pilier de la cellule familiale. Rahma avait pour coutume de faire remarquer qu'avec Hanna, elle était à bonne école. En effet, celle-ci était une femme émérite. Elle produisait une cuisine d'une finesse incomparable. Son foyer était d'une tenue irréprochable. Ses enfants bénéficiaient de soins et d'une éducation enviés. Bref, on pouvait dire, au risque de s'attirer une réplique acerbe de Rahma, que les futures épouses avaient en la personne de son épouse une icône. Elle était donnée en exemple à toutes les épouses en herbe.

Lorsqu'on la félicitait pour ses qualités, Hanna répondait, non sans raison : j'aurais été une femme parmi d'autres sans l'amour de ma mère, l'assistance de mes grandes sœurs et les précieux conseils de mes tantes. Adossée à ce matelas d'assurance, Najma pouvait se permettre de taquiner son cadet. Kali, revenu de sa promenade, s'amusa des prétentions de sa sœur à lui faire la morale. Extirpe-toi de tes casseroles et de tes pots à condiments avant de te hisser à ma hauteur ; ne me toise pas de ton regard hautain, lui dit-il. A ces admonestations, la fillette incita le courroux de sa mère qui n'attendait que ce stimulus pour s'en prendre à son fils prodige. Elle lui rappela que l'éloignement des douars ne dispensait pas du respect des règles et des mœurs. Toute une logomachie faite de récriminations et de conseils se déversa sur Kali. En tant que puîné, il fut sommé d'obéir. On lui rappela l'obligation d'écouter les aînés, à commencer par sa mère.

Kali admit avoir, par inadvertance, négligé les règles usuelles. Il ajouta aussitôt : il n'y a eu, dans mon comportement, ni arrogance ni contournement des normes. De plus admit-il, je n'ai pas mesuré les risques sous-jacents et leurs implications. Il se confondit en excuses auprès de sa mère qui n'attendait que ce geste pour le blanchir de toute accusation séditieuse.

Najma et son frère retrouvaient leur complicité. Ils se gaussaient de la sensibilité de leur mère. Elle était allergique à tout ce qui pouvait perturber la quiétude familiale. Ils riaient de sa susceptibilité puis s'excusaient de lui avoir fait perdre son calme. La protection de Hanna n'avait pas la solidité d'une cuirasse. Pour se faire pardonner de l'atteinte à l'image maternelle, le duo se confondait en excuses. Hanna recouvrait sa bonne humeur dès qu'elle surprenait leur manège. Ils la voyaient plus affectée qu'elle ne l'était. Tout rentrait dans l'ordre grâce à un partage de rôles bien assumés de part et d'autre.

La routine quotidienne, marquée par le grégarisme des comportements recentrés sur la famille, prenait le dessus. La défaillance de l'un était compensée par la vaillance des autres. Ainsi, l'égarement de Kali trouvait son pendant dans la constance de Najma. Elle était rarement sujette à la susceptibilité, à la colère ou à la lassitude. L'activisme de Rahma était contrebalancé par la présence et la disponibilité de son épouse. La cellule familiale s'entourait ainsi de précieux garde-fous. Elle se protégeait à travers un réflexe hypertrophié de solidarité dont l'épicentre était une forte dose de compatibilité de leurs comportements. Il était rare de relever un conflit, quel que sensible qu'il fût, qui altérait durablement l'entente et la cordialité de la tribu.

Lorsque Kali disparaissait une journée entière, à la montée d'adrénaline de sa mère répondaient la tempérance du père ou les remarques espiègles de Najma. Aux moues dédaigneuses de celle-ci, en réaction aux moqueries de son frère, s'opposaient la bienveillante protection de Hanna et le sourire amusé de Rahma. Les souvenirs nostalgiques de l'épouse s'alliaient parfaitement avec le romantisme de son mari. Ce dernier, à quarante ans passés, la regardait avec la complicité de leur première nuit de noces. Enfin, à la distraction volontaire du chef de famille, enclin à oublier ou à dissiper les frictions intrafamiliales, tous se faisaient un droit de rappeler qu'un consensus n'est pas une homogénéité et que la tolérance n'est pas la suppression des différences.

En dépit du stress dû au dépaysement, chacun trouva l'énergie et le courage pour s'adapter au nouvel environnement. La ville, qui, la veille encore, était crainte, finit par se laisser apprivoiser. Plus exactement, les Rahma entreprirent d'en décoder le caractère mystérieux pour l'apprivoiser.

A la rentrée scolaire, les sorties intempestives de Kali amenèrent Rahma à tenter son inscription en première année de cours préparatoire. Il passa outre la réserve de Hanna qui souhaitait le garder une année de plus à la maison. Confronté à l'absence de coopération du principal intéressé, le directeur d'école conseilla d'attendre une ou deux années. L'obligation scolaire ne s'imposait qu'à partir de la septième année. L'attente qui résulta de ce renoncement provisoire fut un répit que Kali regretta plus tard. Il en déduisit que sa précocité aurait pu lui faire gagner deux années par rapport à ses camarades. Bien que compréhensibles, ses regrets ne pesèrent guère lourd dans sa vie. Ils furent compensés par d'autres avantages. Il fut le premier breveté de son village et le seul, pendant un temps, à avoir entrepris et achevé des études en France.

Au moment où Kali entreprit de se pencher sur son passé, nombre de ses compatriotes auraient souhaité l'entendre conter leur histoire commune. Il ne put le faire. Il dit n'en avoir ni le don ni le talent. Il choisit l'écriture mais eux ne lisaient pas. Ce fut tout le problème ! Plus tard, pour se sortir de cette déconvenue, il trouva plus délassant de passer en revue le parcours des uns et des autres. C'est ainsi qu'il disséqua les récriminations des étudiants contestataires qui jugeaient sévèrement les décisions administratives.

Kali balaya d'un revers de main les critiques sur le sort peu enviable de certains bacheliers. On prétendait que les étudiants sans soutien ni parrainage récupéraient les bourses les moins intéressantes. Il n'empêche, fit remarquer Kali, ces déclassés pouvaient compter sur leur énergie et leurs aptitudes à travailler plus que la moyenne. Ces qualités compensaient la mauvaise disposition des autorités boursières à leur égard. En dépit donc du sort qui désignait certains pour entreprendre des études dans les universités des pays de l'Est, notamment en Union soviétique, ceux-ci ne revenaient pas moins diplômés. Ils revenaient médecins, ingénieurs ou thésards. Pour être équitable et relativiser son propre optimisme, Kali admettait tout de même que, lors des recrutements dans la fonction publique, les postes les plus convoités revenaient aux diplômés des écoles et universités de l'ancienne métropole. De fait, pendant une longue période, l'attribution des bourses d'études avait obéi à un subtil dosage. Il y eut des étudiants défavorisés mais tout finit par rentrer dans l'ordre pour deux raisons. D'une part, les résultats ou les rendements des étudiants qui revenaient des pays de l'Est étaient meilleurs. D'autre part, les décisions administratives ont été infléchies pour tendre vers davantage d'équité. Comme quoi, il n'y aurait que les imbéciles qui ne changent pas d'avis ! Kali referma la parenthèse et laissa ses pensées voguer vers d'autres centres d'intérêt.

Un itinéraire inachevé

Najma était belle. A dix ans, elle était un joli bout de femme. Elle s'épanouissait à vue d'œil. La famille était alors loin de soupçonner les ennuis de santé qui l'assaillirent quelques mois plus tard. Elle souffrait d'une hépatite mal diagnostiquée. Le médecin avait traité, sans résultat, une typhoïde. Puis, il soigna ce qu'il crut être un paludisme pernicieux. Manifestement, les services médicaux n'étaient pas équipés pour prendre en charge la malade. L'expérience faisait défaut.

La maladie de Najma s'installa et rongea chaque jour un peu plus sa santé. Grandie dans une société qui lui apprit tôt à être femme, elle enjamba des pans entiers de son existence. Elle mimait ce qu'on attendait d'elle et se comportait en adulte avant l'âge.
Bien avant qu'elle ne fût malade, personne n'avait eu l'idée de l'envoyer à l'école. Selon le point de vue communément partagé, il eût été blasphématoire de simplement évoquer le sujet. Son école comme celle de nombre des fillettes ne dépassait pas le cadre des travaux domestiques et des conseils parentaux. Cela suffit, disait-on sans mesurer les implications et les sous-entendus de ce choix.

Une future femme était perçue pour prendre en charge les tâches d'un foyer. On la dispensait d'office des activités d'un bureau ou de tout autre lieu de vie hors du foyer. Selon cette vision conservatrice, ailleurs que dans un foyer, elle serait exposée aux humeurs et aux convoitises non autorisées. La société, engoncée dans un patriarcat immuable, maintenait la femme dans une situation de non-droit. On prétendait ainsi mieux la protéger. Elle n'avait pas à gagner sa vie ni à se préoccuper de ce dont elle n'avait pas reçu mandat de son mari. Tenir propre sa maison, apprêter les repas, souffrir en silence en accouchant, éduquer ses enfants, recevoir les hôtes et rendre quelques services aux parents suffisaient, prétendait-on, à en faire une épouse modèle. Ainsi raisonnait la société dans son ensemble.

Najma apprit la cuisine. Elle était sollicitée pour la variété tout autant que pour le caractère novateur de ses recettes. Le vendredi, jour de Dieu, il lui revenait de proposer et d'apprêter le menu. La maisonnée était bondée. Cela contribuait au bonheur de Rahma, satisfait de voir son foyer se repeupler comme en des temps heureux à Hilwé. Des négociants venus pour les deux jours de marché, des parents de passage, des connaissances et des amis, un monde hétéroclite, comprenant des marginaux et des notables, profitait des douceurs de la table. Certains venaient pour trouver les moyens de satisfaire leur appétit. D'autres espéraient prendre le pouls d'une situation qu'ils souhaitaient à leur avantage. Les plus affairés recherchaient des intermédiaires pour convoyer des cargaisons à vendre. Les camionneurs étaient en quête de gros bras pour charger ou décharger des marchandises. Ceux qui se trouvaient confrontés aux tracasseries administratives s'attachaient les services des commis de l'Etat afin d'obtenir un passe-droit ou une introduction auprès des autorités. De fait, lors de ces rencontres, le vendredi autour de la table, chaque requérant trouvait une issue heureuse à ses préoccupations. Les repas, tels ceux des affaires convenues, se concluaient par un *happy end*.

Entretemps, Rahma s'était imposé comme un élément cadre pour la gestion de la boutique de Kinda. Il sut rassurer ses camarades tout en faisant preuve d'efficacité aux yeux du patron. Le vieux contremaître répétait, à qui voulait l'entendre, qu'il avait eu du flair. Il disait : Rahma s'est révélé non seulement un chic type mais aussi une personne ouverte au progrès et à la modernité. Cet éloge était mérité. Cependant, à la lumière du passé de son élève, sa rapidité d'adaptation devait être atténuée et son ingénuité nuancée. Vu son parcours, peu de domaines de la vie d'un homme de quarante ans pouvaient être qualifiés de vierges. Il avait eu la chance de tester ses aptitudes sur nombre d'occupations. Il avait vu nombre de pays, rencontré du monde, acquis de l'expérience et beaucoup appris. Modeste ou complaisant, Rahma gardait un profil simple et une attitude conciliante. Cette tenue lui attirait les bonnes grâces de tous.

Afin de canaliser son rendement, le travail de Rahma avait été recentré autour de la caisse et de la tenue du registre de présence. En quelques mois, il était passé du statut de manutentionnaire à celui de payeur puis de contrôleur. La bonne disposition du propriétaire de l'affaire à son égard confirma les supputations des employés, des clients et des fournisseurs quant à la hiérarchie des responsabilités. Le vieux contremaître n'était plus le second. Le nouveau venu, *le frère du propriétaire du commerce*, disait-on, le supplanta. Une telle renommée fit des envieux. Sans que Rahma en ait eu conscience, certains employés prirent leurs distances. Ils changèrent d'attitude à son égard, jalousèrent sa relative réussite et en firent un parvenu. Ceux qui aspiraient à escalader l'échelle sociale et espéraient une promotion virent d'un mauvais œil cette concurrence supplémentaire. Le combat pour l'ascension sociale devenait d'autant plus ardu que la différence de statut laissait peu de choix aux *non-protégés*, entendait-on dire d'un air désabusé.

Les laissés-pour-compte devraient attendre d'autres opportunités. La lutte paraissait d'autant plus ardue et inégale que des critères extraprofessionnels semblaient compliquer un processus déjà complexe.

Les plus lucides comprirent que le commerce prenait de l'ampleur et que tout restait possible. D'autres points de vente pouvaient être ouverts, avec leur cohorte de nominations et de promotions. Ils se firent ainsi une raison d'espérer.

Les velléitaires ne surent taire leurs rancœurs. Ils affichaient leur morosité et tentaient de contrecarrer une histoire sur laquelle ils n'avaient pas d'emprise. Incapables de raisonner, ils usaient d'une rhétorique contestataire au lieu de faire preuve d'intelligence.

Pris en tenaille entre ces diverses humeurs, Rahma n'en jugeait pas moins que le genre humain avait toujours su se surpasser. Un miracle restait du domaine du plausible pour ramener à la raison les uns et les autres. Il espérait la concorde et incitait les protagonistes à la solidarité. Ce fut peine perdue pour les récalcitrants qui s'étaient enfermés dans leur refus. Ils agaçaient les braves gens qui comptaient sur leur savoir-faire ou la force de leurs bras pour nourrir leurs familles.

Les plus réalistes supplièrent les tenants de la discorde. Ils leur firent observer qu'un homme adulte doit savoir garder la foi et la confiance en toute circonstance. Ils conseillaient la persévérance et prêchaient la conciliation. Ils en firent un tuteur pour soutenir la précarité de leurs causes. Ils passaient invariablement des hauts aux bas et vice versa sans la moindre plainte hormis un souffle de résignation.

Les plus susceptibles réagissaient avec l'énergie et la démesure de ceux qui, sûrs de leur fait, ne courbaient l'échine devant rien ni personne. Droits dans leur perception dyadique du monde, ils avançaient sans s'assurer que la surface de la terre était faite de monts et de vaux. Peu importaient les aspérités, pour les imbus de leurs paroles et convaincus de la justesse de leurs droits, la vraie fracture n'était pas entre la nuit et le jour mais bien entre les justes et les autres.

Les plus abjects étaient ceux qui, déterminés à tirer profit de la moindre occasion, faisaient une lecture au premier degré de *la fin justifie les moyens*. Ils ne croyaient en Dieu que lorsque cela ne contrariait pas leurs aspirations. Ils ne tenaient la vérité pour vertu que pour autant qu'elle les autorisât à user de tous les stratagèmes pour réussir. La délation, le mensonge, la calomnie, le vol, la traîtrise, la corruption et l'envie ne devenaient des défauts que lorsqu'ils s'estimaient eux-mêmes dispensés. Bref, en vrais donneurs de leçons, ils s'exprimaient en défenseurs de valeurs cardinales consciemment foulées au pied lorsque cela les arrangeait.

L'homme est porté à la médisance, fût-ce par faiblesse de caractère ou par calcul intéressé. Les murmures colportèrent des vilenies et finirent par échouer aux oreilles de Rahma. Il était en position d'offrir une récompense pour soudoyer ou corrompre. Il ne se laissa pas tenter. Une réussite, fût-elle apparente et toute relative, suscite la jalousie et attise la convoitise. Il en fit la douloureuse expérience. Il tenta, à sa manière, de se sortir d'une situation qui ne lui seyait pas. Imperceptiblement, il ralentit son rythme et faisait preuve de moins de zèle au travail. Il prit du repos. Il refusa des directives gratifiantes dans le seul but de provoquer le raidissement de son cousin. Il se montrait moins attentionné à l'égard des partenaires qui firent part de leur surprise. Faute de réaction de sa part, ils en référèrent au patron qui mit ces récriminations sur la tendance à l'exagération dont les clients sont coutumiers.

Rahma traita les employés retardataires ou ceux qui soutenaient mal le rythme du travail plus rudement qu'il ne l'aurait fait en d'autres temps. Il devint moins courtois et plus distant. Cependant, il demeura disponible et attentif pour sa propre famille. Elle ne remarqua pas de changement dans sa façon d'agir au quotidien.

Le patron de l'affaire, fixé définitivement sur la bonne image qu'il avait retenue de Rahma, ne put décrypter les messages. Les plaintes et les rapports défavorables qui tombaient de toutes parts n'y changèrent rien. Face à cette myopie ou plutôt ce soutien à toute épreuve, Rahma décida de changer d'échelle comportementale. Il exposa au grand jour ce qu'il suggérait. Il brusqua les rapports afin de provoquer une rupture. Il qualifia le patron de profiteur et d'exploiteur qui usait avec perfidie de sa naïveté et de sa disponibilité. Il se fit passer pour celui que l'on chargeait de tâches ingrates. La surprise de son vis-à-vis fut totale. Acculé et confronté à une assertion que rien ne corroborait, la tristesse l'envahit. A cours de ressources, il se défendit en poussant un cri du cœur : tu es devenu fou, dit-il. Voilà, mais voilà à quoi j'en suis réduit ! A être rudoyé comme on ne le ferait pas d'un domestique. D'ailleurs, j'en occupe la charge et le logis. Un parent serait traité avec incomparablement plus d'égards, rétorqua Rahma. Il ne laissa pas la moindre esquisse de réponse à son interlocuteur. Reprenant son souffle ou faisant mine de se ressaisir, il ajouta : je pense que chacun de nous doit se recentrer sur ce qu'il a à faire. Si tu en as encore la disponibilité, le mieux serait qu'une activité libre de toute contingence me soit confiée.

Une lueur d'espoir jaillit dans le regard du commerçant. Il lut dans cette offre un geste d'ouverture. Il y vit l'expression d'une requête pour une promotion qu'il s'apprêtait à accorder. Quelque peu rassuré, il murmura : tu m'as fait peur. Continuant sur le même ton de confidence, il avoua avoir craint que Rahma tentât une séparation.
Il se reprit et dit : tu auras un surcroît d'attributions. Pour ne rien te cacher, j'allais te proposer d'assurer la gestion du magasin tandis que je me consacrerai aux approvisionnements. Cala me semble une juste répartition des tâches. Enfin, tu m'as vraiment fait peur. Quel idiot ai-je pu être en confondant la forme et le fond de ton message ! Il conclut : nous allons faire prospérer l'affaire. Papa nous enverra ses félicitations du paradis. Il s'excusera de m'avoir sous-estimé en me qualifiant de piètre entrepreneur.

La naïve certitude du boutiquier finit par apitoyer Rahma malgré son souhait de rompre. D'accord, nous verrons cette nouvelle répartition des charges à tête reposée. En tout état de cause, je te ferai part de ma réponse demain, dit-il goguenard. Il asséna cette réponse comme si le déversement d'amabilités de l'instant d'avant s'était évaporé ou comme si leurs cerveaux s'étaient accordés pour le balayer de la mémoire.

La confrontation fut rapportée avec force détails à Hanna qui se garda d'en parler aux enfants. Ils en auraient fait une nouvelle base de discorde, après avoir plus ou moins bien digéré les faits d'armes de leur père. Ils auraient vertement contesté sa capacité à maîtriser ses colères.

Hanna et son mari se tinrent informés de la finalité de la démarche. Il fut vaguement question de reconquérir une liberté en état d'émiettement depuis qu'il exerçait une activité salariée dans la boutique de son cousin. Ils convinrent que la méthode risquait de susciter une incompréhension ou même une mésentente au sein de la famille. De plus, pensa Hanna, une rupture unilatérale concourrait à désigner Rahma comme à l'origine de la dissension. C'était manifestement le cas mais pouvait-elle le dire crûment ? Face à un époux sûr de son droit de régenter sa famille et de choisir le mode de vie le mieux approprié, elle dut gérer la situation avec délicatesse.

Rahma tut la suggestion relative à sa promotion au poste de gérant. Il ne parla pas non plus du refus de Kinda d'entrevoir une séparation, quel qu'en fût le motif. En effet, le propriétaire du magasin était convaincu qu'avec l'assistance de son cousin, la prospérité lui ouvrait les bras. De son point de vue, rien ne devait contrarier une promotion qui devait rehausser la famille au sommet de l'oligarchie des affaires. Il n'aurait, de toutes les manières, pas saisi les nuances qui érigeaient l'amour-propre en priorité. Peu importait que la fierté prît un coup, l'essentiel, semblait-il penser, était de concrétiser un potentiel de richesses qui attendait une entente entre cousins pour tomber dans le domaine familial.

Hanna, en compagne dévouée, ne comprit pas non plus le choix de son mari. Elle était persuadée de la justesse du raisonnement de Kinda. Personne, outre son époux à l'entêtement despotique, ne soutiendrait la pertinence d'un arbitrage entre une prétention à incarner la perfection morale et l'évidence d'un enrichissement honnêtement acquis. Pourtant, en épouse modèle, elle assuma son rôle de souffre-douleur puisque celui de conseiller fut battu en brèche.

L'outrance de l'argumentation de Rahma, assise sur la méthode Coué, ne laissait d'autre issue qu'une rupture. Avant de s'endormir, Hanna tenta une ultime conciliation, repoussée sans ménagement par le bonhomme. Il y décela une tentative de l'amadouer. Il demeura inflexible. Il n'offrit aucune faille qui autorisât son épouse à prolonger la discussion. Décidément, il n'y a pas plus sourd que celui qui ne veut point entendre, se dit Hanna. Elle se laissa brimbaler de prière en souhait et d'espoir en rêverie.

Les retrouvailles du lendemain entre Rahma et Kinda, nonobstant la présence de bonne heure du premier nommé, se heurtèrent à sa rigide volonté de tout arrêter. La veille encore, un accord ne faisait l'objet d'aucun doute. Cela ne changea rien au choix de Rahma. Dès les premières minutes, il chercha un prétexte. L'arrivée tardive de quelques employés fut une occasion rêvée. Il fit monter en épingle des incidents mineurs pour enfoncer le clou de son entêtement. Il coupa court à toute tergiversation. L'intercession du vieux contremaître attisa un état des lieux chauffé à blanc. Les suppliques de Kinda pour parvenir à une solution amiable tant espérée n'y purent rien.

Rahma se dirigea droit et à pas de charge vers le comptoir. Il retrouva le patron occupé à disposer de la petite monnaie dans les tiroirs de la caisse. Il ne s'attendait pas à une tournure dramatique de l'affaire. Son attention était absorbée par une tâche consistant à faciliter les entrées et les sorties d'argent afin d'accélérer le passage des clients à la caisse. Il leva la tête et afficha un sourire capable de désarmer le plus hardi des belliqueux. Il s'apprêtait à embrasser Rahma. Celui-ci négligea la dimension affective de leurs rapports. Au lieu de répondre courtoisement à l'accueil fraternel, il balaya les règles usuelles de correction. Il balança d'un geste rageur les clés. Le trousseau glissa sur le comptoir et finit sa course sur la poitrine de Kinda. Médusé par cette violence que rien ne justifiait, il ramassa les clés sans le moindre mot. Il garda un silence remarquable de calme et laissa les témoins tirer une conclusion de l'incident.

L'horizon s'assombrit. Les yeux de Kinda s'emplirent de larmes. Il comprit qu'il lui serait difficile de ramener un homme, aussi ferme dans ses errements, à quelque compromis que ce fût. Ajoutant le dédain à la sourde colère, il priva son vis-à-vis du simple regard de réprobation. Il le laissa s'abîmer définitivement dans sa trajectoire à chute verticale.

Les événements allèrent crescendo. Le vieux contremaître reprit du service. Il le fit à son corps défendant, lui qui pensait avoir trouvé le remplaçant idéal. Le patron l'informa de la mésaventure. Il lui demanda d'avoir Rahma à l'œil. Il faut éviter toute mauvaise surprise, lui dit-il. Il n'y eut pas d'accrocs. Tout s'était passé comme si le coup de sang avait été le révélateur d'une colère subite et circonscrite. On s'accorda donc à relativiser l'incident, en le considérant comme l'humeur d'un homme levé du mauvais pied. Le contremaître parvint à rétablir le flux normal d'échanges avec l'irascible. Rahma ne sembla pas marqué outre mesure par l'événement. Plus tard, il avoua se sentir mal à l'aise dans un milieu où les rapports d'individu à individu étaient primordiaux. Il se voyait usurpant la place et les prérogatives du contremaître. Ils avaient de l'estime l'un pour l'autre. Hormis leur différence d'âge, ils se seraient qualifiés d'amis. Or, cette différence s'interposait et s'érigeait en une cloison étanche. La ligne de partage ne séparait pas les hiérarques des exécutants, elle différenciait d'abord les jeunes des aînés. Cette différence était autrement plus importante. On ne se permettait pas de rudoyer un aîné, femme ou homme. C'était une règle intangible. Elle donnait un sens à la retenue que toute personne bien née se devait d'observer en présence des plus âgés.

Le contremaître s'était toujours permis de dire le fond de sa pensée. Il exposa, face au patron, sa perception de l'incident. Il démontra que les susceptibilités devaient être gérées avec tact. Il rappela que Rahma vivait mal une situation dans laquelle les considérations familiales lui paraissaient avoir pris le pas sur la compétence. Il en fit une interprétation qui cadrait mal avec le fond du problème. Chacun de nous doit tenter de lui faire entendre raison. Cependant, il vous revient, en tant que patron, de renouer les fils afin de ménager la chèvre et le chou. Ces mots de sagesse du vieil homme détendirent le climat.

On laissa une ultime chance à Rahma. Kinda lui suggéra de choisir son poste d'affectation. Une semaine entière ne suffit pas à le décider. On l'évitait pour écarter toute friction qui pouvait lui servir de prétexte commode. Peine perdue, toutes les précautions furent vaines. Il se tut. Il rumina son insatisfaction. Il maugréait contre le sort. Lors de la pause pour la prière du milieu de l'après-midi, Rahma donna sa réponse. Elle tomba tel un couperet. Comme pour se punir d'avoir introduit l'amorce d'une dissension au sein d'une équipe où le consensus régnait en maître, il choisit les approvisionnements en huiles. Il opta pour une tâche des plus contraignantes. Ainsi que de coutume, il y fit montre du plus grand sérieux. Sa disponibilité et son efficacité firent merveille. Il s'en tira encore une fois avec les félicitations du patron. On lui fit comprendre qu'il gaspillait des dons qui auraient pu être exploités pour un meilleur usage. Manifestement, les priorités n'étaient pas jaugées à l'aune des mêmes normes. Rahma sourit avec amitié. Il promit de réfléchir aux propositions. Mais, son avis était déjà fait, seul restait le moment de le dévoiler. Sa nouvelle situation fut un tremplin pour d'autres horizons, plus conformes à son besoin de liberté et d'autonomie. Un choix auquel les ouvriers et même certains cadres attachaient peu d'importance. Leur priorité visait à gagner de quoi entretenir leur famille. Le reste paraissait superflu.

Rahma avait ses idées et s'y tint. Il n'était pas homme à changer d'avis comme une girouette. Son humeur variait et son apparence se transformait mais lui restait foncièrement fidèle à ses amitiés et à ses engagements.

La collaboration avec Kinda s'arrêta un jeudi. C'était le second jour du marché hebdomadaire régional. En fin d'après-midi, il s'assura de la conformité des comptes, après les achats et les ventes des huiles. Il paya les derniers fournisseurs, rassembla les livres de comptes et remit les clés à qui de droit. Il mit un terme à ses fonctions au sein de la boutique. Il partit sur un simple mot d'adieu.

Les membres du personnel louèrent son courage et lui souhaitèrent bon vent. Tous étaient émus. Ils étaient touchés par tant de hargne, juste pour conquérir un peu de liberté. Même les plus réticents à son amitié se dirent désolés. Certains pleuraient, d'autres se turent, évitant une émotion prompte à s'échapper au moment où l'on s'y attend le moins.

Kinda tenta une ultime conciliation. Elle n'eut pas davantage de succès que les précédentes. Il embrassa son cousin. Il se dit peiné de n'avoir pu le retenir. Ma porte reste ouverte, cette affaire est aussi la tienne. Reviens quand tu voudras, mon frère, dit-il. L'homme d'affaires s'engouffra dans la réserve où acheva de sécher ce qui lui restait de larmes.

Avant le jour de rupture, Rahma avait loué une maison convenable. Il l'aménagea à la hâte pour y installer sa famille. C'était une grande case en paille de vingt mètres carrés divisée en deux compartiments. Le premier, équipé d'un grand lit inamovible, constituait le domaine des parents. Il était séparé du reste par un paravent formé d'un assemblage de peaux tannées d'ordinaire utilisées pour se couvrir. La séparation évitait aux parents de s'exposer à une éventuelle indiscrétion des enfants. Pour le reste, ils se montraient attentifs et étaient rarement pris à défaut, y compris et surtout dans les moments d'intimité. Le second revenait aux enfants. Ils y disposaient d'un rudiment de lit fait de six fourches soutenant un sommier en branches de palmier dattier. Un matelas en coton peigné, couvert de tissu écru, amortissait la rudesse du sommier. Sans être confortable, le couchage mettait les enfants à l'abri des dangers. Il leur évitait les piqûres des puces et les préservait des morsures des rampants. Les scorpions s'introduisaient dans la case à travers les interstices de la porte qui était solide mais guère étanche.

La famille était alors loin d'imaginer les tracas et les problèmes d'intendance que ce déménagement entraînait. La garde des enfants s'avéra compliquée pour un couple à la recherche d'activités susceptibles de procurer le pain quotidien.

En acceptant toute besogne, pour peu qu'elle apportât le minimum vital, Rahma ne perdait-il pas une liberté pour laquelle tant de sacrifices avaient été consentis ? Il ne s'arrêta pas à ce constat d'évidence. Il promit d'accepter toute tâche qui se présenterait à lui. Mieux, il en exécutait plusieurs à la fois afin de conforter ses gains.

Il n'était pas aisé de se frayer un chemin dans la ville. Au grand banquet du donner et du recevoir, rien n'était gratis. Tout était acharnement, lutte et débrouillardise. Que pourrait-on créer de rentable ou de vendable qui n'existât déjà ? Que pouvait-on inventer qui ne fît l'objet d'un commerce ? Quel métier exercer sans que la liberté fût compromise ? Sur ces interrogations et sur bien d'autres encore, Hanna et ses enfants suivirent, amers, Rahma. Il ne promit ni faste ni richesse. Ils s'engageaient, ensemble, dans un chemin parsemé d'épines sans en mesurer toutes les contraintes.

Rahma se savait apte à entreprendre et affronter toutes sortes d'obstacles. Le milieu urbain ajoutait aux épreuves du salariat celles de l'anonymat qui se révélèrent particulièrement déstabilisatrices. En confrontant ses aspirations à l'environnement urbain, Rahma se sentait en perte de repères. Au lieu de la vision claire qu'il souhaitait, il s'enfonçait dans un brouillard, un embrouillamini inextricable. Il ne suffisait pas d'afficher une aptitude à la bagarre. Il fallait trouver les moyens de mettre en évidence sa combativité.

Coutumier d'alternances entre des hauts et des bas, Rahma entama une nouvelle vie. Pour la première fois, il admit ne plus être en mesure d'en dessiner un clair cheminement. Au vu de son parcours, il serait plus judicieux de noter que la providence avait souvent été à ses côtés. Chaque fois qu'elle le quittait, la chute et l'échec le guettaient. L'épilogue de sa fuite, lors d'une nuit de pleine lune, résumait son parcours heurté.

Rahma menait plusieurs luttes de front dont nombre restèrent inabouties. En dépit des échecs, il renouvelait ses engagements. Il repartait, enfin sûr de réussir. Il revenait bredouille ou maussade, parfois désabusé. Jamais la fierté de tenter la gageure ne lui parut si improbable. Pourtant, là où d'autres auraient baissé les bras et se seraient abandonnés au découragement, il persévérait. Des joies éphémères accompagnèrent une suite de privations. Son envie d'investir toutes ses forces pour la promotion d'un futur meilleur restait intacte. Sa vie chagrinait parents et amis qui craignaient le pire après avoir espéré le meilleur. Son existence charriait des colères inutiles, des fêtes gâchées, des expériences bâclées et des réussites abandonnées au moment où tout semblait acquis. Seuls son entêtement, sa rectitude et sa fierté résistaient à la dureté de la vie. Son caractère l'encourageait à dessiner, sous mille formes différentes, les mêmes promesses. Elles recoupaient les contours d'un destin de liberté. C'était l'essentiel, du moins de son point de vue.

Dieu préserve ma liberté, disait Rahma, inlassablement. Cette liberté fragile et contestée, il l'avait parfois perdue pour la reconquérir avec la hargne. Il la recouvrait avec la même détermination, la même assurance dans le regard, la même confiance en l'Être suprême qui guide les justes. Il espérait, non il croyait, qu'après l'échec, la réussite était certaine, qu'après les larmes, la joie prenait le dessus et qu'après la disette, venait l'abondance. Il avait une confiance quasi absolue. Il usait de sa séance hebdomadaire de prédiction, science héritée des *Anciens*, pour décoder l'avenir. Il confortait ses options, justifiait ou pondérait les risques. Il ignorait les critiques des frileux et des incrédules. Il traçait, à même le sol, des lignes et des cercles, des carrés et des polygones de toutes sortes. Il savait trouver la bonne direction ou le jour idoine pour voyager. Il concluait ses prédictions par une prière. Assuré de la justesse des paramètres usités, il ne reculait ni ne tergiversait. Sa décision prise, il la mettait en pratique. Il s'appliquait d'autant plus fermement à maintenir ses choix que les indécis et les perplexes le poussaient à renoncer. Que te fallait-il de plus ? lui répétaient-ils, avec une étonnante constance.

Non, Rahma ne regardait pas en arrière. Il marchait, courait même à la rencontre du futur. Il songeait au lendemain, voire au-delà, plus qu'il ne se remémorait le passé. S'il maugréait, ce n'était guère contre l'infortune mais contre sa propre myopie.

Après la séparation d'avec Kinda, si Rahma avait pu lire dans une boule de cristal, il aurait douté de sa bonne étoile. Des années d'épreuve le guettaient. Elles lui tendaient un piège imparable. Elles l'enserrèrent dans un étau comme pour lui faire payer tant d'occasions perdues, de chances galvaudées et d'issues condamnées.

Rahma refusait toute compromission. C'était, disait-il, le prix à payer pour préserver la liberté. Son pseudonyme, plus que jamais justifié, Arwadj[53], le faisait passer pour un obtus. Il était fidèle à ses idées, constant dans ses relations et inflexible quant à la poursuite de ses engagements. Sa vie durant, il demeura libre et fidèle, droit et inflexible, juste et sévère. Il se levait de bonne heure. Son attitude et ses habitudes restaient constantes. Il demeura aussi lève-tôt que du temps où il était l'agent cité en exemple dans l'échoppe de Kinda. Ce commerçant à l'esprit pratique n'eut cesse de regretter leur séparation que rien ne justifiait. Plus amer que furieux, il ajoutait : rien n'explique cet entêtement si ce n'est la bêtise humaine dans ses errements proches de l'instinct animal.

Hanna et Kali écoutaient Rahma sans le contredire. Il n'y avait que Najma, impertinente ou clairvoyante, qui prétendait se distinguer. Elle assénait ses vérités avec opiniâtreté. Elle disait : nous sommes libres oui mais pour quel résultat ? Elle assénait ses affirmations avec la certitude de l'innocence. Ses paroles tombaient raides, à la manière d'une équerre en bois sur la tête d'un cancre. Elle visait juste et atteignait sa cible. Ses

---

[53] *Obtus*, en arabe tchadien ; dans le contexte, nom masculin signifiant *compliqué,* voire *caractériel.*

mots ressortaient aussi implacables que les paroles d'un mufti[54] traduisant avec soin les directives d'un vizir insatisfait. Son verbe était acéré comme les rayons d'un soleil de mars sous un ciel sahélien. On ne l'interrompait pas. Elle choisissait le moment de mettre un terme à ses diatribes. Elle aurait fait un bon professeur de philosophie et une bonne enseignante. Elle s'appliquait à démontrer, à construire et à répondre d'avance aux répliques des uns et des autres.

La ferme certitude de Rahma d'agir en juste et de marcher la tête haute se mua en doute. Plus exactement, sa certitude s'était transformée en une tenace rancœur. Il en avait contre l'infortune qu'il n'avait eu cesse de provoquer, à force de défis surdimensionnés et de conflits avec lui-même. Il ne fredonnait plus. Il oubliait jusqu'à l'impact du chant sur son humeur. Il lui arrivait de ne pas consulter le sable pour lire l'avenir. Au vu de cette métamorphose, on laissa entendre qu'il ne croyait plus en Dieu. Pourtant, ces proches ne trouvaient rien à redire à sa nouvelle manière d'être au jour le jour. Il leur apparaissait tel que toujours : raide mais poli, têtu mais conciliant, bougon mais serein.

Peu d'hommes, peu de familles avaient enduré autant de vicissitudes. Peu avaient goûté si amèrement aux infortunes de l'existence. Peu avaient suivi avec tant d'application les contorsions d'une vie tumultueuse. Peu avaient la capacité d'opposer autant de résistance et de détermination à une vie qui entraînait vers les abîmes. Les heurts côtoyaient Rahma non en raison d'un acharnement particulier de l'Etre suprême sur quelques-uns de ses sujets mais à cause de l'inconséquence de certains de ses choix. Il était un guide pour sa famille et ses proches. Sa conduite servait d'exemple. Il disposait de réels atouts pour réussir. Il pouvait saisir moult opportunités. Au lieu de quoi, il s'embarquait dans des élucubrations et faisait des choix aux résultats ou aux conséquences insensés.

Une année s'était écoulée sans que le sourire de Najma ne revînt fréquenter les soirs doucereux du début de l'année 1960. Sa magie s'était éteinte sous les charges adverses des lendemains incertains. Sa santé se détériora. Les spécialistes consultés, modernes et traditionnels, ne surent donner une explication satisfaisante. A l'âge où les enfants pre-

---

[54] Religieux interprétant la loi musulmane.

naient le chemin de l'école et où s'ouvraient les pages vierges de l'avenir, elle perdait de sa prestance. La brillance de son teint marron, couleur de datte mûre à point, se ternit. Elle maigrissait. Son allure de Sahélienne élégante et effilée se déchargeait de son incontestable majesté. Si vous l'aviez connue pendant sa splendeur, vous l'auriez aimée sans retenue. Vous l'auriez couvée comme la fille que vous auriez voulu avoir. Vous l'auriez protégée à l'image de la future bru que vous convoiteriez pour l'aîné de vos fils. Vous l'auriez consolée telle la camarade de votre petite Jeanne, partie, vous la laissant seule en souvenir de leurs jeux et de leurs tendresses.

Najma s'étiolait comme une luciole s'éloignant dans une nuit sans lune. Elle perdait ses forces, épuisée par son combat contre la maladie. Elle subissait, plus encore que Hanna et Kali, les conséquences des contrecoups sociaux de son père. Elle l'adorait parce qu'il était un homme digne et droit. Elle l'aurait suivi jusque dans l'outrance de ses faiblesses et les limites de sa vaine résistance contre le sort. Elle le respectait pour sa droiture dressée telle une arme factice contre une adversité impitoyable. Elle le considérait comme un modèle, un demi-dieu, non un dieu tout court. En effet, Rahma était digne, courtois, courageux, ombrageux et tolérant, sauf envers lui-même.

On admirait Najma pour son courage face à la maladie, pour sa piété dans la douleur, pour sa foi malgré la distraction des dieux restés éloignés de ses espérances. Elle aurait souhaité que Dieu fût plus proche et plus sensible à sa souffrance. Qui mieux que Lui se préoccuperait des épiphénomènes et des milliardièmes de poussière que sont les vies, les rêves et les supplications d'une jeunesse en butte au doute ?

Oh prometteuse et fragile jeunesse ! Garçons et filles scrutaient l'avenir à l'ombre des sages. Ils s'acharnaient à se frayer une voie dans le cheminement tortueux de la vie. Ils espéraient un avenir à la hauteur de leurs immenses, parfois insensés, désirs. Jeunesse piaffante, vilipendée, adulée, attachante, dynamique, prometteuse et incertaine. Elle était à la fois une lumière et une source de vie dans le cœur des parents. Tous les espoirs en elle se révélaient justifiés, notamment au vu des prestations de Kali ou de Myriam. L'un et l'autre s'étaient révélés des adultes respectables.

Dans son repaire urbain, Rahma restait insondable quant à la projection qu'il faisait de l'avenir de ses enfants. On déduisait que le présage restait favorable. Les arabesques qu'il dessinait sur le sable révélaient sans doute de bons augures. Autrement, il se serait entouré de précautions. Il aurait fait appel à la science d'un savant ou à celle d'un sondeur du futur à la notoriété établie. Même si son savoir n'était pas en cause, une étude contradictoire aurait conforté ou au contraire démenti l'espoir qu'il croyait personnellement déceler.

Comme Madame Soleil s'évertue à prévoir l'issue d'une élection ou la conclusion d'un entretien, des prétendus devins scrutaient ce que demain cachait aux communs des hommes. Ils agissaient à l'image des directeurs de personnel, penchés sur leur pense-bête et prêts à tirer les vers du nez des prétendants à une embauche. L'expertise des uns comme la capacité prédictive des autres était douteuse. Pourtant, aux yeux des aspirants, leur manège passait pour un exploit. Par chance, la coïncidence faisant bien les choses, leurs prétendues prédictions recoupaient les souhaits et achevaient de combler les récipiendaires.

Rahma aurait tout donné pour que Najma atteignît sa maturité. La providence s'était faite discrète. La neutralité de Dame chance coûta à la famille Rahma la perte du sentiment de dominer les banalités. Etait-ce Dieu ou la commode mais innommable providence qui sema la désolation ? Libre à chacun de se pencher sur ses préférences spirituelles ou sur son *moi* pour en tirer une fable ou une leçon et conforter son orientation.

Dans le monde des Rahma, rien n'était banal. La destinée, l'ascendance et le caractère orientaient puis déterminaient les choix et les conséquences, les ascensions et les chutes. La banalité était perçue comme du domaine de la médiocrité tandis que la résignation apparaissait comme l'apanage d'une foi mal assumée. Pour le Seigneur des cieux et des terres, tout est banal. Tout est négligeable, y compris la vie des êtres les plus proches. Tout est éphémère, jusqu'aux innombrables étoiles. Tout est insignifiant, même l'infini. Il n'y a d'omniscient que Lui.

A travers sa conviction qui lui intime que Seul Dieu est grand, le musulman déplace le poids des charges qui le dépassent. Rahma ressentait cette évidence avec profondeur. Dans l'expression de sa foi, il craignait moins qu'il adorait Dieu. Il Le suppliait moins qu'il Le louait.

A tout instant, pour le moindre de ses gestes, il Lui adressait des louanges. La lumière et les couleurs suffisent à se montrer humbles, aimait-il rappeler.

Personne ne put attester que Rahma croyait en l'existence d'un paradis ou aux risques d'un châtiment dans l'au-delà. Il avait, cependant, une foi intacte dans la bonté divine. Il partageait la conviction que l'humain est bon. Il avait l'intuition que la religion constituait un code pour régenter la société plutôt qu'une prescription divine dictant les comportements sur terre. Ces idées suffisaient à en faire une sorte d'impie qui s'ignorait.

Rahma disait ce qu'il éprouvait. Il n'hésitait pas à montrer ses doutes et à exposer sa réprobation face à la prétention d'une doctrine unique et hégémonique. Son apparente complexité et l'exposé sans détour de ses idées en dérangeaient plus d'un. Il passait, peut-être à raison, pour un agnostique ou même pour un mécréant, ce qui était plus que douteux. Pour les donneurs de leçons dont les professions étaient rarement mises en pratique, il pourrissait la société et corrompait la jeunesse qui voyait en lui un modèle.

Pour Rahma, l'espérance s'observe dans la capacité à garder la foi au moment où tout semble perdu. La foi se constate dans la croyance en une solution de délivrance pendant les toutes dernières secondes qui séparent la vie du néant. La foi se construit dans la certitude qu'il est plus naturel et plus humain de faire le bien. Telles avaient toujours été ses convictions. Du moins telle était sa vision, jusqu'à la maladie de Najma. Il disait n'avoir pas changé. Il affirmait regarder dans la même direction et garder le même cap. Mais, doit-on exiger d'un laïc la tempérance d'un moine ? Doit-on attendre d'un pécheur non initié la science d'un féticheur ?

Rahma ne pouvait rien contre les insuffisances de la médecine et les limites de l'équipe médicale locale qui ne sut trouver une solution pour le traitement d'un mal pernicieux. Le médecin chef, un ancien interne des hôpitaux de Moscou, était inexpérimenté. Il avait à sa disposition un équipement rudimentaire. Il ne parvint pas à diagnostiquer une hépatite devenue chronique et qui finit par se transformer en un cancer du foie. Ce ne fut que bien plus tard, au terme des études de Myriam, que l'on comprit la nature de la maladie de Najma. L'étoile s'était éteinte dans le brouillard de décembre. Le vent fouettait une atmosphère lugubre, chargée de poussières et charriant nombre de maladies. La vue portait rarement au-delà de cent mètres. Tout cela accentuait la détresse et le chagrin des Rahma.

Najma partit sur la pointe des pieds, en silence. Elle s'effaça sans appeler au secours comme si elle avait décidé de baisser les bras. Deux fois, la mort avait manqué l'emporter. Il n'y eut pas de troisième chance. Avant l'instant fatal, elle se consolait, persuadée que Dieu n'avait pas encore souhaité son départ de ce bas-monde. Son corps s'était décharné. Elle était méconnaissable et cessa d'être aussi enviable qu'elle le paraissait au summum de sa santé. La différence était grande entre la Najma des jours heureux et celle de son crépuscule. Serait-il permis de penser que Dieu en fut dégoûté ?

Kali apprit la disparition de sa sœur au retour de l'école qu'il fréquentait depuis le mois d'octobre 1962. Son calme étonna ses parents qui craignaient un choc ou une réaction incontrôlée. En raison de la longue maladie de la défunte, il avait eu le temps de se préparer à cette échéance. En son for intérieur, il souhaitait lui éviter des souffrances inutiles. A la nouvelle de son décès, il passa en revue sa vie, en quelques secondes. Son premier réflexe fut de refaire, dans sa tête, l'itinéraire de leur jeune âge. Curieusement, ses pensées s'étaient arrêtées sur la vache noire, tachetée de blanc, à laquelle Najma vouait un attachement particulier. Elle n'était ni la plus grande laitière ni la mère du troupeau. Najma l'avait choisie parce que, disait-elle, son lait sentait l'ambre et avait une douceur spécifique. Dans ses souvenirs, elle ne trouvait comme équivalent que les tétées du bébé qu'elle avait été.

Kali pleura sur son propre sort. Il regretta d'avoir trop souvent oublié de tenir la main de sa sœur. Il s'en voulut de ne pas l'avoir assez acceptée dans son monde de garçons qu'il croyait impropre pour la finesse de Najma. Constatant la vacuité des idées qui traversaient son esprit, il se mit en situation de refaire le voyage entre Hilwé et la ville. Il fut pris de vertige. Obligé de sérier les obstacles, il relativisa les déconvenues et se tint à l'essentiel : l'intense douleur de la disparition de sa sœur, à onze ans.

Onze ans étaient un âge qui récapitulait toutes les promesses placées en un enfant. Onze ans représentaient un repère pour les futures épouses attendant d'éclore. Onze ans étaient aussi l'âge de l'espoir pour les familles. Onze ans sonnaient la fin de l'innocence et la perte de l'assurance. Mais, onze ans autorisaient la convoitise et faisaient des fillettes des femmes. Des hommes, d'âge mûr, attendaient de prendre pour épouses des pucelles, avec le coupable consentement des parents.

Kali se pencha sur le sort de sa mère. Elle était la compagne de tous les instants de Najma. Comment vivrait-elle cette séparation ? Que faire pour l'aider ? Comment s'organiser pour l'aider ? Se demanda Kali. Hanna n'était ni l'étoile filante repartie dans son firmament ni Zahra, la compagne et unique fille membre du groupe de leurs jeux d'enfants. Une femme, cela change tout ; il faut du tact et de l'expérience pour ménager sa susceptibilité, dit-il. Une femme adulte, fut-elle une mère, ne pouvait être perçue comme une complice. Elle gardait ses distances, à l'opposé d'une sœur ou d'une camarade qui écoutait ou faisait semblant de croire à ses bravaches. Les filles de son âge se laissaient tenir en haleine. Elles consentaient à jouer le rôle de souffre-douleur ou de complice. Mais, que faire lorsqu'il s'agit d'une dame ? Se demanda Kali. Face à sa mère dont il devinait la détresse, il se sentait dépourvu d'arguments. Il ne sut lui apporter ne fut-ce qu'un relatif confort. Il n'avait pas la même assurance que face à des personnes de son rang. Dans un sourire qui illumina la tristesse de ses pensées, il se dit : j'aurais volontiers attribué le qualificatif de sexe fort aux tenantes du beau sexe pour m'affranchir de mon embarras.

Hanna fut bouleversée. Elle était atteinte dans la profondeur de son être. Depuis l'annonce du décès de Najma, son mari disait : je ne retrouve mon épouse, sous son meilleur profil, que pendant les rares moments de décision auxquels elle veut bien s'associer. Le reste du temps, elle se fond dans la vie quotidienne comme le ferait n'importe quelle femme de vingt-sept ans. Sa pondération s'est transformée en un détachement. Sa disponibilité a fait place à une envie effrénée de mouvements. Sa présence accommodante à mes côtés s'est muée en une sorte de censure. Ses idées sont devenues aussi tranchantes que le couperet d'un dictateur n'admettant la moindre contradiction, y compris de ses amis et fidèles.

Adieu les rêves d'une grande fête pour le mariage de Najma que tous attendaient. Adieu les cadeaux que l'on se proposait de faire figurer sur la liste de mariage. Adieu l'espoir de voir grandir des enfants que l'on devinait beaux et vigoureux. Chaque membre du clan attendait d'apporter sa contribution à la finalisation d'un évènement qui aurait couronné la vie de Najma. Tous, y compris Rahma, avaient échafaudé la meilleure stratégie pour la conduire à son futur foyer.

Rahma n'aurait pas consenti à marier sa fille à treize ou quatorze ans et encore moins avec un homme nettement plus âgé qu'elle. Il aurait attendu ses dix-sept ans, même si à quinze ans elle aurait paru une femme. Il se serait assuré que Najma, au moment de quitter le foyer paternel pour fonder sa famille, disposât du prérequis pour décider, réfléchir et discuter d'égale à égal avec son conjoint. Il lui aurait fourni les outils pour s'opposer aux choix irréfléchis et aux outrances qu'elle se devait de corriger. Il aurait fini de lui enseigner à tenir tête. Une future épouse devait apprendre à tenir son rang de matrice familiale. Le charisme de Najma n'était pas le moindre des atouts pour la réussite de son existence d'épouse. Sa naissance la plaçait au-dessus des contemporains tandis que l'histoire millénaire de sa lignée aurait suppléé son inexpérience.

Dans les moments difficiles, le passé devenait un allié en même temps qu'un déversoir du trop-plein de douleur. Depuis la nuit des temps, il s'était toujours trouvé un Rahma responsable de canton, chef de carré, commandant des combattants, contestataire des autorités illégitimes, défenseur des faibles ou organisateur de luttes contre les envahisseurs. La descendance de cette qualité d'hommes ne pouvait et ne devait se contenter de plagier les agissements du citoyen moyen. Elle ne pouvait non plus reproduire la conduite servile et résignée de monsieur, madame Tout le Monde.

En dépit de son habituelle retenue, Rahma se serait fait un plaisir de prodiguer conseils et mise en garde à sa fille. Il se serait assuré qu'elle réunit les conditions requises avant de la laisser partir pour d'autres toits. Elle devait rester imperméable à la corruption des mœurs et au reniement des *Anciens*. Comme elle était inexpérimentée, il lui aurait mis une canne blanche entre les mains avant de l'abandonner à la découverte d'autres milieux et d'autres familles. Il l'aurait *blindée*[55] avant de la laisser se frotter à des habitudes qui auraient pu contrarier son

---

[55] *Protéger, renforcer son auto-défense, la rendre imperméable à la convoitise et à la malveillance.*

inestimable héritage. En dépit de son mutisme, il n'était pas moins préoccupé par l'avenir de sa fille. Hélas, le sort en avait décidé autrement. Son scepticisme, son repli et sa prise de distance par rapport aux préoccupations quotidiennes trouvaient une probable explication dans le choc provoqué par le décès de sa fille. Elle coalisait en sa personne tant d'images heureuses et d'espoirs.

Pourtant, il fallut poursuivre la vie sans Najma. Parents et proches s'étaient résolus à penser à elle, en référence aux heureux souvenirs. Telle cette veille de vendredi où, après s'être rendue au marché des condiments, elle était revenue frétillante. Elle raconta à sa mère qu'une femme, qu'elle n'avait guère eu l'honneur de connaître auparavant, l'avait interpelée et lui avait fait cette remarque : ma bru, lorsqu'on a ton âge, il convient de regarder où l'on met les pieds. Najma n'avait pas saisi de suite ce message codé et l'allusion de son interlocutrice. Hanna s'était chargée de lui en expliciter l'indice. Comprenant la subtile missive, elle avait poussé un soupir de fierté. C'est donc ainsi, dit-elle, en mimant un sourire complice et une moue de coquetterie. Le retroussement de son nez exprimait une légitime satisfaction.

Au fil du temps, l'absence de souvenir sous la forme d'images accentuait le vide laissé par Najma. En parler restait la piste naturelle de consolation. Il ne se passait pas de jour sans qu'on ne parlât d'elle. Souvent, cela finissait en sanglots qu'interrompaient des rires, conclus par l'expression : *subhanallah*[56]. La résignation consolait et aidait à tenir en espérant des lendemains moins sombres. A l'évocation des souvenirs, on oubliait les souffrances. On s'accrochait aux images idylliques des moments de bonne santé de Najma. Comme par magie, le rappel de son enfance heureuse atténuait les charges amères des tristes augures.

Aussi loin que l'on remontât le temps, il n'y eut pas de jour où quelqu'un n'évoqua la courte vie de la fille aînée de Hanna. Chacun la revoyait à travers son propre prisme. On l'imaginait cinq, dix, vingt ou trente ans plus tard. Que serait-elle devenue ? On s'accordait à reconnaître que la nature avait mal fait les choses en stoppant trop tôt ce souffle si vital à la famille Rahma.

---

[56] Louanges à Dieu.

On évoquait à peine l'arrivée du dernier-né, deux ans après le débarquement de la famille dans la ville. Certes, les youyous agrémentèrent la fête mais leur intensité fut loin d'égaler le tonnerre d'applaudissements, le rythme endiablé des danseuses et le martèlement des tambourinaires qui avaient ponctué la naissance de Najma. Le grondement des grands tambours, satisfaits d'apporter leur pouvoir sonore et leur magie à une cérémonie couronnant la venue au monde d'une fille, premier enfant d'une mère de dix-sept ans, n'eut pas d'équivalent. Il n'en aura sans doute jamais. Les parents avaient, alors, mis les bouchées doubles pour couvrir l'événement de faste. Les cavaliers et les chameliers, danseurs altiers, avaient redoublé de vaillance. Ils avaient étalé leurs atours dans le seul but de séduire et d'impressionner. La cérémonie traduisait tout à la fois le statut social de la famille, les félicitations à l'heureuse mère et les vœux de bienvenue aux invités. Etaient présents, pour partager la fête et l'évènement, les membres de la tribu, les amis et même des passants qui trouvaient, à l'occasion, moult manières de se montrer utiles. Tous participaient aux ripailles et en faisaient un compte rendu dithyrambique.

Pour la naissance de Najma, tout avait concouru à la fête, jusqu'au lieu de l'événement, Hilwé, qui rappelait l'enracinement des Rahma dans ce village. L'aïeul, venu du Nord, y avait débarqué cinq siècles plus tôt. Il avait trouvé en ces lieux une offre qu'il n'avait pu refuser. Il avait fondé un foyer par le biais d'un mariage avec une fille du cru. Les futurs beaux-parents avaient fini par y consentir. L'alliance entre un inconnu qui se révéla digne de confiance et la crème féminine du village prolongea et amplifia la renommée familiale. Le moindre des avantages de l'intégration de cet allogène ne fut pas l'enseignement coranique prodigué à la population dans son ensemble et spécialement aux enfants.

Trois années après Najma, la naissance de Kali fut célébrée avec le même enthousiasme. Le point culminant des agapes consista en une démonstration de force masculine. Il convenait, en effet, de couronner l'arrivée d'un héritier attendu comme si la survie de la lignée en dépendait.

C'est en comparaison de la naissance des deux premiers enfants de Hanna et des fêtes qui les accompagnèrent que le baptême du troisième fût moins ostentatoire. Nul ne sut confirmer que cette retenue fut délibérée. On supputa que la transhumance qui avait mené les Rahma de la campagne à la ville en était une cause. Elle avait délocalisé des individus attachés à leur milieu et à leurs mœurs. Ils s'étaient sentis désorientés et avaient été exposés aux influences extérieures. On évoquait aussi, avec quelque raison, le statut salarial de Rahma pour expliquer la fragilisation de la famille. En effet, dans l'exil urbain, la certitude, que le rang social, la naissance et la culture associés à une ferme volonté pourraient faire bouger les montagnes, s'ébranla. Les Rahma s'étaient rendu compte que tout n'était pas possible. Outre Dieu, certaines circonstances, voire certains hommes, étaient à même d'en imposer à d'autres et de s'imposer à leurs semblables. Dépourvus de qualités liées à leur ascendance, des femmes et des hommes surent développer des aptitudes qui leur permirent de s'élever. Les pouvoirs de cette nouvelle élite furent remarqués et parfois acceptés. On eut beau les traiter de parvenus, ainsi que le murmuraient les mauvaises langues avec une pointe de perfidie, ils n'en étaient pas moins méritants.

Dans le dessein des Rahma, le décès de Najma fut le troisième et dernier évènement majeur. Il provoqua une mobilisation à l'échelle de la tribu. Les cérémonies pour les funérailles furent grandioses. La parenthèse se referma. Dès lors, les grandes messes, festives ou de recueillement, furent reléguées au magasin des accessoires. On comprit que la vie citadine imposait un combat permanent. Certes, une victoire contre les tracas paraissait présomptueuse mais un accommodement restait du domaine des possibles. Une parade efficace aurait consisté à résister en refusant la résignation mais les contraintes ne se faisaient que plus pesantes. Sous le poids des difficultés, on maudissait secrètement la ville. On s'en voulait de s'y être fixé.

Rahma avait quitté les amarres de la terre natale. Il s'était aventuré dans des contrées ayant pour épicentre le pain ou le gain quel qu'en fût le prix. Dans ce nouveau monde, on privilégiait un seul objectif, un seul but : atteindre le sommet de l'échelle sociale. Le chemin pour y parvenir, le métier exercé ou les moyens utilisés importaient peu. On foulait au pied les tabous et les interdits. Les charges et les prérogatives dévolues à certaines castes leur furent disputées. La société ne pouvait plus s'appuyer sur les us et les coutumes pour résister à ces bouleversements. Elle vacilla, chavira et se trouva sens dessus dessous.

Les plus audacieux s'arrogèrent le droit de disputer aux griots leur mémoire, leurs chants et leur rang qui n'était pas des plus enviables. Ils entreprirent de partager avec les artisans leur savoir-faire et leur mode de vie. Ils bousculèrent les descendants de hautes lignées dans leurs prérogatives à diriger le pays. A force de persévérance, ils s'arrogèrent des richesses qu'on croyait acquises à d'autres. Ils devinrent les égaux de ceux qui étaient entrés dans l'histoire pour leurs hauts faits.

Les parias d'hier devinrent des notables. Ils disputèrent aux chefs leurs atouts à rendre justice. Ils entrèrent dans la fonction publique. Ce qui les mit au contact des autorités, eux qui jadis étaient relégués aux tâches les plus ingrates. Ils maîtrisèrent le commerce et firent fructifier leurs avoirs. Ils étalèrent, ostensiblement, leurs richesses. Ils ne cachaient plus leurs prétentions. Ils enseignaient et transmettaient aux enfants une éducation dont leurs ascendants furent dispensés ou exclus. On les avait exclus sous le fallacieux prétexte que leur éducation n'aurait été d'aucune utilité. Cela fut doublement une erreur. D'abord, ces laissés-pour-compte étaient les plus nombreux. Ensuite, au vu de leurs apports à l'édification de la société, les avoir exclus était une vision étriquée des rapports humains. Dès l'origine, leur marginalisation était illusoire et leur exclusion vouée à l'échec.

Tirant leçon de cette situation, Rahma qui avait anticipé l'évolution de la société sut trouver dans son exil une consolation. Cependant, après le décès de Najma, il perdit sa pugnacité et sa combativité. Il fut marqué au point de négliger son rôle de colonne vertébrale de sa famille. Il en voulait au monde entier. Sa foi en la croyance que Dieu est avec les justes ne résista pas à cette épreuve. Il ressentit plus que tout autre le ressac de cette perte. Le choc ébranla sa certitude. Il sentit en lui, plus que de la contestation, une révolte antinomique à sa vision de l'organisation sociale. Issu d'une société hiérarchisée et basée sur l'ordre, il ne pouvait se laisser aller à une révolte stérile. Pourtant, il s'affaissa dans l'inaction. Il subit sans réaction les agressions d'une vie de plus en plus âpre. Lors de ses rares moments de lucidité, il s'essayait à nombre d'activités peu conformes à ses qualités. Il s'épuisait, usant, sans réelle contrepartie, sa capacité à entreprendre. Plus tard, Kali dit : depuis le décès de Najma, mon père a perdu ce qui faisait de lui un être d'exception.

Rahma se désintéressa de porter plus haut la trajectoire ascendante de l'héritage clanique. Il s'était limité à assurer le minimum. Pour une famille qui ambitionnait de refaire le monde sinon de le plier à ses desiderata, ce fut une déchéance. Il est temps, pensa Kali, de prendre la relève. En tant que premier enfant mâle, il devait soutenir son père épuisé par une charge disproportionnée. A dix ans, il se sentit mûr pour tenir ce discours. Il réfléchit à la manière de soutenir sa mère désemparée. Il explora les voies et moyens pour aider son cadet qui n'avait d'yeux que pour lui. Il se demanda comment relever son père las d'avoir tant donné de sa vie.

Il restait alors deux longues années avant que Rahma tirât sa révérence et abandonnât le monde à son ingratitude. Entretemps, il confia à Kali le soin de veiller sur sa mère et son cadet. Il le tenait en haute estime, en dépit de son jeune âge. Il s'était gardé de lui suggérer de prendre exemple sur les plus âgés. Il l'avait laissé développer ses aptitudes à l'aune de son expérience personnelle. C'était une manière de reconnaître que l'apprentissage était aussi important que l'héritage.

Lors de leurs tête-à-tête, Kali observait son père plus qu'il ne l'écoutait. Rahma était peu prolixe. Il ne développait que les sujets incommodes ou à l'abord malaisé. Pour le reste, il indiquait une orientation ou esquissait une voie de solution. Il revenait à Kali la charge ou l'intuition de construire son cheminement, en faisant de leurs échanges un garde-fou.

Tirant enseignement des contraintes de la ville mais aussi de ses propres limites, Rahma changea d'opinion. Il rassembla ce qui restait des troupeaux, ceux qui avaient survécu à la sécheresse. En effet, une décennie durant, la raréfaction des pluies avait asséché les pâturages et décimé quatre-vingts pour cent des bovidés, la moitié des dromadaires ainsi que la plupart des moutons, chèvres, ânes et chevaux. Tous les animaux payèrent un lourd tribut au déchaînement de la fureur des éléments. La sécheresse provoqua la migration des populations. Des villages entiers partirent grossir les villes. Déstabilisés par la disette, hommes, femmes et enfants abandonnèrent les modes de vie d'antan pour se rapprocher des villes.

Avec des pluies de plus en plus irrégulières, la vie basée sur l'autosuffisance prit un tournant plus rude. La rareté des récoltes et une démographique galopante rendirent le combat pour la survie plus âpre. L'accroissement des bouches à nourrir, compte tenu de la faiblesse des disponibilités alimentaires, laissa tout un pan de la population dans une misère atroce. L'entraide entre voisins et la solidarité envers les plus nécessiteux s'estompèrent. En tout cas, elles cessèrent d'être aussi spontanées que par le passé. L'éducation ancestrale bâtie autour de l'autosuffisance était un gage de protection pour la société dans son ensemble. Avec les chocs de la sécheresse et de l'immigration, elle ne parvint plus à contenir les conséquences destructrices du combat pour la survie. Chacun voulut se sauver seul. Tous s'étaient trouvés vulnérables sinon vaincus.

Avec les migrations, les bras valides utilisés pour la production vivrière se raréfièrent. Bénéficiaires de meilleurs soins, les populations urbaines croissaient rapidement. Les bouches à nourrir se multipliaient à un rythme effréné sans que la production suivît la même cadence. Etant entendu que les mêmes productions assuraient l'alimentation des ruraux et des citadins, il en résulta une insuffisance alimentaire. Elle était comblée par des importations de céréales. Or, la capacité d'importation était fonction des financements octroyés par l'Etat et plus souvent de l'aide extérieure. Lorsque les finances publiques devenaient exsangues et l'assistance étrangère se révélait insuffisante, le déficit provoquait une disette qui se transformait, par effets cumulatifs, en une famine. Les plus démunis parmi les ruraux cherchaient refuge dans les villes.

Ainsi, dans les agglomérations d'une certaine taille, une nouvelle catégorie d'habitants, les fonctionnaires, était apparue. Elle se développa au point de supplanter la noblesse traditionnelle, détentrice des richesses et de la direction politique du pays. Elle s'amplifia, créa ses marchés, recruta ses domestiques, prit ses habitudes et diffusa la cherté de la vie, la corruption, la prostitution, les vols, les prisons, les brimades, etc.

Rahma se résolut à quitter la société urbaine. Il installa sa famille à quelques lieues de la ville. Il récupéra les animaux qui avaient survécu aux effets de la sécheresse. Il négligea la rapacité des parents en charge de leur entretien. Ces alliés incommodes s'étaient servis sans retenue de ses biens, sans en demander l'autorisation. Ils évoquaient rituellement les infortunes de la vie pour justifier la baisse du nombre des animaux qui leur avaient été confiés tandis que les leurs s'accroissaient régulièrement. Cette dérive et le reniement de la parole donnée traduisaient le délitement du mode de vie d'antan. La rigueur morale, fondement de la cohésion, ne sut résister aux conséquences d'une sécheresse.

Des frères, des oncles et surtout des parents plus éloignés, qui avaient accepté de veiller sur les troupeaux, cédaient un bœuf ou une génisse pour pourvoir à leurs besoins. Ils s'empressaient de transformer chaque cession en une mort providentielle qui ne frapperait que les biens d'autrui et jamais les leurs. Tout était prétexte à gruger les propriétaires absents. Pourtant, ils recevaient, en contrepartie de leurs services, une rémunération en nature, fixée d'accord-parties. Dès qu'une épidémie sévissait, ces indélicats en faisaient supporter la charge et les conséquences à leurs mandants. A les entendre, les absents, partis s'installer en ville, seraient coupables de les surcharger de labeur pour une rétribution devenue subitement insuffisante. Dès qu'une autorité passait par les bourgades, les avoirs de l'émigré étaient désignés pour servir de méchoui et agrémentaient la réception réservée à l'illustre hôte. Bref, tout était prétexte pour justifier les filouteries des mandataires, devenus de véritables rapaces. Ils s'adonnaient d'autant plus facilement à ces rapines que les absents ne pouvaient vérifier la pertinence des informations. Par ailleurs, les colportages des tiers n'étaient pas exempts de biais. Il n'était pas aisé de démêler le bon grain de l'ivraie.

En d'autres temps, Rahma se serait fait un honneur de renvoyer ces indélicats dans les ténèbres de leurs hontes. Parfois, il décidait de les faire passer de vie à trépas. Il délaissa définitivement ces temps de colère. Il relativisa les inconséquences dont l'homme était coupable. Le voisinage s'étonnait d'autant de clémence mais il jugea plus pertinent de répondre à l'outrance des usurpateurs par le pardon. Il récupéra les animaux rescapés des effets de la sécheresse et des appétits voraces de leurs gardiens. Il revint accompagné d'une vingtaine de bovidés. Il vendit une demi-douzaine de dromadaires. Il offrit trois chevaux mal nourris dont il ne pouvait tirer grand profit.

Une retraite salutaire

Wadi[57], la bourgade d'à peine une centaine d'âmes où Rahma s'était installé, menait une existence à mi-chemin entre les habitudes provinciales et la vie urbaine. La dimension et l'origine de la population, l'influence et la proximité de la capitale régionale confirmaient sa double appartenance. D'une part, ses habitants avaient préservé la solidarité, la convivialité et le bonheur de se sentir entre soi. D'autre part, ils avaient perpétué la qualité de vie et la concorde, caractéristiques antinomiques à l'effervescence des citadins. Ils avaient choisi de se tenir en marge du perpétuel combat pour gagner le pain quotidien. Hanna déduisit de ce retour aux sources que son mari avait, enfin, fini par accepter l'évidence et baissait les bras. Elle était persuadée que son mari méritait une trêve après avoir tant combattu. Cependant, elle n'exprima rien, gardant ses impressions pour elle-même.

Rahma avait cru en sa détermination pour stopper une déconstruction des mœurs entreprise par des prédateurs déguisés en fonctionnaires. Arrivé au terme de sa lutte quasi infructueuse, il délaissa l'affrontement. Ce choix fut davantage l'issue du dilemme auquel il se trouvait acculé que l'aboutissement d'une réflexion ponctuée d'un constat d'évidence. Après le décès de Najma, sa sourde colère, difficilement contenue, éveilla en lui un sens militant de la foi. Il approfondit ses connaissances religieuses et se rapprocha des sages de moins en moins nombreux. Il voulait profiter de la clémence de la nature avant qu'elle ne devînt inaccessible.

Avec le retour à la campagne, Nar[58] se sentit renaître. Hanna reprit le sobriquet que Bou lui avait attribué lors de leurs pérégrinations. Elle rappela son mari à son glorieux passé. Elle le secoua de sa torpeur. Elle chanta sa combativité et sa vaillance. Elle tenta de le ranimer. Elle l'ex-

---

[57] *Oued,* en arabe tchadien ; dans le contexte, un village construit au flanc d'une dune surplombant un point d'eau.
[58] *Feu,* en arabe tchadien ; dans le contexte nom masculin désignant un tempérament fougueux.

horta à se souvenir de ses fureurs si craintes et de son amitié tant convoitée. Plus que tout, elle aurait souhaité voir se revivifier leur complicité, étouffée par la chape qu'avaient été les tracas de l'existence. Elle décela, bien avant d'autres, la pousse des bourgeons. Le collier de barbe, que son homme décida, enfin, de soigner, et qui lui redonna une allure gaillarde, était le signe le plus visible de cette renaissance. Dès lors, Hanna sut que son homme repartait du bon pied. Cette vigueur ou cette résurrection ne fut pas sans conséquence sur le moral de l'ensemble de sa famille. Tous guettaient ses faits et gestes pour y lire les prémices d'un retour à meilleure fortune.

La vie autour des troupeaux galvanisa la joie commune de vivre. Elle éloigna toute torpeur paralysante. Jeunes et moins jeunes, femmes et hommes y trouvèrent matière à redorer leur confiance et à laisser s'éveiller leurs sensations de paysans. Tous étaient heureux de reprendre contact avec la terre, mère nourricière. Il faisait bon vivre. A la faveur de la fraîcheur qu'apportaient les pluies qui tombaient en après-midi ou au petit-matin, le temps devenait complice de bonté. Ces heures de calme et de bonheur étaient appréciées par les hommes, certes, mais aussi par les animaux. La famille Rahma y trouvait autant de motifs de satisfaction que dans un accueil amical en un jour de détresse.

Le bleu du ciel, la douceur du climat, la mine réjouie des paysans, l'encolure tendue des animaux, les senteurs des herbes et des plantes, tout laissait entrevoir la quiétude dans cette partie du Sahel guère gâtée par le destin. Les Rahma appréciaient et tiraient profit de cette manne. Ils revenaient de loin ! Ils n'attendirent pas davantage pour s'auto-congratuler. Ils unirent leurs forces afin de bonifier ce qu'offrait une nature généreuse. Enfin, ils avaient de bonnes raisons d'envisager l'avenir avec optimisme.

Au coucher du soleil, les animaux se hâtaient. Ils devançaient les bergers pour rejoindre les enclos. Ce n'était ni de protection ni de leurs maîtres qu'ils étaient épris. Leur empressement répondait à la fébrilité bruyante de leurs rejetons attendant la tétée. Les vaches et les chèvres s'appliquaient à apporter une attention particulière à leurs petits. Repues, les pis tendus, elles se bousculaient pour les rejoindre.

Cet ensemble d'éléments favorisa la sérénité et contribua à raviver l'allant des Rahma. Ils retrouvèrent le goût et l'envie de réorienter leur destinée dans un sens conforme à l'histoire qui les distinguait, notamment en raison de leur prédisposition au progrès.

A Wadi, les habitants prenaient le temps de scruter l'horizon. L'atmosphère était sereine et la nature généreuse. On se plaisait à observer le vol des papillons, à écouter le bruissement des oiseaux et à tendre l'oreille au chant du coq. On admirait la réverbération, les prairies à perte de vue et l'allure des femmes vaquant, avec nonchalance, à leurs tâches. On invitait les citadins de passage à admirer la fière allure du berger. En station fixe, ce dernier se tenait sur un pied, l'autre posé au-dessus du genou de la jambe d'appui. Cette posture[59] dessine les contours d'un triangle aux dimensions quelconques. L'équilibre de cette station acrobatique reposait sur un échafaudage dont le stabilisateur était une lance plantée à même le sol, à peine tenue d'une main. Comme le funambule se sent rassuré par la présence d'un filet, le berger en position de repos voyait en sa lance une assurance. Susurrant le bonheur de veiller sur son troupeau, la sentinelle promenait un regard apaisé tout autour. Pendant ce temps, ses animaux, avec une humeur égale, prélevaient des touffes d'herbe sur la nature verte.

Pris dans cette féerie et après une journée de labeur, éleveurs et paysans partageaient leurs joies. Les heures de repos étaient aussi des moments consacrés à écouter les piaillements des enfants qui s'amusaient de bonne humeur, y compris en travaillant. Ils se divertissaient en puisant l'eau, en surveillant les troupeaux, en saluant les passants, en cédant le passage aux plus âgés et même en se moquant les uns des autres. Ils chantaient en chœur et dansaient en cercle.

Kali se rappela qu'à Wadi, on invitait les passants à surprendre le lever ou le coucher du jour. On les incitait à admirer un arc-en-ciel, parfois deux, formant une fusion ou une superposition de couleurs.

Les éleveurs étaient peu avares de décrire, avec fierté, le balancement du pis de leur meilleure laitière. Grâce à l'abondance des pluies, certaines produisaient jusqu'à huit litres par traite. Superstitieux, leurs propriétaires n'omettaient pas de conjurer le mauvais œil. Le pis prenait du volume tout au long de la journée. Avant la traite, il se tendait comme une gibecière pleine à ras bord. Il obligeait la vache à une démarche

---

[59] Posture dite de la cigogne.

bancale. Dans sa précipitation à rejoindre son veau, elle le heurtait et le projetait d'un côté puis de l'autre. Elle avançait comme si cela ne l'affectait nullement. Attentif, le berger souffrait, pour sa vache.

Dans la bourgade, le calme et la quiétude se communiquaient au visiteur de passage. On l'invitait à assister aux charges frontales entre deux boucs se disputant les faveurs d'une chèvre. L'un achevait d'abandonner le combat mais jamais sans avoir espéré la victoire jusqu'au dernier moment. On invitait l'hôte à humer les parfums des fleurs et déguster les fruits, à l'exemple du *kurna*[60] et de la *kurnaka*[61]. On passait des instants paisibles à épiloguer sur le mûrissement des champs ou sur la tendresse d'un regard dérobé à une jeune femme attendant son premier prétendant. On scrutait les contours insondables du sourire complice d'une mère satisfaite de surprendre les câlins des marmots. On apprenait au visiteur à décrypter le hululement du hibou qui, selon la superstition, annonçait un malheur. On expliquait au visiteur le sens de l'aboiement du chien de garde. On lui disait bien d'autres choses qui faisaient de la campagne un espace de recueillement et de pur bonheur. On goûtait à la saveur farineuse du jujube. On respirait à pleins poumons le parfum de la pulpe du *soow*[62]. On dégustait des dattes au faîte de leur phase de mûrissement, conservant pour quelques jours encore une teinte jaune avant de s'habiller de miel, leur couleur de maturité. On côtoyait un éleveur heureux de conduire son troupeau. On suivait un cultivateur dans la poussière de son champ. On admirait une batteuse de lait achevant sa besogne. On épiait un chasseur revenant, enjoué, d'une journée fructueuse. On tenait compagnie à un tisserand devant son métier à tisser. On regardait faire un vieux forgeron transmettant les savoirs de son métier à un successeur qui ne pouvait être qu'un de ses fils.

Cet environnement, ces métiers, ces animaux et ces hommes formaient un mode de vie qui avait pour socle la solidarité. Ils constituaient la base d'une existence de sobriété et de dignité. Chaque instant de vie renforçait la solidarité. On partageait, certes, les réjouissances mais

---

[60] Jujube.
[61] Une variante de jujube au goût à la fois sucré et acide. A Hilwé, la préférence allait à la kurnaka plutôt qu'au kurna. La différence entre les deux est aussi ténue que celle entre une mandarine et une clémentine.
[62] Fruit de la taille d'une petite pomme, de couleur à mi-chemin entre le marron et le rouge, issu d'un palmier à larges palmes et à nervures épineuses.

aussi, et d'abord, les épreuves. Kali convenait qu'il eût été inéquitable de confisquer ces souvenirs pour son seul profit. Il disait : un séjour dans les pâturages marquait à jamais la mémoire.

Les pluies apportaient l'abondance et la réjouissance. Elles déterminaient la qualité des récoltes, la santé des animaux, la quantité de lait et de beurre, la confiance des hommes dans le futur. Elles fixaient le moment des fiançailles, des mariages et des naissances. Dans le monde de la campagne, tout était précieux, rien ne laissait indifférent et la pluie commandait tout le reste.

Pris dans le fourmillement de ses pensées, Kali se surprit se souvenant de la douce protection qu'offrait une couverture en peaux, le *dilaï*[63]. Il admit cependant que des couvertures acquises sur le marché, contre espèces ou troquées contre une offre équivalente, apportaient une protection comparable. De son point de vue, ni leur douceur au toucher ni leur senteur ne valaient le *dilaï*. Il gardait une indéniable nostalgie pour les vertus de la couverture traditionnelle. Pendant la saison froide, deux solutions s'offraient pour se protéger : maintenir le feu activé tout au long de la nuit et utiliser le confort du *dilaï*. La première solution obligeait à ranimer constamment le feu tandis que la seconde n'imposait que la possession d'une couverture de dimension suffisante pour se protéger et s'y glisser.

Kali se souvint aussi que, dans l'environnement sahélien, partager l'eau était un gage de survie. Lors d'un voyage au long cours, l'eau devenait une denrée rare. Après une demi-journée de voyage sous un soleil radieux, quelques gorgées d'eau laissaient une sensation incomparable. L'eau, denrée rare en milieu aride, devenait de l'or dans les circonstances où la vue s'embrumait et les lèvres se gerçaient. Boire se révélait alors un moment de pur bonheur. L'expérience de la soif enseignait la modestie. Lorsque le souffle sec et brûlant de l'harmattan[64] l'enveloppait, le voyageur égaré perdait le sens de l'orientation. On le savait, le désert était impitoyable. Il ne prenait que rarement en pitié ceux qui ne pouvaient lui résister. Savoir s'orienter était une condition de survie. Toute distance à parcourir devenait une lutte. L'arrivée à destination ou à un point d'eau était une victoire.

---

[63] En kanembu et en dazzaga, Couverture artisanale en peaux de mouton ou de bœuf.
[64] Vent chaud, sec et poussiéreux.

Quels mots choisir en réponse au geste de celui qui tendait une carafe d'eau au voyageur déshydraté ? Ce dernier, éreinté par une marche à l'issue incertaine, remerciait Dieu avant de s'adresser à son hôte. A Hilwé et aux alentours, on disait : *alhamdulillahi*[65]. La référence prioritaire à l'Être suprême ne relativisait pas le geste salutaire de l'hôte, elle le rehaussait. Sous le soleil d'avril, dépourvu de breuvage pendant plus de quarante-huit heures, le corps se desséchait. La survie tenait à quelques réflexes de bon sens : garder autant que possible l'esprit en éveil, trouver un abri et attendre la nuit pour s'orienter en se référant aux étoiles. On pouvait aussi espérer une hypothétique rencontre amicale, qui sait ! Le déshydraté qui atteignait un lieu de survie serait avisé de se trouver face à des adultes. Mal lui aurait pris s'il se trouvait confronté à l'inexpérience des enfants ou même à sa propre hâte d'étancher la soif. En effet, dans ces conditions de désarroi, on faisait fi des règles de prudence. Impatient, on se risquait à boire sans retenue alors que le bon sens enseignait de se désaltérer à petites doses, régulièrement.

Chez les Rahma, l'eau plate n'était jamais offerte sans que l'on se fût entouré de précautions. On s'assurait de l'état de nutrition de l'hôte afin d'agir en conséquence. Même dans les milieux les plus déshérités et les circonstances les moins favorables, l'eau était absorbée en y adjoignant du lait, de la brouillée de bouillie ou une poignée de semoule. Faute de ces ingrédients, l'eau était tiédie avant de la servir à toutes petites doses. Ces précautions évitaient à l'assoiffé une nausée ou une agression de la muqueuse de l'estomac qui provoquait un rejet quasi immédiat du liquide ingurgité.

L'adage dit : *ventre affamé n'a point d'oreille*. Dans le Sahel, la soif était le plus grand ennemi. On pouvait tenir sans manger bien au-delà de trois jours. La soif n'attendait pas autant pour soumettre l'imprudent ou l'inexpérimenté à l'agonie. Elle rendait à la fois sourd, muet et inerte. L'expérience d'un voyage en milieu désertique renseigne sur l'humilité et donne tout son sens à l'expression *l'eau c'est la vie*.

L'attachement des Sahéliens au dromadaire tenait à son utilité en tant que moyen de locomotion ou de transport et à sa sobriété. Dans des situations extrêmes, le contenu de son estomac devenait un abreuvoir et permettait d'atteindre le prochain point d'eau avec sérénité. La famille

---

[65] Louanges à Dieu.

Rahma possédait la maîtrise de ces éléments comme un poète ressent la rime juste. Kali dit qu'un formatage de la mémoire ne suffirait pas à lui faire perdre le chemin de vie qu'étaient tous ces gestes, attitudes et sensations.

Le retour à la vie de Rahma reposait sur un piédestal, la nature. Cette proximité lui permit de se sentir en apesanteur, de retrouver la faculté de transcendance, de redevenir une référence et de communiquer son enchantement. Tel un patriarche, il essaimait ses expériences et prodiguait des conseils.

Six années s'étaient écoulées depuis le débarquement de Kali et des siens dans la ville. Il y avait d'abord eu la désorientation provoquée par le premier contact avec un monde nouveau. Ensuite, l'euphorie de l'époque au cours de laquelle Rahma était perçu comme l'agent modèle de la boutique de Kinda. Elle s'était achevée en une rupture avec son cousin qui avait tout fait pour le garder près de lui. Enfin, après le choc provoqué par le décès de Najma, à onze ans, le retour à la nature apporta un équilibre que les Rahma avaient cru à jamais perdu. Voilà pourquoi, après une éclipse douloureuse, Rahma ressuscita tel un phénix. Il recouvrit le goût de vivre et un sentiment d'utilité. Il réorganisa son monde. Il délaissa, définitivement, le panache pour se consacrer à sa famille. Cette phase de sa vie dura deux courtes mais intenses saisons. Il se revigora et reconquit, en même temps que sa dignité, une vision positive du monde.

Hanna était satisfaite de vivre autour des pâturages. Elle refusait ostensiblement de remettre les pieds dans le monde urbain éloigné d'à peine cinq kilomètres. Comme les autres membres de la famille, elle avait trouvé son équilibre dans cette existence semi-pastorale. Le moindre des avantages n'en était pas la paix intérieure qui la rendait aussi sereine qu'un moine en son monastère.

De temps à autre, Rahma repartait pour de brefs séjours dans le chef-lieu provincial. Il rapportait du sucre, du thé, de la farine de blé, des tissus ou des habits, divers condiments et quelques médicaments. Il y vendait les produits de la ferme, pour l'essentiel du beurre, des peaux, des animaux sur pieds, plus rarement du lait ou du gibier capturé au gré de la chance.

Wolia[66], le petit dernier des Rahma, allait sur ses quatre ans. Il se laissa conquérir par l'environnement enchanteur des pâturages. Il courait derrière toutes sortes d'animaux, domestiques ou en liberté. Il s'essayait à la chasse à l'écureuil, au moyen de lance-pierres, mais revenait souvent bredouille. Il avait plus de succès avec les oisillons dont la capture nécessitait le déploiement d'un filet posé avec l'assistance d'un adulte. Le piège se refermait comme un étau sur des oiseaux pris par dizaines. Comme tous les enfants de son âge, il raffolait de produits frais disponibles tout au long des trois mois de pluie. Il passait le plus clair de son temps entre les jeux et les apprentissages. Il trouvait dans chaque activité un sens ludique jamais démenti.

Kali se rendait régulièrement à la cité. Rentré à l'école à l'entame de sa septième année, on lui fit faire l'impasse sur les classes de cours préparatoire deuxième année et de cours moyen première année. A onze ans, il attendait juin pour passer le certificat d'études primaires en même temps que le concours d'entrée en sixième. Il les réussit l'un et l'autre avec les félicitations du jury. Le milieu scolaire lui permit de faire la connaissance de personnes d'horizons différents de ses fréquentations habituelles. Pour autant, il ne s'estima pas dépaysé. Les élèves étaient majoritairement de la région et parlaient la même langue que lui. Une minorité venait du Sud, des régions dont il n'avait qu'une vague idée. Les enseignants communiquaient en français. Ce qui ne tarda pas à l'intriguer. Parmi ces derniers, il avait cru reconnaître un moniteur présentant la même corpulence, les mêmes traits et le même accent que Ngar. Ils avaient en commun cette couleur de peau noire, plutôt marron foncé caractéristique de cire vieillie. Depuis cette rencontre, il revenait sur ce que Ngar serait devenu. En fin de semaine, lorsqu'il retrouvait la famille, il en parlait avec sa mère. Elle ne pouvait lui apporter des réponses satisfaisantes. Il lui parlait aussi de Maximilien, Max, comme il préférait l'appeler. Les réponses évasives et l'intérêt distrait de Hanna ne pouvaient que le décevoir. Elles le laissaient insatisfait. Il attendait de sa mère une histoire sur Ngar, sur ses relations avec son père, sur ses origines, sa destination, ses enfants. Il voulait en savoir plus, en tout cas bien plus que l'image brouillée que sa mémoire renvoyait comme pour lui intimer de s'en tenir à ce niveau d'information. Il voulait percer le secret pour s'assurer que leur différence tenait uniquement à l'âge. Il rejetait

---

[66] *Le petit* ou *le cadet,* en kanembu ; dans le contexte, nom du benjamin de la famille Rahma.

l'idée qu'ils pussent être étrangers l'un à l'autre. Il se le présentait en parent. Bien mieux, il le voyait comme un oncle, certes, un oncle d'adoption mais un oncle tout de même. Hanna, peu introduite dans leur complicité, ne disposait pas d'éléments pertinents pour s'insérer dans cette relation. Elle ne s'immisça d'ailleurs pas dans une intimité à laquelle elle assistait en spectatrice. Elle se limitait à un rôle d'observateur sans y prendre part d'aucune manière, même pas en tant qu'une mère dont on attendait tout. Las de voler des moments de quiétude à sa mère, en la harassant de questions auxquelles elle ne pouvait répondre, il se résolut à reconstituer, seul, le puzzle. Il envisagea non seulement de retrouver le visage de Ngar mais aussi de revoir toute leur histoire. Dès lors, construire le parcours de son ancien partenaire de jeu devint une préoccupation, particulièrement pendant ses moments de désœuvrement. La difficulté de la tâche accentuait son attachement à l'époque.

L'implantation des Rahma en rase campagne incita d'autres amoureux du plein air à les y rejoindre. Ils formaient ainsi, outre l'ancien hameau, un village d'allure cossue. On y entendait le poste radio débiter, en langues nationales ou étrangères, des informations auxquelles les habitants prêtaient une attention toute relative. La plupart des voisins pratiquaient l'agriculture. Pour leur part, les Rahma se consacraient à l'élevage et à la culture des céréales, un complément indispensable.

La proximité entre les éleveurs et les agriculteurs s'était souvent révélée houleuse et leur cohabitation heurtée. Il tenait aux pasteurs de contrôler les déplacements de leurs troupeaux qui avaient la fâcheuse tendance à préférer les plantes céréalières à l'herbe fourragère. Cette inclinaison provoquait des distorsions au bon voisinage ainsi que le courroux des cultivateurs. Ils étaient plus conservateurs et se montraient prompts à l'autodéfense. Ils réagissaient d'autant plus violemment que les confrontations séculaires, avec leurs voisins belliqueux, avaient laissé des stigmates douloureux. Pour tempérer ces clivages, cultivateurs et éleveurs se liaient par le mariage. C'était le meilleur gage pour prévenir des conflits. Lorsque des heurts se produisaient, la plupart du temps, ils se dénouaient à l'amiable. On y trouvait une solution grâce à l'intercession des sages ou de l'administration. Plus rarement, ils débouchaient sur une incompréhension entraînant la confiscation des animaux fautifs ou le paiement d'une indemnité. En effet, toute demande de réparation était une exception à la règle du consensus. Elle devenait une source d'opposition entre les éleveurs et les cultivateurs et un élément de jurisprudence dommageable au principe de règlement amiable des différends.

Au cours d'une nuit d'un mercredi du mois de décembre, Rahma fut pris dans l'engrenage des palabres à l'issue dramatique. Il revenait d'une courte absence pour faire honneur à un jeune homme de dix-huit ans. Ce dernier avait sollicité son parrainage en vue d'une union avec une demoiselle de deux ans sa cadette. Le couple n'attendait que cet assentiment pour convoler en justes noces. C'était une nuit froide et brumeuse. La vision portait à peine au-delà de cinquante mètres. Les vaches étaient dans leurs enclos depuis la fin de l'après-midi. Elles beuglaient. Elles appelaient en vain leurs petits qui s'étaient échappés de leurs attaches et avaient brouté le champ de maïs de Bouar[67]. Ce dernier trouva dans ce prétexte l'occasion d'en découdre avec les éleveurs, en l'occurrence les Rahma père et fils. Il voulait leur rabattre le caquet et mettre un terme à leurs habitudes à en imposer aux moins bien nés qu'eux. Il refusa toute tractation, en dépit de l'intervention des voisins. Il emmena les bêtes loin de leurs attaches. Il se disait déterminé à attendre le retour du chef de famille pour convenir de ce qu'il faudrait faire. Il avait à cœur de jeter l'opprobre sur une famille respectée. Peut-être, voulait-il obtenir une réparation en même temps que calmer une colère colportée de génération en génération.

A peine Rahma posa-t-il pied à terre, descendant de son cheval, que Wolia lui relata la mésaventure des veaux. On retint de ses balbutiements que le fautif méritait une correction, à tout le moins une ferme mise en garde.

Rahma n'eut pas le temps de prendre connaissance du fond du sujet. On le somma de trouver une solution. Il s'inclina, reprit la bride de sa monture et repartit, fatigué. Il était à jeun depuis bien avant le lever du jour. Il avait forcé l'allure pour retrouver sa famille avant la nuit. Il aurait mérité une soupe chaude, une douche, des habits propres, un massage réparateur et un juste repos. Au lieu de cela, on lui proposa de poursuivre son chemin. Il fut puni pour n'avoir pas été présent au moment des faits. Il devait donc rendre compte et trouver une solution. Tel fut le prix à

---

[67] Diminutif d'Aboubakar.

payer en réparation de ce qui semblait à la fois un manque de savoir-vivre et un affront de la part du voisin cultivateur.

Rahma refusa la paire de galettes qu'on lui proposait. Il repartit, égal à lui-même. Il ruminait ses interrogations quant à ce qui avait amené Bouar à une réaction disproportionnée, en réponse à une bagatelle. Une poignée de veaux avaient brouté à peine plus d'un mètre carré de maïs hauts de cinquante centimètres. Dans ses élucubrations, Rahma imaginait la réaction de l'irascible une fois face à face. Le cultivateur aurait confusément mis la rétention des veaux sur le hasard d'un quiproquo. Il aurait balbutié des explications vaseuses et se serait confondu en excuses. Cette digression lui tint compagnie et lui évita l'ennui tout au long du parcours. A son arrivée, ainsi qu'il l'avait prédit, la confusion de son hôte fut totale. Dès qu'il le vit débarquer nuitamment, il usa de contorsions. Contre toute évidence, il prétendit ignorer que les animaux appartenaient aux Rahma. Evoquant la méprise, il se proposa de les ramener dès le lendemain, avant le lever du jour, insista-t-il.

Rahma considéra les bavardages de Bouar d'une oreille lasse. Son esprit, porté vers le retour, capta quelques bribes de phrases. Il éprouvait du dégoût face à la fausseté et à l'ingratitude d'un homme qu'il avait aidé dans des circonstances autrement plus difficiles. Il avait tiré Bouar d'une impasse qui aurait pu le conduire en prison ou même à une mise à mort. En d'autres temps, Rahma aurait infligé une gifle du revers de la main gauche pour exprimer son mépris. Face à Bouar, il ne fit rien. Il remercia celui qui aurait dû être son amphitryon si la délicatesse et le sang-froid avaient été coutumiers à sa nature rustre. Il découvrit en cette nuit l'indignité de ce faux patriote. Il prit congé et repartit, amer. En dépit des supplications de l'ingrat, il préféra ramener les animaux. Il souhaitait éviter, à ses enfants, la déception de le voir rentrer sans les veaux, même si ce retour n'aurait pas été bredouille.

Rahma rentra, fatigué. Il grelottait de froid. Faute d'avoir pris l'élémentaire précaution de se réchauffer le corps en ingurgitant un repas riche en glucides ou en lipides, son organisme s'affaiblit. Il attrapa une grippe qui ne le lâcha plus. Il garda le lit les jours suivants. Son état empira, en dépit des soins que Hanna lui prodigua et du savoir-faire d'une matrone bonne à tout soigner. Personne ne prit au sérieux son mal. On n'en avait compris ni l'origine ni la cause. On supputa les effets d'une possible sorcellerie. Son épouse, d'abord surprise et circonspecte, devint désemparée.

Kali revint au village le vendredi, en fin d'après-midi. Cette fois-là, il restait deux semaines en famille en raison des vacances de décembre. Il ne tarda pas à s'apercevoir de l'émoi général. Il s'enquit du trouble de sa mère. Il se fit expliquer les circonstances de la maladie de son père. Se référant à ses leçons d'*hygiène*, il déduisit que cela pouvait être une grippe. Il repartit aussitôt en ville pour solliciter le secours de l'infirmier d'Etat en charge du dispensaire. Malencontreusement, ce dernier avait quitté son poste le même jour pour se rendre dans la capitale afin d'y effectuer une courte mission. L'infirmier qui assurait l'intérim jugea la maladie bénigne. Il préféra attendre le lendemain, commettant ainsi une erreur qui s'avéra lourde de conséquences. En effet, une fois de retour, le chef du centre médical traita son assistant de tous les noms d'oiseaux. Il rédigea sur-le-champ une lettre demandant un renfort ou le relèvement de l'incapable. Sa furie était d'autant plus grande qu'une fois au chevet de Rahma, il constata l'irréversible. Le virus avait trouvé dans un corps dépourvu de la plus élémentaire défense l'occasion de foudroyer les cellules eucaryotes. Son diagnostic tomba aussi sec qu'un couperet : rien à faire.

En ce début d'après-midi de dimanche, deuxième jour des vacances pour Kali, Rahma rendit l'âme. Le combattant était arrivé au terme de sa marche. Son voyage parmi les hommes avait pris fin. Celui, solitaire, pour l'éternité entrait en action. Pour la famille, ce fut à la fois un choc et un drame. Il partit au moment où elle s'y attendait le moins, comme s'il avait cédé à une lassitude.

A l'instant où la vie s'effaçait devant la mort qui se hâtait, tel un vautour de mauvais augure, Rahma sourit. Il maintint les yeux mi-clos. Il apprécia le bienfait de la brise lui caressant le visage. Il entraperçut le regard incrédule de Hanna. On eût dit qu'elle déplorait son manque de combativité. Sans doute, souhaitait-elle qu'il montrât plus de résistance ? Rahma sentit les mains de son épouse lui palper le corps. Il tenta de lui parler pour la réconforter. Bien qu'aucun son ne sortît de sa bouche, il eut l'impression d'avoir lâché un rire tonitruant. Ce fut un rire intérieur. Il se laissa transporter vers les cieux. Il arriva jusqu'à la demeure d'un colosse, noir, de près de deux mètres, les cheveux d'un blanc immaculé. Surpris par la teinte sombre du sieur, il tenta un froncement des sourcils mais les paupières gardèrent leur inertie. Il n'insista point. Dans une sensation de légèreté, il se résolut à quitter Hanna, Kali et Wolia. En son for intérieur, il éprouvait du réconfort à l'idée de rejoindre Najma.

Kali retint que, en cet après-midi du 23 décembre 1968, le ciel changea de teinte. Les arbres arrêtèrent de respirer. Les oiseaux cessèrent de chanter. Les enfants abandonnèrent leurs jeux, les femmes leurs occupations et les hommes leurs soucis. Les animaux suspendirent leur digestion. Les villages alentour sonnèrent la complainte mortuaire. Les veuves pleurèrent leur unique soutien, les orphelins leur tuteur, les démunis leur raison de vivre et les faibles leur recours. Le temps tendit une oreille attentive à tout cela. Même l'air hésitait, il flottait au lieu de circuler. Tout sombra dans la tristesse et la consternation. Chacun se sentait touché par cette mort imprévisible et soudaine. Tous imploraient Dieu pour que le paradis lui fût accordé parmi les premiers élus.

Les gens étaient venus nombreux, même très nombreux, compte tenu de ceux qui étaient susceptibles d'arriver à temps pour l'enterrement. Les obsèques eurent lieu avant le coucher du soleil, soit à peine deux heures après l'annonce du décès. Comme de coutume, il n'y eut pas de rapport de médecin légiste. On constata simplement que le corps ne respirait plus, que le cœur ne battait plus et qu'aucun mouvement caractéristique de vie n'émanait du gisant. Les hommes en âge de préparer le corps prirent la besogne en charge. Les *oulémas*[68] commencèrent à réciter des sourates du Coran. La prière pour le salut du mort fut expédiée dans la foulée. Une centaine d'hommes accompagnèrent le défunt à sa dernière demeure. Ils dirent les prières d'adieu et revinrent en bavardant. Ils évoquaient des souvenirs et riaient comme si de rien n'était.

Autant le monde des hommes paraissait calme, autant celui des femmes était agité, préoccupé et triste. Le travail du sexe fort s'était arrêté dès que la dernière motte de terre avait été jetée sur la tombe. Certes, il eut les prières mais c'était sans commune mesure avec l'activité incessante des femmes. Le réconfort qu'elles apportèrent à la veuve n'était pas la moindre de leur utilité.

---

[68] Les savants en science religieuse.

Hanna demeura calme. Elle pleura sans démonstration ni effervescence. Elle resta digne, y compris dans la plus intense douleur. Dérogeant aux habitudes prêtées aux veuves, elle ne se jeta ni contre les meubles ni par terre. Elle parvint même à consoler des parentes surprises par cette mort subite. Elle les enjoignit à maîtriser leur chagrin et à ne pas blasphémer. Nombreuses furent les femmes, contrites par la perte de Rahma et choquées par l'acharnement du sort, qui ne surent s'en remettre à la sagesse divine.

Pour les funérailles, l'essentiel des travaux incombait aux femmes. Elles préparaient les repas pour nourrir, pendant une semaine et parfois quarante jours, une meute d'hommes affamés. Ceux-ci attendaient cet événement, ou d'autres plus heureux, pour se goinfrer. Cette abondance permettait d'oublier la disette permanente qui les taraudait. Ces cérémonies devenaient ainsi des occasions fastes pour certains. Puisque les repas faisaient partie des rites qui accompagnaient les défunts dans l'au-delà, les familles y mettaient le plus grand soin pour que nul ne se sentît desservi.

N'eût été la retenue en de telles circonstances, on aurait qualifié d'indécents certains comportements. Tels des vautours autour d'une charogne, certains hommes s'affairaient. Ils piétinaient les us et devançaient, sans vergogne, les enfants afin de s'attribuer les meilleures portions. Ils étaient persuadés de prendre une revanche sur le sort qui les desservait tant. Ils croyaient faire un pied de nez aux nantis qui ne pouvaient emporter leurs richesses dans la tombe. Des économies entières étaient dilapidées s'il ne se trouvait un parent avisé, un ami ou un homme de bonne foi qui y prêtât attention. Il fallait commander, aux appétits dispendieux, de mettre la pédale douce. Les farfelus ne se soumettaient à la discipline que sous les menaces d'une autorité qui rappelait l'obligation de penser à l'avenir des enfants. Ces derniers n'avaient que les legs éventuels pour survivre et attendre que la providence les mît sur une pente favorable. Les considérations de bon sens ne convainquaient que marginalement les goinfres. Une fois rabroués, ils se résolvaient à plus de retenue mais ne renonçaient pas à leur passe-temps favori. Ils recommençaient de plus belle dès que l'attention se relâchait.

Pour chacun des sept jours de funérailles, un taureau, un sac de mil d'un quart de tonne, des quantités de condiments, des litres d'huile, des fûts d'eau étaient utilisés pour satisfaire les mangeurs. On dépensait beaucoup pour contenter la meute des goinfres. On priait en espérant que Dieu sanctifierait le sacrifice au bénéfice des disparus pour lesquels tant de charges étaient imposées à la veuve et aux héritiers.

Les femmes travaillaient d'arrache-pied, jour et nuit. Elles manquaient de sommeil. Elles se privaient de repas préparés par leurs soins. Elles s'éreintaient la santé et mécontentaient leurs enfants ou leurs maris qui espéraient les voir rentrer au foyer. Elles rendaient jalouses des camarades moins rudes à la tâche ainsi que des cuisinières de moindre qualité. Elles criaient, s'apostrophaient et se disputaient. Elles bousculaient les habitudes établies pour se montrer efficaces et disponibles. Elles encaissaient, sans se montrer désobligeantes, les tentatives vouées à l'échec et les convoitises des hommes. Certains énergumènes s'essayaient à la provocation, espérant les aguicher en ces circonstances douloureuses. Elles répondaient à l'insanité par le mépris qui confondait les coupables à de plates excuses et un sourire crétin. L'agitation prenait fin le soir du septième jour. La cérémonie suivante était fixée au quarantième jour. Enfin, chaque anniversaire du décès donnait lieu à une cérémonie de rappel. Les oulémas se réunissaient pour la circonstance.

Les rites prévoyaient un office sacrificiel les troisième, septième et quarantième jours. De plus, en fonction de la condition sociale, on prévoyait un rappel pour le jour anniversaire du décès. Cette dernière cérémonie ne s'imposait qu'aux familles aisées. Les plus modestes servaient un repas aux nécessiteux. Les sacrifices complétaient la prière du pardon. Ils exprimaient la reconnaissance de la famille éprouvée qui implorait la miséricorde divine pour que le regretté fût pris sous sa protection et fût admis au paradis parmi les premiers.

Kali s'étonna de la rapidité avec laquelle parents, amis et voisins acceptèrent le départ du défunt. La veille encore, ils le jugeaient irremplaçable, essentiel à la cohésion du village. Ils se soumirent à la volonté divine sans résistance. Cette attitude n'altérait pas leur attachement. Ils ne cessaient de lui souhaiter le paradis dans leurs prières quotidiennes. Ils lui restaient reconnaissants pour avoir transformé le hameau en un bourg viable qui attendait d'accueillir une école et un dispensaire.

Plus tard, Kali comprit que la foi exhortait à accepter la décision divine et s'y soumettre. Seul, Dieu est en mesure de donner et d'ôter la vie, telle était la conviction générale. En dépit de cette explication, il ne put s'empêcher de se demander si d'autres partageaient sa peine. Ce ne fut pas son unique interrogation mais le temps n'était plus aux tergiversations, il avait des charges familiales à assumer. En septembre, il quittait la famille pour le collège, deux cents kilomètres plus loin. Il partait sans l'espoir d'un retour avant le 30 juin de chaque année. Il entamait une nouvelle vie, celle de collégien. Il ne revenait que pour les grandes vacances.

Dans l'immédiat, la concentration de Kali se focalisait sur le proche avenir. Les exigences portaient sur la gestion des troupeaux, la famille et le retour chez eux des visiteurs venus présenter leurs condoléances. Auparavant, ces préoccupations n'effleuraient pas sa quiétude. Il comptait sur son père qui tranchait les litiges, réglait les disputes, prenait en charge les nécessiteux, fixait la conduite à suivre, réparait les erreurs, intercédait pour ceux qui en faisaient la demande et punissait les incorrigibles.
Dans cet amoncellement de problèmes, une lueur vint à son secours. Les contributions aux charges des funérailles, dont celles prioritaires pour l'accueil, l'hébergement et la restauration, avaient été supérieures aux dépenses. Il en était même résulté un reliquat pour régler les frais de transport pour le retour des démunis dans leurs foyers. Pour ne pas déroger à la règle d'affectation des contributions au règlement des frais des funérailles, il utilisa le reliquat pour offrir quelques présents aux grands-mères. Sans distinction de liens familiaux, elles avaient reçu des friandises, des sucreries ou quelques mètres d'étoffe.

Une fois le retour des hôtes réglé, la gérance des animaux restait le souci majeur. Après un échange de points de vue, Hanna et Kali s'accordèrent pour solliciter l'aide d'un proche parent, de préférence un homme pour prendre en charge la régence de la maison et assurer la nourriture ainsi que les soins des troupeaux. Walè[69], le benjamin des six fils de la sœur aînée de Hanna, accepta la proposition. Il vint les rejoindre une semaine plus tard. Il prit ses quartiers sans la moindre difficulté. Ainsi que le voulait la coutume, il se sentit chez lui. Les tâches qu'il avait à assumer ressortaient des occupations ordinaires d'un garçon de dix-sept ans, presque dix-huit. Il s'apprêtait à prendre épouse, n'eût été le drame qui endeuillait les Rahma. Il répondit à la demande

---

[69] *Chauve,* en kanembu et en dazzaga ; dans le texte, nom masculin.

comme l'aurait fait n'importe lequel des membres de sa famille. Il perçut la requête comme un honneur et un privilège. Répondant par avance à ceux qui lui reprochaient le report de son mariage, il dit : être un Rahma est une faveur qu'il faut savoir mériter. Le plus humble parmi les membres du clan portait ce nom comme on le faisait d'un habit neuf, d'une parure de circonstance ou d'un équipement de parade.

Début janvier, Kali reprit le chemin de l'école. Il retrouva ses camarades qui ne pouvaient, vu leur âge, se rendre aux obsèques ou présenter leurs condoléances. D'ailleurs, ils ne les présentaient pas car cette obligation incombait uniquement aux adultes. Les enfants partageaient la douleur et contribuaient aux tâches auxquelles on voulait bien les associer. Plus souvent, ils tenaient compagnie aux orphelins.

Kali revenait au village aussi souvent qu'il le pouvait. Il voulait s'assurer que tout se passait sans accroc et que sa mère était à l'abri du moindre souci. Walè avait beau lui demander de ne pas éprouver d'inquiétude, il ne put s'empêcher de faire des allers-retours autant que son emploi du temps le lui permettait. Un mois après l'arrivée du régent, il constata que tout se passait comme si son père ne les avait pas quittés. Il remercia son cousin de partager ses doutes et surtout d'assumer le rôle de chef de famille. Ce signe de confiance toucha Walè. L'émotion monta d'un cran. Il fallut la maîtrise qui convenait en ces circonstances pour éviter une profusion de pleurs qui se seraient propagés dans toute la maison, risquant de troubler un calme difficilement conquis.

Pour le reste, l'année s'était déroulée sans encombre. Dégagé des préoccupations d'intendance, Kali se consacra entièrement à l'école. Il passa brillamment son certificat d'études primaires et réussit le concours d'entrée en sixième. Même la précarité des conditions de vie à l'internat ne perturba pas son calme et son assurance.

Début juin se profilait la fin de l'année scolaire. Kali entama la dernière ligne droite avant les grandes vacances qui le séparaient de ses camarades de classe. Il les revoyait trois mois plus tard ou au hasard d'*ainsi va la vie*. Certains arrêtaient leur scolarité, faute d'avoir réussi le concours d'entrée au collège. D'autres entreprenaient des formations pour devenir des infirmiers, des moniteurs ou des commis. On pouvait prétendre à ces qualifications à condition d'être doué et de réunir le niveau requis de deuxième année de collège. Une minorité entreprenait des études longues menant aux diplômes de haut niveau. Ils s'engageaient dans les formations pour les métiers de médecin, d'ingénieur ou de professeur de lycée. Ils concurrençaient ainsi les coopérants. Ils pouvaient aussi prétendre à la charge d'administrateur territorial pour devenir sous-préfets, préfets ou même ministres pour les plus chanceux. Le haut rendement de Kali lui permit de suivre des études longues. Sa mère en déduisit qu'il s'était fait une spécialité d'étudiant à vie.

Début septembre, Kali partit pour le collège en compagnie d'une petite quinzaine parmi les meilleurs du cours moyen deuxième année. Il eut cependant la surprise de retrouver un élève qui exhibait comme unique trophée sa parenté avec le directeur de l'école. C'était l'exception confirmant la règle, selon la formule consacrée. L'imbécile heureux garda secrète la magie qui fit de lui un des quinze lauréats, sur un total de quatre cents concourants. Plus tard, lorsqu'il comprit que toute suspicion était devenue sans conséquence et que l'on ne revenait plus sur des faits consommés, il admit l'intervention de la providence. On avait substitué à sa médiocre copie une autre rédigée d'une main experte. On lui attribua la note de dix-sept sur vingt en algèbre, seize en géométrie, quinze en dictée et questions. Bref, il se trouva classé parmi les meilleurs, lui qui n'avait guère eu plus de 07/20, tant en français qu'en mathématiques. Il acheva le lycée au bout de dix années et obtint laborieusement son baccalauréat. Il entreprit des études de comptabilité et décrocha, à sa énième tentative, le diplôme d'études comptables supérieures. Il ne se risqua pas à affronter l'expertise qu'il jugea sans valeur ajoutée. En effet, un poste de chef comptable à la direction des impôts, où sévissait depuis des lustres son oncle paternel, était à sa disposition. Ce dernier, disait-on, attendait cette succession pour faire valoir ses droits à la retraite. Le prévoyant voulait fossiliser sa charge au profit des siens. Il l'avait transmise à son neveu, après vingt-sept années de labeur. Lui-même avait obtenu ce poste grâce à son ancien patron, sous l'administration coloniale. Au moment de quitter le pays, à la veille de l'indépendance, le patron avait promu son maître d'hôtel aux fonctions de comptable après une courte mais non moins efficace formation. L'expatrié, bienfaiteur de l'oncle, par ricochet du neveu, comme nombre de ceux qui avaient regagné la métropole, restait nostalgique de l'ancienne colonie. Les habitants et leur légendaire hospitalité l'avaient marqué. Il les loua aussi longtemps que sa mémoire s'en souvint.

Des répits bienvenus

La ville dans laquelle Kali avait entamé sa vie de collégien jouissait d'un atout non négligeable. Elle disposait d'un centre d'instruction militaire et du seul collège de la région. La présence de la garnison conférait à la sous-préfecture un poids économique et culturel supérieur à celui du chef-lieu et faisait des habitants des privilégiés. L'atout principal tenait à la présence du commandement militaire qui était assuré par des expatriés. La scolarisation de leurs enfants faisait partie des exigences auxquelles accéda l'administration. C'était le prix à payer pour éviter que le pouvoir politique contesté se trouvât exposé aux attaques d'une rébellion qui prenait pour cible les garnisons isolées. Les contradicteurs et les opposants étaient acculés à la lutte armée puisque les dirigeants du pays refusaient de reconnaître aux citoyens la liberté d'expression et d'obédience. L'élite de l'armée nationale étant accaparée par les tâches de protection des détenteurs de l'autorité politique, seul le savoir-faire d'un commandement militaire octroyé par l'ancienne puissance occupante permettait de stopper les coups de boutoir des contestataires.

Le centre de formation militaire était dirigé par un commandant, secondé par un capitaine ayant sous ses ordres deux lieutenants, quatre adjudants-chefs, une dizaine de sergents et caporaux, une trentaine de soldats de première classe et trois cents soldats de seconde classe.

En marge de la ville garnison, s'était constitué un monde comprenant des ramassis de toutes sortes. On y rencontrait d'anciens prisonniers livrés à eux-mêmes et commettant nombre de forfaits, faute d'une police capable de garantir la sécurité. On côtoyait des prétendus marabouts qui n'étaient que des filous vivant aux crochets des incrédules et qui voyaient dans leur apocryphe magie la solution à leurs maux incurables. On se retrouvait en compagnie de femmes libres à la recherche de jeunes soldats à initier aux choses de l'amour facile. On voyait, accablés, des porteurs surchargés de baluchons, des boys pressés de regagner le domicile des employeurs pour apprêter le repas de midi avant le retour des patrons. On rencontrait, au hasard du parcours, des migrants chassés de leurs patelins par la famine ou la désertification. Tout un monde paumé se démenait pour assurer le pain quotidien. Ces hommes et ces femmes déracinés mais décidés s'accrochaient au flanc relativement opulent des salariés. A leurs côtés, ils se battaient pour la survie comme d'autres, sous d'autres cieux, s'accrochaient au flanc des montagnes de détritus pour grappiller quelques sources de revenus.

C'était donc dans un monde rude que Kali devait entreprendre et réussir ses études. A moins qu'il n'acceptât de jeter prématurément l'éponge, il lui fallait affronter cette adversité. Découragés, faute de soutien et surtout de l'assurance de disposer de la ration minimale d'un repas par jour, nombre de collégiens jugeaient suicidaire de continuer dans ces conditions. Kali ne se doutait pas encore de l'âpreté de ce combat. D'ailleurs, il aurait eu tort d'occuper son temps et son esprit à croiser le fer avec un ennemi qui n'en serait plus s'il renonçait. S'il s'était installé dans le solide confort de ce que ses ascendants avaient su faire, à savoir, l'élevage et la vie de pasteur semi-nomade, il n'aurait eu à regretter que le prix de son rêve. Cependant, l'ayant vu à l'œuvre et tenant compte de son potentiel, ses maîtres d'école auraient mis leurs mains à couper qu'il n'aurait renoncé à son projet pour rien au monde. Il aurait tenté, à son tour, de porter le flambeau de sa lignée. Il aurait ajouté le savoir-faire technique à d'autres spécificités. Il aurait ainsi étendu une domination pacifique mais totale sur tous ceux qui pensaient, un tant soit peu, disputer à sa famille son rang.

Profitant du répit conféré par les vacances, Kali repartit à Hilwé pour renouer les liens avec le clan, après la disparition de son père. C'était en de telles occasions qu'on sollicitait la bénédiction des *Anciens* afin de réussir ce que l'on entreprenait. Il avait à cœur d'entamer les préparatifs de son prochain voyage sous les meilleurs auspices, même si les contours restaient encore imprécis. Il revint de son pèlerinage satisfait, convaincu de bénéficier de la bienveillance de tous et de la protection divine. Il rapporta la contre-valeur de la cession des cadeaux offerts pour sa circoncision, deux ans plus tôt. Il vendit deux dromadaires et un taureau afin de disposer d'économies nécessaires pour sa première année au collège. Il ramena deux vaches laitières, leurs veaux et deux génisses pour renforcer les animaux de la ferme. Il laissa au berger un beau veau en guise de rémunération.

Hanna était émerveillée par le sens de responsabilité de ce bout d'homme d'à peine douze ans. Elle manifesta chaleureusement sa reconnaissance pour les présents et pria Dieu de protéger ceux qui lui avaient adressé leurs salutations. Sa mère avait cru utile de lui faire parvenir quelques litres de beurre fondu et du *tira*[70]. Ce dernier produit pouvait être conservé, plus d'une année, sans risque de déperdition ou d'avarie. Il triplait de volume pour peu qu'on le laissât tremper dans du liquide. Plus tard, Kali ne tarit pas d'éloges à l'endroit de sa mère. Elle lui avait suggéré d'en emporter pour son départ au collège. Ce compagnon culinaire des causes précaires se substituait à l'un des trois repas quotidiens, voire à tous pendant une courte période.

Parmi les anciens compagnons de Rahma, Bou fut le premier à rendre visite à Hanna et ses enfants. La description que le défunt en avait faite donnait une exacte idée du personnage. Il était rieur, courtois, espiègle, attentif, curieux, pétri de qualités. Il fut saisi de frissons à la vue de Hanna dont la noblesse ne laissait personne indifférent. A dire vrai, il ressentit bien plus que de la sympathie. Il était charmé comme tout homme sensible et normalement constitué pouvait l'être face à une femme belle et de conversation. Il fut littéralement subjugué par sa perfection. Emporté, il s'exprima avec franchise. Il s'interrogea sur la meilleure manière de lui rendre grâce. Il fit preuve de sobriété dans les gestes les plus simples comme dans ceux requérant concentration et attention. De fait, la rencontre entre Hanna et Bou fut un moment de concorde entre deux êtres conscients de leur rang. L'un et l'autre étaient disponibles pour des liens sincères mais se gardèrent de l'afficher. Il était rare de trouver réunis en un même lieu, d'une manière fortuite, une femme et un homme pétris de qualités. D'exceptionnelle, la rencontre devint sublime. Le bonheur qu'ils s'inspiraient réciproquement en fut sans conteste l'explication. Les témoins remarquèrent ce climat. Walè en éprouva une irritation. Ne sachant pas l'exacte tenue de l'arrivant, il ne capta que l'apparence polie d'un homme posé. Il n'avait pas eu l'avantage d'entendre son défunt oncle parler de cet ami comme du meilleur parmi les hommes. Wolia retint que Bou était un parent. Il manifesta un vrai plaisir à son contact. Le plus satisfait de tous était Kali. Il mesura la justesse de la description de son père et la pertinence de son jugement

---

[70] En kanembu et en dazzaga, une sorte de pain perdu, au goût à la fois acide et sucré, particulièrement apprécié des voyageurs.

sur Bou. Il souhaitait le retenir pour qu'il passât plus de temps avec lui. Il espérait tirer profit de son expérience et de sa sagesse.

Les jours s'égrenaient tranquillement. Une semaine passa, ce qui était une durée suffisante pour une visite familiale ou de courtoisie. Les occupations champêtres apportèrent les ingrédients joignant l'utile à l'agréable. Tout homme avisé ne pouvait laisser inachevés les travaux de labour. Bou y puisa une raison pour donner un sens à la prolongation de son séjour. Sa famille, riche d'une quinzaine d'individus, n'avait point besoin de son aide pour boucler les occupations de la saison humide. Cette période de l'année permettait de constituer assez de provisions pour ne pas dépendre totalement des produits rapportés d'ailleurs. Tout le monde était alors occupé. Les migrants, installés dans les villes, revenaient cultiver leurs champs ou apportaient une aide aux leurs. Bou ne fit pas exception, même si sa visite avait un tout autre motif.

Pendant que l'on s'occupait à rendre agréable le séjour de Bou, un second ex-compagnon de Rahma se fit annoncer. Malla, le marchand de moutons, arriva sans se douter de la présence de Bou. Kali se rappela qu'il avait été associé à Rahma pendant leur campagne des dix convoyages de moutons. Il avait rompu leur accord parce qu'il estimait lui avoir concédé une rémunération disproportionnée. Les mauvaises langues disaient que Bou avait continué seul le commerce pour ne plus partager des bénéfices qui paraissaient faciles. Plus tard, il se convertit en député de la République et initia des projets d'adduction d'eau dans les régions arides. Il devint une personnalité respectée en raison de nombre de ses initiatives. Il fit construire des écoles sédentaires dans les villages les plus reculés. Plus remarquable encore, il inventa le concept d'école mobile afin d'accompagner les nomades pendant la transhumance, période au cours de laquelle les éleveurs se déplaçaient à la recherche de pâturages.

Une fête fut organisée en l'honneur du député et de sa suite de sept personnes. On sortit les plus beaux plats. On présenta les meilleurs mets. Seul manquait à la table l'alcool, exclu des tapis de ce monde musulman très à cheval sur l'observance des interdits. Cette privation n'enleva rien à la convivialité de la réception. Elle n'entama pas non plus la bonne humeur de l'unique non musulman, le garde du corps de *l'honorable*. Il s'accommoda sans difficulté majeure de cette privation. Il semblait même reconnaître que la coexistence de son mode de vie et de celui de la société musulmane lui était profitable.

Malla releva la participation active de Bou à son accueil. Au cours de leurs périples en quête d'un avenir meilleur, il lui avait prédit le paradis. Son désintéressement et sa simplicité lui conféraient une image nullement surfaite. En effet, Bou était sobre et direct. Ses joies, ses peines et la moindre de ses sensations se communiquaient à l'observateur le plus distrait. Dans un monde où la fausseté et la cupidité dominaient, sa droiture lui conférait une majesté méritée.

Les deux amis passèrent le plus clair de leur temps à parler de leurs passions respectives. Le député, en tant que faiseur de lois, faisait évoluer les mœurs dans un environnement qui paraissait figé pour toujours. L'autre, le chef traditionnel, comme principale autorité de la région, apporta à ses administrés une modernité enviée par nombre de citadins. Ils n'eurent aucun mal à s'accorder sur la totalité des sujets abordés, y compris sur l'obligation d'envoyer les filles à la même école que les garçons. La proposition vint du chef traditionnel. Il avait tenu compte des conseils prodigués par les médecins et techniciens vétérinaires. Il se laissa convaincre de bonne grâce, s'agissant d'un changement salutaire pour la société dans son ensemble. Il avait décidé d'en faire la promotion.

La population avait d'abord hésité à accepter la mixité scolaire entre les filles et les garçons. La plupart des habitants avaient plutôt subi le progressisme de cette évolution iconoclaste qu'acquiescé à celui-ci. En effet, si l'idée avait fini par s'imposer, cela s'était fait à contre-courant de l'opinion générale. Kali aurait souhaité entendre Rahma confronter ses idées sur ces évolutions avec Bou et Malla. Son père aurait trouvé ces progrès trop rapides sinon hasardeux. Mais, se dit Kali, peut-on préjuger d'un homme capable d'une constance surprenante tant dans l'excès et la colère que dans la tendresse, l'humilité, l'abnégation, la sagesse, le dépassement ou le désintérêt ?

Bou suggéra une coordination des dispositions pour l'aide apportée à Hanna et sa famille. Il promit de veiller sur la veuve et la maisonnée et demanda à Malla de s'occuper du voyage de Kali. Le député promit de faire jouer ses relations. Ce partage de rôles fut accepté de bon cœur.

Les deux compères continuèrent d'animer leurs retrouvailles pour s'enquérir de l'évolution d'une ferme d'élevage intensif de bœufs et d'un projet de loi prévoyant de fixer un âge minimum pour le mariage des jeunes filles.

Le député trouva plus aisément matière à satisfaction. Quatre fermes furent créées sous la férule des paysans convaincus des avantages de la modernisation. Ecoutant les conseils avisés des spécialistes, ils avaient décidé de nourrir leur bétail à base de tourteaux de graines de coton ou d'arachide. Ils faisaient provision d'herbes en prévision de la rareté du foin au cours des saisons moins fastes. Ils avaient accepté de vacciner, de manière régulière, les animaux. Ils leur assuraient une plus grande surveillance en les maintenant dans des aires délimitées et désinfectées. Ces précautions avaient contribué à chasser les insectes porteurs de maladie. Aussi, les animaux engraissaient-ils plus vite, produisaient plus de lait et fournissaient davantage de viande.

A l'opposé, le chef de race à l'esprit avant-gardiste constata que, assurer la même scolarité aux fillettes et aux garçons, n'était pas chose aisée. Pour atteindre cet objectif, il proposa de retarder l'âge de mariage. Ce qui déplut à ceux qui auraient dû être des éclaireurs ou des pionniers. La majorité conservatrice de l'Assemblée nationale s'arc-bouta et s'y opposa avec une aveugle fermeté. Elle avait décidé que porter autoritairement l'âge de mariage à seize ans contrevenait aux pratiques séculaires qui avaient fait leurs preuves. Il se trouva dans l'auguste hémicycle suffisamment d'hommes pour décider que la place d'une femme était au foyer et nulle part ailleurs. Ils édictèrent que, compte tenu de son instabilité, cela eût été une erreur et même une faute de penser lui accorder un quelconque crédit en matière de discernement. S'agissant de personnes influençables, compter sur leur bon sens ou leur aptitude à l'autocontrôle serait une absence de clairvoyance, estimèrent-ils toute honte bue. En tout cas, tranchèrent-ils, les mœurs d'Eguey[71] ne sauraient servir de laboratoire pour tester la pertinence de cette évolution. Ce pays qui était le leur depuis la nuit des temps devait conserver ses références, assenèrent-ils en conclusion d'un débat qui méritait une autre fin. La corporation des conservateurs composée de notables coupa court à une réforme dont l'urgence était indiscutable.

---

[71] Territoire semi-aride du Nord-Kanem à la nappe phréatique abondante. On y élève essentiellement des dromadaires et des vaches.

Au lieu de représenter le pays profond, une majorité des députés se cramponna à ses privilèges. Organisés en une clique de machos aux mœurs corrompues, jaloux de leurs privilèges, ils refusaient tout progrès sous couvert de préserver des coutumes pour la plupart éculées. *Ces grands hommes* réduisaient, de facto, la femme à l'état de bien aliénable. Contradictoirement à leurs prétentions de la considérer comme un être choyé et surprotégé, ils bloquèrent une proposition de loi qui lui était favorable.

Bou se résolut à attendre un changement dans la composition de l'Assemblée nationale pour entrevoir une autre issue. Malla le rassura. Il promit de revenir sur le sujet autant de fois que nécessaire. Il tenait à réparer cette ignominie qui faisait des mères, sœurs et filles des êtres de seconde classe. L'avenir reste prometteur ; tout changera avec la diversification de la représentation nationale, admit-il. Il ajouta avec détermination : les idées novatrices entreront à l'hémicycle ; ce qui paraît impossible sera bientôt accessible. Cette profession de foi tenait lieu de promesse. Elle était à la fois un soutien et un encouragement pour Bou qui était resté ébahi par tant de conservatisme désuet. Pour le député, cette promesse était aussi une manière de se donner assez de motifs pour persévérer et s'astreindre à l'obligation morale de ne pas abandonner un projet si noble et juste.

Kali, momentanément distrait par des occupations qui avaient nécessité son attention, ne put assister qu'à la conclusion de la concertation entre les deux hommes. Il retint une vague idée du sujet. Cependant, il n'osa pas interrompre les adultes. Il ne pouvait se permettre de demander qu'ils revinssent sur la teneur des échanges. Une telle demande eût été mal considérée. En effet, on se retenait de faire redire à un aîné, notamment en présence de témoin, la phrase que l'on avait manquée. Faire répéter la fin d'une discussion parce qu'on se trouvait occupé à quelques occupations n'effleura pas l'esprit de Kali. Il savait que seuls les échanges entre les membres de la famille faisaient exception à cette règle. On pouvait alors s'autoriser à débattre ou même à contredire, à la condition que le sujet ne portât ni à controverse ni à polémique vexatoire.

La présence de Bou et Malla apporta un réconfort supplémentaire au moral de la famille Rahma dont la détermination à tenir bon en était sortie consolidée. Hanna se sentait mieux disposée à assurer la gestion de son foyer. Femme de tempérament, elle avait sollicité la venue de son neveu pour vaquer aux travaux incombant aux hommes. Son fils était beaucoup trop tendre et, de toutes les manières, il se destinait à poursuivre des études que tous espéraient fructueuses. A cet équilibre interne vint s'ajouter la présence amicale de Bou et Malla. Elle se sentit totalement requinquée. Son allure provoqua davantage de joie à ses enfants qui virent en leurs hôtes des oncles.

La confiance en soi et dans la vertu de la solidarité faisait partie des enseignements transmis d'une génération à l'autre. Avec le soutien de Bou et Malla, les Rahma disposaient de solides atouts. Hanna et ses enfants s'accordèrent pour reconnaître que la vie repartait de plus belle. Ce n'était pas faire insulte à son défunt mari de déduire que nul n'est indispensable.

Le temps passait, fuyait même. Bou se trouva piégé par sa tendance à tout régenter. Son séjour prolongé et son attitude suscitèrent la perplexité des personnes à l'esprit tortueux. Hormis son engagement à soutenir la veuve et ses enfants, il profita de la présence de Malla pour conforter leur amitié. Ils constatèrent que leurs projets communs avançaient en dépit des résistances.

Malla avait perçu une équivoque qu'il s'autorisa à lever. Il demanda à son ami s'il éprouvait des sentiments envers la personne de Hanna. Décidément, se dit le galant homme, on ne peut rien cacher à cet importun jamais pris à défaut de lucidité ! Bou sourit et marmonna quelques mots pour gagner du temps. Il se dit en son for intérieur : Rahma était un visionnaire, il avait détecté en Malla plus que l'occasion d'un gain facile, une mine de sagesse. Le député comprit que son intuition tombait pile. Il n'insista pas pour en savoir davantage et poursuivit la discussion sur un autre registre. Il aborda l'effet de la sécheresse sur les rendements de la production bovine. Ses réflexions se portèrent aussi sur la rentabilité des cultures irriguées, sur l'extension et la modernisation de l'agriculture, sur les conséquences des exportations de bétail sur pied et sur les investissements nécessaires à l'installation des chambres froides et des abattoirs. Bref, le chef traditionnel et le député avaient évoqué nombre de sujets relatifs au développement et à l'augmentation de la plus-value des productions locales.

Au total, Bou avait passé vingt jours chez Hanna, au lieu des dix initialement prévus. Il repartit, rassuré d'avoir apporté de l'aide à ses protégés. Son séjour fut en outre propice à un échange de points de vue avec son ami Malla. Pour sa part, avant de prendre congé, Malla prodigua des conseils à Kali. Il lui fit un descriptif de son futur environnement, celui du collège. Kali retint qu'il suffisait de faire preuve de discernement puisque ni Hanna ni le clan familial ne pouvaient lui venir en aide. Apprendre à être autonome, telle fut la synthèse de ce qu'il retint des conseils de Malla. Cependant, le tête-à-tête laissa Kali perplexe. Il s'attendait à ce que son hôte lui révélât des informations précieuses ou secrètes. Il espérait que le député lui montrât comment se tirer d'affaire dans un contexte où il se trouverait à court de solutions. Il contint sa déception et se contenta d'un discours fait de paraboles et d'énigmes. Sa préférence allait à un parler franc, une sortie des attitudes condescendantes, une exploration hors des pistes connues et des sentiers battus. Une lecture plus nuancée de ce que devait être son avenir de collégien l'aurait davantage satisfait. Sa déception tenait aussi à son orgueil. Cela exprimait son impatience à se voir traité en adulte. La platitude des échanges avec Malla l'avait rappelé à son statut. Il était certes au-dessus de la moyenne des enfants mais il n'en restait pas moins un. Il comprit le message et en garda une réelle insatisfaction. Le député ne put percevoir son irritation. Il ne vit dans son air interrogateur qu'un signe d'inattention. Il eut l'impression que l'enfant se lassait des marivaudages des adultes préoccupés par mille et une choses à la fois. Voulant se rattraper, il tenta des blagues sans produire l'effet escompté.

Bou fit le tour du bourg. Il remercia les habitants pour la qualité de leur accueil et annonça son départ immédiat. Il avait trouvé des mots justes pour conforter chaque hôte et chaque famille. Il promit à Hanna qu'il saisirait toute offre qui se présenterait pour les revoir, elle et ses enfants. Kali l'accompagna jusqu'à la sortie du village. Ils avaient parcouru environ un kilomètre. L'homme était pensif et un peu nostalgique de son séjour achevé. Avant de se séparer, il voulut le sonder. Il attendait que son hôte lui révélât un secret. Il n'y en eut point. Il espérait au moins quelques confidences dites loin de l'ouïe d'un intrus, fût-il membre de la famille. Confronté au mutisme du partant, il se résolut à engager la conversation de manière frontale, ouverte. Il parla de son hésitation quant aux études qu'il entreprendrait dans l'intérêt de tous. Il avoua vouloir volontiers opter pour les sciences ou la technique. Il se voyait médecin ou ingénieur, aviateur ou archéologue, architecte ou vétérinaire. Il demanda si entrepreneur, juriste, historien, enseignant ou politicien n'étaient pas plus convenables. Il expliqua à Bou que l'option pour telle formation ou telle autre demandait des aptitudes spécifiques. Il fit tout pour que ce dernier se rendît compte de son insatisfaction et prît en compte son attente de le voir enfin réagir. Ce fut vain ! Constatant que le volet études ne mordait pas, Kali se rabattit sur la famille. Il se renseigna sur les enfants de Bou. Il demanda leurs âges, ce qu'ils faisaient et s'ils allaient à l'école. Les réponses furent ordinaires donc en deçà de ses attentes. Bou s'était replongé dans ses préoccupations, feuilletant mentalement son emploi du temps. Son rendez-vous avec le ministre de l'Aménagement du territoire, l'homme fort du régime, devait être minutieusement préparé. L'enfant insista mais les réponses restèrent décevantes.

Tout autre adulte que Bou se serait agacé et aurait laissé entendre : oh là-là, tu peux te taire un peu ! Mais, le chef coutumier resta calme et continua avec bienveillance. Kali changea de sujet et aborda la prochaine visite de Bou. La réaction fut quasi immédiate. Tu n'as pas à t'inquiéter, dit-il en tirant brusquement sur la bride de sa monture qui se cabra. L'enfant sursauta de surprise et s'interrogea sur ce qui rendait son interlocuteur réceptif. Etait-ce le sujet ou la fin de ses cogitations ? L'adulte se ravisa, prit un ton sentencieux et expliqua qu'il s'absentait pour un moment. Il regarda l'enfant d'un air inquisiteur puis se tut. Même s'il ne cria pas victoire, Kali conclut que son parrain ne se désintéressait pas de lui. Il rebroussa chemin sur cette impression flatteuse. Bou le félicita pour sa conduite et ses projets, lui recommandant d'être confiant. Avant de se séparer, il lui dit : je reviendrai bientôt. A défaut, j'enverrai un coursier. Nous devons nous concerter et j'en profiterai pour te donner des conseils avant ton départ pour le collège. Ce furent les paroles qu'entendit Kali. Il fit ses adieux à Bou et reprit le chemin du retour.

Kali refit le parcours dans sa tête et réfléchit au compte rendu qu'il aurait à faire à sa mère. Pour éviter l'ennui de la solitude, il passa en revue les préparatifs de son départ afin que personne ne doutât de sa détermination. Au moment précis où il se tournait pour prendre le chemin inverse, Bou l'interpella sur un ton mi-confidentiel mi-informatif : Malla te rendra visite avant ton départ ; il se peut que nous arrivions ensemble. Sur ces mots et non sans regret, il laissa cette pousse s'envoler hors de sa vue. Kali avait ce qu'il attendait. Il s'estima chanceux et se sentit ragaillardi d'avoir obtenu une réponse et un engagement à la hauteur de ses attentes. Il repartit, en trottinant, pressé de regagner le domicile familial d'où l'on surveillait son retour.

A moins de quinze jours de son départ pour le collège, le compte à rebours était enclenché. Kali se rendit dans la ville. Il prit contact avec son maître d'école ainsi qu'avec le responsable du dispensaire, devenu un ami de la famille. Il revint satisfait des explications et des informations glanées auprès de l'un et de l'autre. Il prit soin de noter minutieusement toutes informations collectées. Il retint surtout que l'école est une seule entité : il y a plus de continuité que de différence entre les enseignements élémentaire, secondaire et supérieure. Les différences de niveau tenaient aux étapes d'un processus suivant un schéma de mûrissement et d'adaptation préétabli. Il répercuta à sa mère cette vision de l'école. Elle ne se doutait ni des difficultés ni de l'agencement des phases d'une scolarisation. En revanche, elle était persuadée que son fils disposait d'atouts pour réussir toute entreprise dans laquelle il se serait engagé. Elle se montra enjouée par ses explications et promit de prier pour que Le Tout-puissant veillât sur l'ensemble de la descendance Rahma. Elle sourit en observant son fils frétillant, heureux de faire partie du monde des grands. Elle eut un sourire ironique, tel celui dont se servaient les femmes mûres comme arme de dissuasion. Elles tenaient éloignés les jeunes mâles avides qui se risquaient à tenter une improbable drague. Elles se servaient de ce sourire aigre pour dire : jeune homme surveille où tu mets les pieds. Elles se servaient du même rire carnassier pour contrer les vacheries d'une rivale, les vilenies d'une marâtre et les mensonges éhontés d'un mari surpris en flagrant délit d'infidélité. Ce dernier, pris la main dans le sac de la délicate mission de séduire une femme mariée non consentante, se retenait, attendant des augures plus favorables. Il saisissait la moindre occasion pour relever la tête et repartir de plus belle.

De ses discussions avec le maître d'école, Kali récolta nombre d'informations sur l'organisation de la vie d'un collégien, sur l'internat et sur la brimade. Vexation destinée à faire payer la promotion du statut d'écolier à celui de collégien, la brimade était un rite d'initiation un peu revêche. Plus important, l'instituteur lui communiqua le nom d'une relation à Dabala[72]. Il insista pour que Kali en fît la connaissance. C'était une personnalité influente de la ville. Tu gagneras à faire partie de ses protégés ; cela peut être bénéfique de le compter parmi tes amis, releva l'enseignant. L'infirmier prodigua quelques recommandations sur la prévention contre les moustiques et le paludisme. Il lui fit un cours sur les maladies sexuellement transmissibles. Enfin, il le mit en garde contre le surmenage. Kali faillit réagir par une moue dédaigneuse après le laïus sur les précautions relatives aux maladies sexuellement transmissibles. Mais, il se ressaisit et jugea approprié de s'informer sur le pourquoi et le comment de cette transmission. Issu d'une société où la pudeur était une valeur cardinale, discuter ouvertement des choses relatives au sexe lui paraissait d'autant plus osé qu'en général les enfants en étaient tenus écartés. Son interlocuteur aborda le sujet de manière biaisée et assit son argumentation sur l'environnement sociologique de la ville.

Le faubourg de la ville abritait des populations bigarrées. Divers individus y pullulaient : de nouvelles recrues militaires non assurées de garder leurs places, des marginaux échoués en périphérie de l'agglomération, des prostituées à la recherche d'âmes sœurs, des entremetteuses peu scrupuleuses et promptes à trouver chaussures aux pieds des requérants. Bref, un conglomérat de personnes considérées, à tort ou à raison, comme des véhicules de blennorragie et de syphilis s'y mouvaient. Ces maladies qui pouvaient être traitées à base d'antibiotiques se répandaient, telle une traînée de poudre, dans les milieux exposés. Les malades hésitaient et ne se rendaient que fort tard au dispensaire. La plupart ne disposaient pas de ressources suffisantes pour se procurer les médicaments et se résignaient à attendre une aide providentielle. Peu ou mal informés, ils ne mesuraient ni les conséquences des maladies ni les possibilités d'en guérir. Ils se condamnaient à attendre le miracle tandis que les affections se compliquaient. Les séquelles érodaient la capacité de procréation de jeunes gens et réduisaient ou même annihilaient leurs contributions à la prospérité nationale. Un individu sans descendance était un handicapé. En particulier, une femme stérile vivait son état comme le signe d'une malédiction di-

---

[72] *Cour* ou *espace,* en arabe tchadien ; dans le contexte, nom de la ville où Kali avait entamé ses études secondaires.

vine. Kali conclut qu'il suffisait de ne pas se lier d'amitié avec les personnes à risque, pour échapper à ces maladies. J'ai le temps de voir venir ; cela ne me concerne pas, se dit-il. Il ignorait qu'à partir de douze ans, un garçon est un quasi homme, avec des exigences et des aspirations qui ont à voir avec le sexe. L'infirmier sourit et se contenta de dire : sois prudent, tout passe si vite. Tout enfant de douze ans qu'il était, Kali saisit l'essentiel de la mise en garde.

Confronté à un sujet évoqué plus souvent pour railler et que peu osaient aborder de manière frontale, l'infirmier s'en était sorti à son avantage. Kali ne s'attarda pas sur les remarques espiègles. Il se résolut à faire son apprentissage du domaine, plus tard. Il lui semblait que toute conversation en rapport avec le sexe était réservée aux personnes savantes. Les adultes en parlaient avec une sorte de détachement. Ils se sentaient aussi peu touchés par le sérieux du sujet, croyait Kali, qu'un arracheur de dents face aux suppliques d'un patient implorant un traitement de faveur. La maîtrise dont l'infirmier fit preuve le convainquit du contraire. Mais, peu lui importait cette nuance, en général, les gens parlaient peu de sexe, encore moins devant les enfants.

Un regard tendre

La mi-août était passée sans que l'on y eût prêté garde. La verdure, couleur d'espérance qui embrassait les plaines à perte de vue, fit place au jaune d'or de l'herbe sèche, paradis des ruminants. On entrait en plein royaume de septembre, porteur d'abondance et d'accalmie. Après les tornades et la charge mille fois crainte de la foudre, vengeresse des faibles et des lésés, pourfendeuse des injustes et des renégats, on aspirait à la tranquillité. En général, on avait l'esprit à la fête, en ce mois qui annonçait les moissons.

Les hommes, leurs troupeaux et jusqu'aux milliers d'oiseaux aspiraient au repos. Il fallait reconstituer les forces avant les combats de la dure période de soudure. On se préparait à affronter, dans guère plus de neuf mois, les labeurs harassants de la saison des pluies. On se souciait déjà des prochaines pluies. Il fallait non seulement conserver suffisamment de grains pour les semis mais aussi se préparer aux travaux champêtres de brûlis, de sarclage et de désherbage. Personne n'appréhendait ni ne pensait à décembre. Le brouillard et le froid, véhicules de rhume et d'autres maladies affectant le système respiratoire, étaient ignorés ou presque.

Sans se départir des préparatifs de son départ ni du plaisir d'enjoliver un environnement cajoleur, Kali songeait à ce monde d'hommes fiers et véhéments. Puis, il se pencha sur la sphère des femmes. Les nôtres, les meilleures épouses que Dieu a eu le plaisir de laisser sur la terre, appuyait-il avec un zeste de machisme. En le poussant dans ses retranchements, il aurait ajouté : elles sont douces et travailleuses, avenantes et fiables. Il réfléchit au passé. Il se remémora l'importance de la femme dans une société qui la tenait peu en estime. Elle était, théoriquement, le centre de tout. Pourtant, la décision et les choix primordiaux revenaient toujours à l'homme. Plus exactement, celui-ci s'arrangeait pour se les voir attribués en exclusivité. Refusant de s'abandonner à cette vision pessimiste, il préféra observer le monde des femmes dans un domaine où elles excellaient : le travail. Il parcourut l'essentiel de leurs activités et se résolut à s'attarder sur les pileuses de mil, les batteuses de lait, les meunières et les cuisinières. Il avait ses préférences quant aux plus méritantes de ces travailleuses. Mais, contournant ce qui pouvait paraître une discrimination sinon un parti pris, il choisit de s'intéresser d'abord aux pileuses.

L'art de piler le mil, le maïs, le sorgho ou d'autres grains était quotidiennement assumé par une ou deux préposées. Les grands événements, tels que les naissances, les mariages ou les circoncisions, et la survenance de circonstances exceptionnelles, à l'exemple de décès, en constituaient les moments de prédilection. Alors, les femmes dévouées à la tâche exposaient leur art. Elles se sentaient en mission.

Le pilage était un travail accompli par plusieurs dizaines de pilleuses lors des manifestations requérant un gros volume de charge. De jeunes et robustes femmes, réparties en groupes de quatre à cinq, l'assumaient. La céréale était préalablement débarrassée des impuretés. On la séparait des insectes, du sable, des traces d'herbe et des débris divers. Une fois propre, elle était transvasée dans un mortier. Le *koro*[73] servait de mesure pour la quantité nécessaire qui était fonction du nombre des convives. Une carafe d'eau arrosait le contenu du mortier puis les pileuses attaquaient leur œuvre de martèlement.

La camisole fixée autour de la taille, les pieds nus, les cheveux en tresses laissées libres de toute attache, les besogneuses entamaient le pilage avec allégresse. Elles tenaient le pilon au-dessus du point servant de centre de symétrie par rapport aux deux extrémités de dimensions inégales. Elles le soulevaient à hauteur du visage et le rabattaient sur le mil avec toute la force des bras. Elles se disputaient le mètre de circonférence intérieure du mortier sans rancune ni heurt. Chacune attendait un dixième de seconde et frappait avec énergie.

A force de martèlement, le mil se séparait de son enveloppe. Le frottement du pilon contre les grains de céréale provoquait le décollement du son qui se détachait au fur et à mesure de la montée et de la descente des pilons. Au bout d'environ un quart d'heure, le son quittait définitivement les grains. Les pileuses séchaient le contenu du mortier puis le tamisaient pour séparer la céréale du résidu. Le produit noble débarrassé

---

[73] Unité de mesure de volume d'une contenance de deux litres et demi.

des impuretés poursuivait son cycle de transformation. Le son était séché et se voyait destiné à l'alimentation des animaux. On le conservait à l'abri du sable et du vent.

De temps à autre, la coopération harmonieuse entre les pileuses s'interrompait par l'entrechoquement des outils. Elles s'en donnaient alors à cœur joie pour railler la fautive qui avait interrompu le son doux mais énergique des pilons s'abattant sur le mil. La collusion de deux ou de plusieurs pilons trahissait la coupable et annonçait des jacasseries et des chamailleries. On taquinait les pensées vagabondes de la distraite qui avait estompé l'harmonie des respirations et des souffles. On lui rappelait, avec coquetterie, qu'à son âge, d'autres avaient fondé un foyer et offert à admirer une progéniture riche de trois à quatre gosses. On glosait sur les nuits blanches dont la coupable serait coutumière, sous le harcèlement d'un mari pour le moins porté sur *la chose nocturne*. On reprenait en chœur, en chantant, des complaintes et des berceuses, refuges privilégiés de la femme attendant le retour annoncé du compagnon parti pour un lointain voyage. Bref, tout se présentait en prétextes à plaisanterie, ce qui n'était pas sans irriter les cibles favorites érigées en souffre-douleurs.

Pris dans ses pensées, Kali contemplait plus qu'il n'écoutait le monde des femmes. Il les admirait et les situait au-dessus des hommes. Ces derniers ne lui paraissaient braves que par le verbe ; ils prétendaient tout régenter. Poursuivant son descriptif des pileuses, Kali se vit assis, en admiration devant l'une des jeunes femmes. Elle avait la croupe délicatement moulée par une camisole. Plus d'un homme aurait aimé hériter le sort de cette protection qui aimantait le regard de Kali.

Kali se remémora le bonheur d'avoir bénéficié d'un concours de circonstances qui l'avait fait naître à Hilwé. Il se dit avoir profité de faveurs exceptionnelles. La nature et ses parents avaient pavé son parcours de bienfaits. Le bonheur berçait sa vie, comme la Voie lactée trace un sentier d'espoir pour la sphère céleste.

Kali était venu au monde à la fin des années cinquante, dans un milieu où enfance rimait avec innocence. Il croyait, à juste titre, avoir bénéficié, tout au long de son jeune âge, de la mansuétude de ceux qui portaient un jugement sur tout, à commencer par l'éducation et l'observance des règles de bienséance. Il s'estimait choyé. Reprenant le fil de ses cogitations sur la femme à la camisole, il se vit assis non loin des mortiers. Les pileuses s'apprêtaient à faire un sort peu enviable au sac de mil de quarante *koro*[74].

Des groupes compacts de pileuses s'affairaient. Le mortier en bois rouge attira l'attention de Kali en raison de sa singularité. Les grands arbres dont le tronc servait à fabriquer des mortiers produisaient un bois blanc, plutôt beige. Il entreprit de suivre les voix et les gestes des femmes entourant le *mortier rouge*. Elles gazouillaient comme des oiseaux et grouillaient comme des fourmis ouvrières. Elles étaient habillées de *basma*[75] qu'elles portaient élégamment et haut attaché. Elles enroulaient la camisole autour du bassin sans entraver leurs mouvements. Il fallait du savoir-faire et de la dextérité pour faire d'un tissu un tube couvrant le corps des hanches aux pieds, se dit Kali. En effet, à la différence d'une jupe, la tenue des pileuses ne présentait pas de fente. Cela ne les empêchait aucunement de marcher avec fluidité. A chaque pas, le tissu se détendait au rythme et à l'amplitude des jambes. Il laissait tout le loisir aux élégantes de se dandiner. Ebloui, Kali se demandait : par quelle magie, parviennent-elles à marcher avec majesté et sans que leurs membres soient ligotés par cet étau de toile ?

Bien plus tard, Kali se décrivit en situation d'observer les pileuses. Il se revit, les regardant se dandiner et les épiant pour surprendre leur magie. Il se soupçonna d'être mû par une attirance qui ne se limitait pas à l'attraction de la scène. Son cerveau refoula l'idée qu'il pût s'agir d'autre chose mais la tentation de cacher un autre dessein revenait. Elle prenait la forme d'un désir ou d'une envie qu'il finit par admettre. Dans les circonstances d'alors, ses yeux pouvaient passer l'examen de l'innocence mais son cerveau ne le dédouanait pas. Il commandait juste et établissait une limite entre la sensation et le sentiment. Kali tenta de se débiner mais tout lui rappelait qu'il ne pouvait se défausser au prétexte fallacieux de l'erreur ou de la méprise. Son regard captait au-delà des mouvements des pileuses et se dirigeait vers un objectif bien trop précis pour qu'il pût invoquer le hasard. Il sourit et s'accorda le plaisir de décrire sans tabou les pileuses du *mortier rouge*. Il les trouvait belles, parfaites comme le

---

[74] Mot utilisé en arabe tchadien, en dazzaga et en kanembu. Contenu de l'instrument de mesure de même nom.
[75] Etoffe soyeuse, aux coloris vifs avec une prédominance de jaune, rouge, bleu et noir.

seraient les meilleurs êtres que Dieu eût à créer dans ce monde si futile. Il suffisait de les observer en situation de piler.

Les pileuses portaient la tête haute, le regard conquérant, le buste impérieux. Elles étaient décidées et entreprirent leur besogne avec force élégance. Elles l'effectuaient non à la manière de l'ouvrier d'une fabrique, contraint et contrit, mais avec quiétude. Comme le poète en panne d'inspiration, observant une pause à la fenêtre d'un pied-à-terre, elles étaient dans leur élément.

Kali s'attarda sur le poète face à un carnet de notes ou à des feuilles éparses, orientant ses pensées vers une figure de proue qui ne pouvait être qu'une dulcinée. Il devina le romantique griffonnant des vers clairs, aussi limpides qu'une source au pied d'un rocher où viendraient boire, sans la troubler, antilopes et gazelles, écureuils et renards, dromadaires et ânes. Affligé de ne pouvoir inventer de plus beaux vers pour chanter le charme et le souvenir de la personne chérie, le versificateur exprimait, tout de même, le bonheur de la retrouver, plus tard. Son attente se lisait dans sa posture de penseur et la mélancolie de ses yeux. Il ne s'estimait pas mieux loti que d'autres ; il se sentait simplement libre de consacrer sa disponibilité à une cause stimulant son cerveau et apaisant son cœur.

Kali trouvait les femmes de son pays belles, comme Najma et toutes les Sahéliennes. Elles étaient élégantes et raffinées, courtoises et respectueuses, adroites et attentionnées. Les pileuses alliaient à ces qualités la vigueur et la souplesse, l'intelligence et l'humour, la vaillance et la détermination. Elles étaient rassemblées autour du *mortier rouge*, ocre, si on se voulait précis, en raison de la couche de bouse dont on enduisait la surface extérieure afin d'éviter des fêlures prématurées. Le calme du début fit place à une animation. Après les préliminaires relatifs au positionnement autour des mortiers, un apparent désordre s'était installé. La tranquillité céda à la bousculade tandis que la préoccupation prenait le pas sur l'insouciance. On avait l'impression du déplacement d'une vague. Les mouvements et les gestes des pileuses s'apparentaient à une houle. Puis, comme par enchantement, les moindres bruits devenaient imperceptibles. Il fallait attendre l'écart entre deux coups de pilon, distants de fractions de seconde, pour capter chaque mouvement, chaque parole, chaque respiration. Ici, on entendait un rire suivi, là, on suivait une tape dans le dos. De temps en temps, on surprenait un claquement des mains. Superbe ! Le pilon, lâché dans les airs, s'envolait.

Il était rattrapé par la pileuse qui le ramenait avec force pour écraser le mil. Parmi les travailleuses, certaines fronçaient les sourcils et se mordillaient les lèvres pour suivre le rythme des plus vaillantes. La plupart se sentaient à leur aise pour accomplir une tâche guère aisée.

Le regard de Kali suivait les mouvements des pileuses du mortier ocre. Il se fixait sur la pileuse à la camisole à dominante jaune safran. Son corps décrivait une chorégraphie régie par une symphonie dictée par ses gestes. Les jambes fines et harmonieuses s'arc-boutaient ; elles étaient soutenues par des chevilles souples au point de paraître élastiques. Les fesses se contractaient sans disgrâce. Le dos se détendait et dessinait une colonne vertébrale parfaite. Un ventre plat et une poitrine naissante, épanouie et en pleine maturité, dégagée de fioritures et de protection, se donnaient à la vue.

La cadence de pilage passait de calme à soutenue. Elle s'accélérait et devenait infernale mais aucune pileuse ne lâchait prise. Toutes suivaient le rythme imprimé par la tête de file. Imperceptiblement, la mesure effrénée redevenait plus posée. Elle ralentissait puis repartait de plus belle. Endiablée et surexcitée, elle se stabilisait au niveau de son tempo de croisière. Enfin, elle bondissait pour quelques instants de pure jubilation et redescendait decrescendo pour retrouver la pause.

Le pilage était une scène ordinaire mais non moins essentielle de la vie sociale. Elle représentait le travail féminin et en donnait une chorégraphie. Plus que l'acte de piler, Kali aimait observer la scène qui mettait la femme en action. En la côtoyant, il apprenait autant sur sa contribution à la vie communautaire que sur son statut de principal contributeur à la cohésion sociale. Elle méritait infiniment plus de respect que ne le laissait entrevoir la condescendance des hommes. Pour lui, observer les femmes en action était un plaisir, mieux qu'étancher sa soif, calmer sa faim, apaiser sa colère ou soigner sa douleur. Dans sa hâte de l'encenser, il prétendit que c'était même mieux qu'assouvir son désir. A travers son regard, il émanait des pileuses tout le mystère de la vie et toute la complexité de l'être humain. Elles étaient mères avant d'avoir enfanté.

Un quart d'heure après le début du pilage, la transpiration perlait le long du dos de la pileuse. La sueur partait de la tête, cheminait lentement, trempait les cheveux, baignait le visage, nappait de gouttes le cou, dévalait entre les omoplates, traversait la gorge, courait entre les deux rondeurs, s'attardait au niveau du nombril, poursuivait sa trajectoire à travers le bassin, échouait autour du fessier et se perdait quelque part dans l'habillage du pubis.

Kali se dégagea tant bien que mal de ses rêveries. Il baîlla, fatigué à l'issue de ce détour par les pileuses. Brinquebalé entre la préparation de son voyage et le plaisir de revoir cette partie de son enfance, il se laissa tenter par une réflexion que pouvait lui disputer tout jeune homme rêvant de tendresse. Il se fit cette confidence : dans une future vie, je me verrais bouddhiste réincarné en une camisole.

La camisole enserrait la plus exquise des désirables et lui moulait le corps. Elle mettait en valeur le bassin et la cambrure du dos, la poitrine et les membres inférieurs aux muscles harmonieusement répartis entre les cuisses et les jambes. Elle bonifiait une architecture corporelle bâtie pour être agréable à la vue. Le port de la pileuse avantageait la nuque, la charpente du corps ainsi que toutes ses formes. Comme un tableau exposé pour le plaisir des yeux, la pileuse que Kali choisit de suivre trônait dans un registre dont l'usage visuel ne saurait être exclusif. Poursuivant sa rêverie, Kali s'imaginait dans le rôle du mari prenant la porteuse de camisole dans ses bras. Il l'entendait murmurer des confidences. Il l'écoutait chanter. Heureux, il gémissait sous le massage énergique et tendre qu'elle procurait à chaque centimètre de son corps. Il tressaillait sous les frictions qu'elle imprimait à sa peau durant de longues minutes sans paraître fatiguée ou embarrassée. Son corps, massé, recueillait la sueur, partie du front, des bras ou d'ailleurs, et s'en emparait comme une terre sèche et craquelée se gonflait des premières pluies.

L'esprit fertile de Kali gambadait d'un sujet à l'autre, d'un désir à l'autre, d'un lieu à l'autre. Il s'orienta vers les batteuses de lait et se fixa sur ces élégantes au regard limpide, au sourire satisfait et à la tenue athlétique inimitable. A la différence des pileuses, spécialistes des palabres et œuvrant en groupe, les batteuses s'activaient en solitaires. Allez savoir pourquoi le liquide nourricier était resté accolé à leur occupation ! On aurait pu tout aussi bien les appeler les faiseuses de beurre.

Les batteuses de lait donnaient l'impression que la compagnie déréglait leur tête-à-tête avec la *koryo*[76]. L'outre faite d'un agencement de feuilles de palmier était imperméabilisée par un mélange de graisse et de gomme arabique. Cette mixture, une fois séchée, colmatait les interstices créés par le passage de l'aiguille utilisée pour assembler les feuilles.

La traite matinale des vaches se faisait entre sept et huit heures ; celle du soir avait lieu autour de dix-sept heures. Sans que personne n'en fournît une explication, une partie de la traite du soir servait à la production de beurre tandis que celle du matin était consommée, vendue ou troquée contre d'autres produits. On recueillait le lait dans une calebasse avant de le transvaser dans une *koryo*, conservée à l'ombre d'un arbre ou d'un hangar afin d'en protéger le contenu. Le lait atteignait sa maturation vers seize heures. C'était le moment que choisissait la batteuse pour s'extraire de sa sieste. Quel que fût son état, à cette heure-là, elle se montrait. Elle se hâtait lentement, avançant majestueusement. Son allure transpirait la maîtrise et l'économie, y compris pour les gestes ordinaires de la marche. Elle s'étirait et réajustait sa jupe, *yaba*[77]. Elle se dirigeait d'un pas décidé vers la *koryo*, comme attirée par le parfum qui en émanait. Elle ouvrait le récipient, rapprochait son visage du bocal, humait les effluves du lait en décomposition et opinait de la tête. Elle constatait qu'il ne manquait que son apport personnel pour transformer le lait aigre en un produit noble, le beurre. Outre le beurre, il en résultait un résidu utilisé à nombre d'emplois, culinaires ou autres.

La jeune femme se tenait face à la *koryo*, le poids du corps porté par les chevilles. Elle tenait en équilibre sur la pointe des pieds, les genoux touchant le sol ou l'effleurant à peine. Tout dépendait de son aptitude à se maintenir d'aplomb. Compte tenu de la précarité de son siège et de la force nécessaire pour activer l'attelage pour la production du beurre, le sens de l'équilibre était une condition sine qua non. Son allure athlétique et sa station lui permettaient d'accomplir sa tâche sans grande gêne. Au besoin, elle modifiait son positionnement pour rétablir l'équilibre. Son corps était soutenu par la partie des jambes allant des talons au haut des

---

[76] En arabe tchadien, outre utilisée pour conserver ou convoyer de l'eau, du lait, de l'huile ou tout liquide.
[77] En dazzaga et en kanembu, longue jupe portée par de jeunes filles.

mollets. Le poids reposait sur les genoux et la pointe des pieds. Le postérieur de la batteuse trouvait dans la jointure des chevilles un siège d'un confort tout relatif.

Peu d'hommes restaient insensibles aux suggestions d'une poitrine rebondie, d'un profil svelte, d'un abdomen plat et d'un arrière-train à peine protégé par un ruban d'étoffe. Il manquait juste le pinceau d'un peintre pour immortaliser la batteuse dans son occupation de prédilection. C'était manifestement une œuvre divine au faîte de la perfection.

L'outre quittait les mains de la batteuse. Elle était mue par l'élasticité des biceps. Elle s'éloignait d'un mètre, s'élevait et dessinait une ligne quasi parallèle au sol pendant quelques fractions de seconde. Elle reprenait sa course en sens inverse et venait échouer entre les mains de la batteuse. Elle la ressaisissait puis la renvoyait aussitôt poursuivre sa course. Elle s'en débarrassait comme d'une offrande satanique brûlant les mains. Ces mouvements étaient répétés cent, deux cents fois, voire encore plus. Au son fluide, signalement du lait s'écrasant contre les parois de l'outre, succédait un autre plus sourd, indicateur d'un contenu plus ferme. La batteuse suivait le processus de maturation du beurre à travers les mouvements imprimés par ses bras à la *koryo*. Au summum de son activité, le beurre baignait dans du *ruwaba*[78]. Il prenait progressivement forme comme un paysage émerge du brouillard.

C'était sans conteste un travail de spécialiste. Kali ne se souvenait pas d'une batteuse ayant mis en cause son jugement quant à la maturation du contenu de la *koryo*. Chaque fois qu'elle stoppait son travail, le produit était à point. Sûre de son fait, elle appréciait le résultat d'un air détaché et quittait alors sa posture accroupie. Elle s'étirait et repartait. Elle abandonnait le contenu et le contenant à leur sort. D'autres personnes, hommes ou femmes, se chargeaient du résultat. Ils ne s'en occupaient certes pas mieux mais il leur revenait d'assurer la suite des charges.

La batteuse marchait d'une allure qui seyait si bien à sa fierté. Elle portait son naturel auguste comme le *khulkhul*[79] reçu de sa tante maternelle qui, en raison de leur homonymie, lui vouait un amour sans limite.

---

[78] En arabe tchadien, lait caillé et aigre comparable à du koumys.
[79] En arabe tchadien, collier en or ou en argent massif porté à ras du cou.

Elle se dandinait d'un pas sûr et décidé. Elle avançait avec la nonchalance d'un mannequin qu'un Yves Saint-Laurent des beaux jours aurait choisi comme tête de défilé pour sa collection de printemps-été. Elle était la grâce et laissait transparaître son bonheur dans la tenue de son buste, droit et suffisant, dans le port de sa tête, mystérieuse et gracieuse, dans le balancement de ses bras qui flottaient dans l'air, comparables aux ailes graciles et voluptueuses d'une libellule printanière.

Kali revoyait l'apparence de fée de la batteuse de lait surfant sur le sable. Elle effleurait le sol, juste le temps de laisser une traînée de traces. Elle marquait un territoire éphémère qui n'était plus le sien dès le dernier pas posé. Elle partait sans effort et savait se faire oublier sans s'éloigner. Elle laissait le spectateur, admirateur, se saisir à pleine vue d'un mélange d'images et de gestes concédés pour préserver son intégrité, son intimité.

La nature perdait de son agressivité pendant le travail de la batteuse et le défilé qui s'ensuivait. Kali captait cette générosité. Il se l'appropriait comme une aubaine, paresseusement, sans autre souci que le plaisir de l'instant présent qui semblait éternel. A travers sa visite aux pileuses puis aux batteuses, il recherchait une manière de se ressourcer. Revenu à ses préparatifs pour le voyage, il se sentit cristallin et léger. Il aimait à dire qu'outre la perfection athlétique, il émanait de la batteuse une harmonie entre son architecture corporelle et la grâce de sa gestuelle. L'impression qu'elle ne faisait pas les choses mais les suggérait n'était pas totalement illusoire.

Kali avait du mal à admettre que, sans la camisole, sans la gorge nue, sans la cambrure parfaite d'un dos qui venait mourir dans un bassin irréprochable, sans sa propre imagination qui allait au-delà du visible, s'introduisant dans les recoins du corps, la batteuse était une forme passante. Sans ce décor, elle était une silhouette aperçue l'instant d'un coup d'œil puis vite oubliée.

Le temps écoulé, entre l'enfance et la vie adulte, n'enlevait rien à la justesse des détails et à la volupté du regard de Kali. Il reconnaissait avoir bénéficié de circonstances favorables et de privilèges dont seule sa candide jeunesse ouvrait les voies. Le regard des hommes était attiré par le corps de la femme comme l'aimant capte le métal. En raison des mœurs, il restait cadenassé à double tour et attendait la fin de sa réclusion qui coïncidait avec le mariage.

Kali se persuadait que tout cela tenait de la chance et de l'innocence. Il en partageait le souvenir avec ses amis les plus proches et les plus attentifs. La compréhension de ce monde qui passait comme pour disparaître n'était pas à la portée du premier venu. Il exigeait de l'écoute, de la patience et une certaine intelligence qui manque aux gens avides.

Aidé par la magnificence des mondes féminins qu'il côtoyait, Kali s'était imbibé d'attentions, de sourires, d'odeurs, de paroles et de chuchotements. Il conservait intacts leurs souvenirs qu'il exposait d'autant plus librement que personne ne lui en disputait la primeur. Il décrivait le jeune âge comme un petit coin de paradis. En dépit de l'empressement de quitter la jeunesse, sans savoir ce que l'avenir réservait, les images idylliques ancrées au plus près de sa mémoire se révélait indélébiles. La curiosité présomptueuse de la liberté des adultes n'avait aucunement annihilé la charge émotionnelle des souvenirs de son enfance.

Satisfait et comme pour s'excuser de s'être introduit dans l'intimité des élégantes, Kali glissa vers le domaine des meunières. C'était un espace plus apaisé et qui portait moins à controverse. Le monde des meunières rimait avec sobriété. Son fonctionnement était apaisé et portait moins à critique en raison de l'image des grands-mères qui s'y activaient. Comparativement à celui des pileuses ou des batteuses, leur travail était moins éprouvant.

La rareté du blé, principale céréale dont la préparation requérait plus souvent l'utilisation de la meule que du mortier, lui conférait une préférence et une considération disproportionnées par rapport aux habitudes alimentaires. Peu importait cette nuance, Kali, comme ses compatriotes, reconnaissait aux aliments à base de blé plus de qualité nutritive. On avait inculqué, à des générations de jeunes gens, que les préparations à base de blé revenaient aux spécialistes sinon aux initiées. Outre l'implication des grands-mères, d'autres raisons faisaient de l'usage de la meule un exercice à part.

Deux types de meule se distinguaient par la commodité de leur maniement et par leur rendement en termes de quantité moulue et de temps consacré à l'activité de moudre les grains.

La première variante mesurait environ quarante centimètres de longueur sur trente de largeur. Elle se présentait sous une forme ovale, légèrement concave. La surface en contact avec le sol était incurvée. Elle s'enfonçait dans le sable pour une meilleure stabilité et pour maintenir les grains sous contrôle. La meule principale était associée à une pierre cinq fois plus petite, la molette, qui constituait la partie amovible du dispositif. La meunière utilisait la molette pour transformer les grains en farine en les écrasant contre le socle rivé au sol. Entamant son travail, la meunière posait sur la dalle une poignée de blé préalablement trié et nettoyé. Elle maintenait le buste dans le prolongement de la meule dormante et tenait la molette des deux mains, l'une recouvrant l'autre. La force se trouvait ainsi majoritairement dirigée vers une surface comprise entre les cent cinquante centimètres carrés de la petite pierre et leurs vis-à-vis de la meule principale. Les grains, pris entre les deux pierres, étaient écrasés grâce aux mouvements des bras. Au fur et à mesure des va-et-vient de la molette, la céréale se brisait, s'effritait puis devenait de la farine. La position accroupie de la meunière était d'un confort précaire. En effet, si sa posture initiale s'apparentait à celle de la batteuse de lait, elle s'en différenciait dès le début du travail. Aussi, en raison de l'inconfort de son utilisation, la variante meule principale associée à la molette était utilisée pour des quantités de céréales ne nécessitant guère plus d'un quart d'heure de travail. La qualité et la finesse de la farine dépendaient de sa destination. En général, le produit obtenu par l'usage de ce dispositif contenait plus de semoule que celui issu de l'utilisation de la seconde variante, les meules jumelles.

La seconde variante était formée par la superposition de deux pierres de forme cylindrique. L'attelage mesurait quinze à vingt centimètres de hauteur. Chaque pierre pesait une dizaine de kilogrammes. Les meules jumelles étaient maintenues amarrées par une quille en bois insérée dans un orifice de trois centimètres de diamètre pour la pierre porteuse et de quatre pour la portée. L'axe de soutènement s'ajustait pour laisser passer les grains qui se trouvaient pris en étau entre les deux cylindres. Il restait alors à la meunière de rentabiliser sa besogne en actionnant le dispositif. Elle s'asseyait en tailleur et s'emparait du manche en bois fixé près du rebord extérieur de la pierre portée. Le bras emmanchait le touret pour former un axe dont la rotation exerçait la pression attendue pour transformer la céréale en farine. Le frottement entre les deux composantes de la meule était amoindri par la médiation des grains puis par l'accumulation de la farine. Le temps d'un tour de manivelle, la farine était éjectée sur la nappe disposée tout autour. La meunière la ramassait délicatement et la mettait à l'abri, en un lieu sûr.

La grand-mère, heureuse de trouver dans l'exercice de moudre une preuve de son utilité, se laissait bercer par le sourd grondement de la meule. Elle chantait et se rappelait les temps où elle avait été belle et vigoureuse. Elle murmurait, se retenant de maudire les mouches qui se posaient, comme par hasard, à l'endroit où elle ne voulait les voir. Elle maugréait contre sa bru, pressée de prélever quelques grammes de farine pour confectionner du pain cuit à même la cendre. Cet en-cas faisait le bonheur des enfants qui se le disputaient en attendant le repas principal. La cadence de la grand-mère n'était ni celle de la pileuse ni celle de la batteuse. Elle roulait plus qu'elle ne courait. Elle se faufilait plus qu'elle ne forçait le passage. Tout en elle était mesuré. Sa manière de disposer les grains de blé sur le *fléfléchi*[80] et sa façon de les vanner étaient empreintes de douceur et de pondération. Outre son plaisir de nourrir ses petits-enfants, elle prodiguait des conseils et racontait une kyrielle de contes. Les histoires se rapportaient à sa vie, au village, à ses parents et aux aïeux. Ces derniers avaient contribué à créer le monde stabilisé dont avaient hérité leurs descendants. Les nouvelles générations ne se doutaient pas des sacrifices que les *Anciens* avaient consentis pour bâtir la société homogène dont ils étaient les légataires.

La grand-mère mangeait peu mais avait un appétit de gourmet. Elle rabattait le caquet aux jeunes femmes prétendues cuisinières distinguées qui se vantaient de la qualité de leur cuisine. Elle rappelait aux prétentieuses que, aussi parfaits que fussent leurs mets et leur art, elles ne restaient pas moins redevables d'un legs. Elle relevait, avec propos, l'insuffisance d'un condiment, une cuisson inadaptée ou une disproportion entre la sauce et le complément en céréales. La sagesse dictait qu'on lui laissât exposer sa science dont la conclusion était invariablement heureuse. Toute épouse ou future épouse qui acceptait de reconnaître son tort et se disait disposée à apprendre auprès de plus qualifiées en ressortait enrichie.

---

[80] En kanembu, nappe en feuilles de palmier, utilisée pour vanner et sécher des produits comestibles.

Les pensées de Kali glissèrent de la compassion qu'il portait aux grands-mères vers les souffre-douleur, les cuisinières. Elles étaient soumises en tout temps, de nuit comme de jour, à la nocivité des fumées et aux moqueries des hommes qui les raillaient, injustement, et dévalorisaient leur cuisine. Elles s'arc-boutaient et se défendaient avec ténacité. Outre ces ingrats, elles faisaient front aux rivales, promptes à salir leur réputation. Ces envieuses prétendaient faire mieux sans en apporter la preuve. Elles se raillaient et se traitaient les unes les autres de dévergondées. La méchanceté poussait les plus hargneuses à voir en leurs rivales des chipeuses de mari qu'elles avaient mérité de par leur naissance ou leur position sociale. Qu'importait l'inanité de ces sarcasmes et des accusations, les plus humbles des cuisinières avaient, en leur faveur, leur rectitude, leur savoir-faire, leur disponibilité et leur utilité guère surfaits.

La cuisine, tâche noble parmi les charges de la femme, avait une place à part dans le sac à sentiments de Kali. Il louait les qualités et l'abnégation des cuisinières, pour la plupart des mères de famille. Les fillettes, dès sept ans, participaient aux travaux. Les nièces, lorsque les tenantes des foyers n'avaient pas enfanté ou lorsqu'elles acceptaient de les élever en même temps que leurs enfants utérins, contribuaient aussi aux tâches ménagères.

L'humeur de Kali, disposée à toutes sortes de vagabondages, sériait les souvenirs et retenait l'essentiel. Les informations emmagasinées par sa mémoire ne pouvaient être intégralement restituées malgré la belle mécanique du cerveau qui n'était pas à l'abri d'une défaillance. En raison de la valeur sentimentale des faits, il tentait de les hiérarchiser. Il portait à l'écoute ou exposait ceux qu'il jugeait dignes d'intérêt. A la rigueur, il y incluait des actes dont la singularité forçait l'estime et le respect. Par moments, il se montrait extrêmement sélectif et avait le cœur ulcéré d'abandonner ou de laisser en jachère des pans de sa propre histoire. La concision et les règles narratives l'obligeaient à choisir entre l'inconfort du renoncement et l'iniquité de la sélectivité. En matière de cuisine, Kali laissait de côté les précautions sémantiques et scolastiques tout en s'empressant d'ajouter : il est bien entendu que je n'ai rien contre les enseignements de saint Albert le Grand. Il laissait libre cours à son imagination et à sa tendance à la digression. Par moments, il s'attardait sur un évènement. C'est ainsi qu'il évoqua le parcours de jeunesse de son père. Il se souvint des propos nostalgiques du compagnon de Rahma qui avait accepté d'exposer son plaisir, après la dégustation d'une calebasse de bouillie servie par sa tante. L'heure, autour de seize heures, et les conditions qui entouraient l'évènement, après une grosse pluie, n'étaient pas fortuites. Tout avait concouru à faire d'un repas ordinaire une fête. Kali ne s'attarda pas sur le reste. Pour lui, il importait de démontrer l'impact de la cuisine à partir d'un fait d'apparence anodin.

Kali aimait parler des cuisinières et des mets. Il se laissait bercer par le moindre écho et le plus petit des souvenirs pour en faire l'apologie. Il ne tarissait pas d'éloges pour les mères et les épouses qui s'y consacraient leur vie durant. Elles se sacrifiaient pour que les maris et les enfants, les visiteurs et les voisins, les parents et les relations de passage gardassent en mémoire *ces fugaces instants de bonheur rarement renouvelés à l'identique* qu'étaient les prises de repas.

Kali moquait le prolixe bonimenteur, compagnon de feu son père, en extase au simple souvenir d'une bouillie mangée bien des années auparavant. L'excité, alors sous l'emprise de la disette, s'était laissé aller à sa nature espiègle. Dans sa hâte de complaire ou de se mettre en valeur, il avait trébuché sur la teneur de la bouillie. Il avait utilisé *boire* au lieu de *manger*. Poursuivant sur le même registre, le plus sobre des taquins lui avait fait remarquer qu'en ces temps-là, le goûter des enfants était peu de chose. Il se limitait à une poignée de céréales écrasées, un fond de marmite ou une louche de repas à la cuisson à peine achevée. Pour les marmots, c'était une manière de se donner des arguments d'espoir en attendant que la table fût mise. Ces amuse-gueules étaient loin d'une collation favorisant une croissance optimale. Venant après un repas à peine équilibré, pris quatre ou cinq heures plus tôt, tandis que le dîner s'annonçait tard dans la nuit, on pouvait dire que l'alimentation des enfants était alors le point faible de la société.

Kali priait et remerciait Dieu. Il n'avait jamais eu, véritablement, à souffrir de la faim. Outre envers Dieu, il se montrait reconnaissant envers les cuisinières et la cuisine locale qu'il ne pouvait pas, dans les circonstances de l'enfance, comparer à d'autres. Il se savait avoir bénéficié des faveurs exceptionnelles qu'il ne confisquait jamais à son seul profit. Chaque fois qu'il lui avait été donné de partager, il l'avait fait sans réticence et sans attendre en retour qu'on lui rendît la monnaie. D'ailleurs, il ne se rappelait pas avoir envisagé la situation en termes d'arbitrage. Cela coulait de source. Il n'imaginait pas un autre, à sa place, agir différemment. Il était spontané et banal de donner, lorsqu'on pouvait, et de recevoir, lorsqu'on avait un besoin. Du point de vue de Kali, c'était normal de prêter, d'emprunter, d'échanger et de rendre. Pour les fêtes, on prêtait le boubou non utilisé. On prenait l'avis des parents pour offrir, à un proche ou même à un inconnu moins nanti, une paire de chaussures, un bonnet ou un *surwal*[81]. Dieu faisait bien les choses. La solidarité égalisait les chances ou, à tout le moins, atténuait les différences. La providence évitait ainsi les catastrophes parce que la bienveillance venait au secours des plus faibles.

Le monde des enfants n'était pas aussi cruel que ne le laissait penser la lutte pour sortir victorieux lors des jeux. Il était aussi un paradis, un havre de paix et une période de virginité. Hier comme aujourd'hui, les jeunes et les adultes qui leur servent de référence devraient en être convaincus.

Après le décès de son époux, Hanna s'était résolue à demander l'assistance de Walè, son neveu. Kali n'avait que onze ans mais elle avait une totale confiance en lui. Il avait fallu l'évidence de son départ pour le collège pour l'infléchir et songer à une autre solution. Il n'y avait pas d'orgueil dans son hésitation. Simplement, elle avait une vision optimiste au moment de mettre en balance les contraintes et les solutions. Dans le cas d'espèce, la solution lui paraissait dépendre moins de l'âge que de la capacité à s'engager ou de la détermination.

Une atmosphère rassérénée berçait les beuglements monotones des veaux qui attendaient l'arrivée de leurs mères. La brise charriait des senteurs d'herbes sèches, de broussailles brûlées, de bouses de vaches et de lait caillé. C'était un environnement ordinaire pour un mois d'octobre qui s'annonçait généreux. Balançant d'un souvenir à l'autre, Kali se souvint de la visite d'un hôte, bien avant le décès de son père. C'était une après-midi calme, aussi paisible qu'une journée d'été indien dans le Nord canadien. Un cavalier, après plusieurs tentatives infructueuses pour imposer sa destination, laissa sa monture s'orienter à son gré. Le cheval choisit la concession située sur le côté droit de la chaussée. Elle abritait Rahma, son épouse et leurs enfants. Ils s'y étaient installés, deux

---

[81] En arabe tchadien, short ou pantalon traditionnel.

ans plus tôt, après les démêlés de Rahma avec Kinda. Ils avaient trouvé, en contrebas de la ville, un logement convenable.

Kali s'interrogea sur la motivation du couple homme-cheval quant au choix de s'être invité chez les Rahma. Il voulait comprendre la manière dont les choses s'étaient passées. Il supposa d'abord que la fatigue du cheval pouvait être une explication. Il envisagea aussi que les parfums des herbes fourragères ou l'arôme du son avait aiguisé l'appétit de l'animal. Il incrimina le cavalier d'être l'instigateur d'un choix délibéré au dessein inavoué. Il se rabattit sur le hasard pour expliquer l'arrivée du tandem, en cette belle fin d'après-midi. Enfin, insatisfait, il conclut : mieux vaut ne rien savoir du tout !

Peu importait la raison, toujours est-il qu'au moment où le cavalier s'annonça, Hanna préparait le repas du soir. Elle s'apprêtait à mettre sur le foyer la marmite pour la cuisson du *tii*[82] aux deux tiers remplie d'eau. Les composantes du plat principal étaient prêtes. Les condiments n'attendaient que la découpe des oignons pour parfaire la variété des couleurs. Il y avait du blanc, ail et sel, du rouge, tomate et piment, du vert, gombo *et Diyé*[83]. Ces teintes de base étaient complétées par le rouge spécial de la viande fraîche et le marron foncé d'un ensemble composite d'autres éléments utilisés pour apporter onctuosité et aspect festif.

L'absence d'un vent contrariant laissait libre cours à la cuisinière pour tenir son foyer en plein air. Autrement, elle l'aurait abrité afin de prévenir une déperdition de chaleur et surtout éviter le sable qui aurait envahi les ustensiles et terni la qualité des mets. Ainsi que de coutume, Hanna avait entamé sa besogne par le *tii* dont la préparation nécessitait plus de temps et plus d'implication de la cuisinière. Ce travail physique sollicitait tant les muscles des bras qu'il convenait d'avoir vigoureux que ceux du dos qui souffraient de l'inconfort du siège. Tenant compte de ces contraires, Hanna adopta une posture cambrée. Cela minimisait la fumée inhalée et réduisait l'incommodité des émanations. L'élaboration du foyer en plein air s'était révélée une parade efficace contre la fumée tandis que la brise dispersait quasi instantanément la chaleur. Le

---

[82] En dazzaga, préparation à base de mil, sorgho, maïs ou riz ; plat de base à Hilwé et ses environs.
[83] En arabe tchadien, algue des rivières ou des bassins d'eaux intermittentes.

karfè[84] attendait son heure de gloire. Il était l'intermédiaire obligé entre la cuisinière et le mets. La main ne pouvait manipuler, sans dommage, une marmite et son contenu en ébullition.

Hanna répondit courtoisement aux salutations du visiteur qu'elle prit pour une des relations de son mari. Elle ordonna qu'un enfant accueillît l'hôte. Celui-ci se montra moins prolixe lors de la présentation des vœux de bienvenue. Il exprimait une réserve comme pour excuser son intrusion. Le garçon hésita mais reçut pour consigne de conduire le cheval dans l'enclos prévu à cet effet, après l'avoir délesté de sa selle. Donne-lui à boire et à manger, ajouta Hanna, sans qu'elle exprimât un ordre strict. Elle parlait sur le ton du conseil ou de la suggestion. Inutile pour l'eau, fit le propriétaire du cheval. L'animal venait de se désaltérer deux puits plutôt. Le terme puits indiquait la distance séparant deux oueds. Le lieu de breuvage finit par s'imposer comme un indicateur de distance, notamment pour guider les voyageurs en quête d'abreuvoir pour leurs troupeaux ou pour prendre une provision d'eau.

On installa le visiteur sur un *kilim* de deux mètres sur un et demi. On lui servit de la bière non alcoolisée, préparée à base de mil. On lui proposa aussi du thé vert. Après s'être désaltéré, il sortit, d'une pochette, un exemplaire du Livre saint. Il se mit à fredonner une complainte monotone. Il lisait d'un ton monocorde, sans emphase ni entrain. Kali apprit que le voyageur ne se séparait jamais du Coran.

C'était un vendredi, jour de Dieu mais guère chômé dans cette vieille nation devenue une République. L'Etat moderne naissant s'appuyait sur une constitution laïque calquée sur celle des démocraties. Les gouvernants tenaient à faire une nette séparation entre le domaine de l'Etat et la sphère spirituelle. Vendredi était aussi le jour du rendez-vous hebdomadaire entre Rahma et ses compagnons pour partager le dîner.

Un doute avait pointé dans la tête de Kali quant à l'explication relative à l'arrivée du cheval et de son maître. Il se demanda si ce n'était pas la cuisine la véritable raison. Les émanations, portées par la brise, parvenaient jusque dans la rue, donc au cavalier. Il abandonna derechef

---

[84] En kanembu et en dazzaga, louche sans anse utilisée pour transposer le *tii* de la marmite au plat.

son idée espiègle et se mit à harasser son interlocuteur de questions. Absorbé par sa lecture, ce dernier fut tiré hors de sa concentration par les échanges. Venant d'un gamin de huit ans, les questions lui paraissaient surprenantes. Il avait écouté les premières questions d'une oreille distraite puis il avait délaissé sa lecture pour méditer et formuler des réponses élaborées. Il parlait à Kali comme à un être de raison, comme à un homme mûr. Il marqua un temps d'arrêt pour s'observer. Il se vit en situation de partager sa méditation avec son vis-à-vis. Etait-ce de la philosophie ou de la théologie ? se dit-il, à voix haute. Il rit, exprimant ainsi un double sentiment de surprise et de ravissement. Il était aussi heureux qu'un instituteur exigeant face aux prouesses d'un cancre accomplissant des exploits dignes d'un crack.

Plus tard, Kali avoua que le marabout avait été réellement troublé. Il se confia à Rahma pour s'enquérir si l'enfant était un génie ou un possédé. Dans cette seconde hypothèse, il aurait imploré la clémence divine pour que le démon, de sexe féminin, croyait-il, quittât le corps du malheureux. Rahma avait rassuré son hôte en présentant son fils comme un enfant tout à fait normal. Il tenait sa curiosité des enseignements tirés de son ascendance dont le principal legs consistait en la transmission du savoir. Il ne s'étendit pas davantage, malgré l'insistance du visiteur pour en savoir davantage. Il le convia à de plus amples discussions mais une autre fois. Il mit ainsi un terme de manière abrupte, presque autoritaire, à la curiosité de l'interrogateur insatisfait.

Entretemps, Hanna avait achevé la préparation du repas. Elle s'était retirée dans ce qui lui servait de domaine personnel afin de refaire sa toilette. Wolia s'était réveillé de sa sieste. Il vint rejoindre le groupe qui s'agrandit avec l'arrivée de trois autres convives outre son père, son frère et le visiteur à cheval.

La prière du crépuscule fut expédiée aussi rapidement que l'exigeait le temps qui lui était imparti. Cela ne durait guère plus de dix minutes. En cette période de l'année, la nuit tombait autour de dix-huit heures, en raison de l'équinoxe de septembre qui égalisait la durée du jour et de la nuit.

Les préparatifs allaient bon train. Quelques impatients ou voraces demandèrent qu'on présentât les *marraras*[85] dont la cuisson ne demandait guère plus de cinq minutes. Il fut fait selon leur bon vouloir. La cuisinière profita de ce répit pour parfaire sa table.

Dès les premiers scintillements des étoiles, la lune apparaissant une heure plus tard, les convives s'attaquèrent au repas. Ils s'y jetèrent comme s'ils lui en voulaient ou comme si c'était leur dernier mets avant un long jeûne. Ils avaient englouti tout ce qui se présentait à eux : viande, couscous, boule[86], sauce, lait, fromage, etc. Personne, hormis le cavalier, ne semblait gêné ou surpris par cette hargne dirigée contre la nourriture. Le voyageur apprit, plus tard, que son arrivée avait coïncidé avec le concours hebdomadaire des mangeurs. Dazzi[87] en était régulièrement le vainqueur. C'était le coursier du canton. Il transportait le sac à lettres et d'autres colis, d'un village à l'autre, à pied ou avec l'aide de son chétif cheval. Il parcourait, disait-on, une vingtaine de kilomètres par jour, sans s'arrêter avant d'arriver à destination.

Lors de ce concours de gloutons, Moulou[88] avait juré de relever le défi de battre Dazzi. Il s'était astreint, deux jours durant, à un régime draconien fait de quasi-jeûne et de privation de ses préférences culinaires. Il s'était limité à absorber un peu d'eau et à ingérer quelques dattes. Son sacrifie se révéla insuffisant. Dazzi triompha une nouvelle fois. Il fut déclaré meilleur mangeur de tout le comté. Depuis ce jour, plus personne n'osa relever le défi de lui ravir son trône de goinfre de Hilwé.

Le repas s'était achevé par un thé, à la fois digestif et dessert. D'ailleurs, l'assistance n'avait fait aucune différence entre les entrées, les plats de résistance, les desserts ou les fromages. L'essentiel était de manger jusqu'à ne plus avoir faim, fût-ce un plat unique de dattes, de fromage ou

---

[85] En arabe tchadien, préparation à base d'abats. Les marraras se mangent en sauce ou accompagnés de tranches d'oignon, saupoudrés de sel, d'épices et arrosés de jus de citron.
[86] Préparation à base de céréales présentée sous une forme arrondie. Elle se mange accompagnée de sauce ou de lait.
[87] En dazzaga, le terme désigne un individu, *Dazzi,* appartenant au groupe ethnique des *Dazza ;* dans le texte, nom masculin.
[88] En kanembu ou en dazzaga, *gombo ;* dans le contexte nom masculin. Celui qui porte ce nom est présumé gracieux, hésitant ou flexible.

de fruits. Les restes de la ripaille attendaient le deuxième, voire le troisième assaut, jusqu'à ce que les convives ne pussent se goinfrer davantage.

Les discussions étaient animées. On parla du passé qui revenait sans cesse pour glorifier les ancêtres ou, inversement, pour déplorer la piètre qualité de la vie moderne. Le mariage des enfants était le sujet le plus régulièrement évoqué dans ces cercles amicaux. Les pères des garçons maugréaient contre de belles-familles trop exigeantes en matière de dot. Un plaignant exposa ses rapports tendus avec les parents de sa bru qui avaient demandé dix vaches, dix pièces d'or et cent mille francs. Ce qui était effectivement cher payé pour l'union des deux jeunes qui ne demandaient qu'à convoler en justes noces. Il s'agit, dit-il, ni plus ni moins que d'une escroquerie honteuse, compte tenu des rapports séculaires que nos deux familles n'ont eu de cesse de tisser. Il était difficile à consoler comme si la terre entière, en plus de ses alliés peu commodes, lui tombait sur la tête. Il espérait compréhension et compassion, au lieu de quoi, il se vit moqué d'avoir vu trop grand. On lui rappela que les membres de ladite belle-famille n'étaient pas des philanthropes. De leur point de vue, leurs fortunes méritaient plus d'égards que tout le village réuni. Leur tendance à profiter de la candeur des autres n'était plus à démontrer. Le plus surprenant, fit remarquer Moulou, est que tu te sois laissé convaincre par la parole d'un homme qui n'a de sage que l'apparence. Pleure, ajouta-t-il, mais ne demande pas que nous partagions ta déception. De toutes les manières, il n'est pas trop tard pour arrêter les frais. Tu es seul juge, conclut-il sans indulgence. Personne ne contredit ce point de vue. En tant qu'hôte, Rahma soutint son ami qui s'était effectivement fourvoyé. En dépit des conseils avisés qui lui avaient été prodigués, il s'était fait avoir. Il lui suggéra de réagir en marquant sa désapprobation et en refusant d'honorer l'accord en cours. Au besoin, lui dit-il, je servirai d'interlocuteur face aux intermédiaires qui ne tarderont pas à se précipiter dès la fin de notre réunion ; ils t'exhorteront à ne pas abandonner un si bon parti. Je me charge du reste, conclut-il, furieux de voir son ami en si mauvaise posture. L'inexpérience et son empressement à se frayer une place au soleil de la hiérarchie sociale lui avaient fait commettre plus qu'une bourde.

Les pères des filles en âge d'être données en mariage se gaussaient. Ils attendaient, tels des reptiles, une proie qui ne tarderait pas à se montrer. Certains, à l'instar du beau-père du malheureux qui s'était tantôt répandu en conjectures, échafaudaient de véritables plans pour plumer de nouveaux riches en mal de respectabilité. D'autres souhaitaient trouver un mari à leur enfant qui allait sur ses quinze ans. Ils s'inquiétaient, non sans raison, que les familles peu fortunées fussent snobées sans que l'allure ou la noblesse de leurs filles fussent en cause. En raison de la maladie de Najma, la plupart des convives observaient une retenue. Ils ne voulaient pas chagriner Rahma dont la douleur était connue de tous.

Hanna avait déjà fait coucher ses enfants. Elle-même ne dormait cependant que d'un œil ; elle répondait aux sollicitations de Najma. Son naturel calme ne l'exemptait pas des soucis de la vie quotidienne. Elle tenait bon mais n'en était pas moins marquée.

Le cavalier avait déjà pris ses quartiers. Il n'était pas coutumier des veillées de fin de semaine, contrairement à ces compagnons festifs qui se retirèrent beaucoup plus tard. Le maître des lieux put, enfin, regagner le lit.

Le lendemain, Kali s'était réveillé de bonne heure ainsi que d'habitude. Il avait trouvé sa mère, affairée à servir le petit déjeuner. Il partagea les restes des repas de la veille, le *dooni*[89], avec le cercle des hommes dont il faisait partie depuis peu. Même les mendiants reçurent de quoi rassasier leur appétit rarement à court d'envie.

Les pérégrinations mentales de Kali s'arrêtèrent sur ces souvenirs. Il se dégagea de son engourdissement et des brumes de ce retour vers le passé. Il entreprit de préparer son voyage, chaque jour plus proche. Il hiérarchisa ses priorités et commença par la préparation de sa valise. Telle fut d'ailleurs la suggestion de sa prévoyante mère, toujours en avance d'une tâche.

L'esprit de Kali était tout absorbé par ce flash-back, lorsqu'il aperçut un escadron de cigognes à l'horizon. Elles lui laissèrent l'impression de vivre dans un monde bien meilleur que celui des hommes. Il imagina le plaisir de voler et d'observer, du ciel, les huttes, les cases, les ruelles, les maisons cossues et leurs occupants respectifs. C'était, en effet, le jour et l'heure qu'avaient choisis les cigognes pour se diriger vers d'autres destinations, lointaines sans doute. Elles ne se montreraient à

---

[89] En kanembu et en dazzaga, les restes des repas de la veille.

nouveau que dans neuf mois, au début de la prochaine saison des pluies. Elles partaient en colonne unique ou en ordre dispersé, contrairement aux oies, leurs lointaines cousines, qui avaient pour habitude de voler en dessinant dans le ciel un V aux voilures interminablement longues.

Les nids des cigognes, construits au faîte des arbres, les mettaient à l'abri de petits prédateurs. L'épervier, le plus grand danger, n'était pas de taille à s'opposer à la vaillance de celui des deux parents qui montait la garde. Leur chair n'étant pas consommée, les hommes ne les chassaient pas. On s'intéressait peu à ces animaux ni dangereux ni nuisibles. Cependant, leur proximité avec les habitations était perçue comme une faveur, un signe de bonne fortune. Même les enfants se montraient révérencieux à leur égard et les considéraient de loin. Ils observaient de jour en jour l'évolution des oisillons qui ingéraient gloutonnement les aliments que leurs parents portaient dans leur intérieur puis vomissaient pour les nourrir. Le souvenir des liens entre ces gros oiseaux et leurs rejetons créa un malaise chez Kali. Il se sentit ingrat. Il se reprocha de n'avoir pas retenu, dans son palmarès des travaux féminins, le rôle des mères, donneuses de vie. Après un bref abattement, il se consola en considérant que la conception, la grossesse et l'éducation d'un enfant ne pouvaient être considérées comme un travail, au sens de tâche requérant une rétribution. Une explication qui en valait une autre. Pourquoi pas ! se dit-il, puis il dirigea ses réflexions vers d'autres axes.

Des destins inéluctables

Le sac fourre-tout, utilisé pour le transport des affaires pendant le séjour de Kali à l'internat, ne suffisait pas pour contenir le bric-à-brac que sa mère, ses tantes et d'autres parentes s'apprêtaient à lui offrir pour son départ au collège. On voulait entourer le voyageur, en partance pour une longue période, d'objets usuels afin qu'il ne se sentît pas dépaysé. Tout au moins pendant la période d'adaptation, il souhaiterait sentir la présence d'une atmosphère familière, pensa-t-on. Ce qui tenait lieu de valise ressemblait à une housse en cuir souple décorée de quelques échancrures. D'ordinaire, elle était suspendue au flanc d'un dromadaire ou d'un cheval. Son aspect donnait une indication du rang social du voyageur. Plus les échancrures étaient nombreuses et assorties de couleurs vives, plus le chamelier ou cavalier bénéficiait d'un a priori favorable quant à sa richesse ou sa position dans la société.

En dépit de l'insistance de sa mère, Kali avait cru se satisfaire d'une caisse de thé noir vidée de son contenu. Il en fut vite dissuadé. On lui fit comprendre qu'il n'était pas convenable, pour un enfant bien né, de se servir d'ustensile de récupération. Son destin, que tous imaginaient grandiose, méritait un traitement de faveur. Il se rendit donc à l'évidence et abandonna son esprit pratique. Il se soumit à la perception majoritaire et souscrit à ce qui était tenu pour convenable. Dans une société où le moindre des faits était observé, décortiqué et analysé, comme si d'un détail dépendait la survie, il fallait savoir tenir sa place.

Kali s'était rendu en ville pour acquérir une valise, à la condition qu'elle ne fût pas excessivement chère. Pendant sa quête, il trouva çà et là quelques objets pouvant faire l'affaire. Une valise lui parut intéressante mais son emploi n'était pas des plus commodes en raison de sa fragilité. Il s'arrêta devant un grand sac en tissu militaire, solide mais rustre. Il hésita un instant mais finit par l'abandonner à la vendeuse qui espérait, enfin, se débarrasser d'un article laissé en gage par un client de passage qui ne s'était depuis lors plus soucié de son bien. Il vit une mallette en peau de mouton, à double fond et trois compartiments. Elle avait été confectionnée, avec art, par le cordonnier dont un des enfants fréquentait la même classe que Kali. Son choix allait se fixer sur cette mallette lorsque s'en vint Madji[90], le maître d'école. Il se présenta tel qu'il était tous les jours. Il ne se départait jamais d'un sourire juvénile, en dépit de ses trente-cinq ans. Il était haut perché, avec de longues jambes et une silhouette longiligne. Il avait sous l'aisselle un cartable qui renfermait un ensemble disparate de choses : un recueil de poèmes, un livre d'or ou une anthologie de la poésie française, un rouleau de fil pour le cas où, une chemise de rechange et un vade-mecum. Ce dernier avait été rédigé par ses soins ; il lui servait de bréviaire, d'aide-mémoire et de répertoire. Il espérait en tirer quelque profit un de ces jours.

L'enseignant interpella Kali, sans se départir de sa jovialité. Il lui demanda ce qu'il faisait dans la ville alors qu'en cette période bien d'emplois requéraient son attention de *père de famille*. Il lui caressa la tête en signe de bénédiction. Je te devinais affairé et en pleins préparatifs pour ton départ au collège ; au lieu de quoi, je te trouve parcourant le marché à la recherche d'on ne sait quel bien précieux, dit-il. As-tu pensé à retenir une place pour le voyageur car, plus tard, les sièges seront chers, ajouta l'instituteur. Comme d'habitude, il était parti pour refaire le monde. Il s'apprêtait à démontrer non seulement qu'à chaque jour suffisait sa peine mais que tout s'expliquait ici-bas. Rien ne se faisait par hasard. Avant qu'il ne fût interrompu, il eut le temps d'expliquer que chaque trajectoire obéissait à une loi fondamentale. Il tenta de convaincre Kali que, parti de Hilwé, tout son parcours était consigné dans un livre ouvert et mis à la disposition de tous mais dont peu savaient décoder les enseignements.

Kali stoppa son maître sans s'entourer de précautions. Il lui fit part de ses préoccupations du moment. Elles avaient peu à voir avec la pertinence philosophique de son interlocuteur. Madji avait réponse à tout ; il l'invita à le suivre. Ils empruntèrent une allée qui conduisait à une obscure échoppe, perdue au fin fond du marché. Elle se révéla être une véritable caverne d'Ali Baba où venaient mourir, depuis des générations, des rebuts de toutes sortes. On y trouvait : des casques et des képis laissés en souvenir ou récupérés sur les premiers colons venus apporter

---

[90] *Bon* ou *bien*, en sara, une des langues principales du Tchad ; dans le contexte, nom propre dont le sens est *le bienfaiteur* ou *le conciliateur*.

la civilisation et, accessoirement, combattre la légion sénousite alors en activité dans la région ; des treillis et des sacs à dos délaissés par des voyageurs fatigués ou rançonnés ; de vieilles perles aux coloris chatoyants, objets d'un commerce devenu caduque ; des bidons[91] militaires ; des *baasur*[92], selles à la structure en bois recouvertes de coussinets matelassés, utilisées par les chameliers pour éviter l'irritation de l'animal et adoucir les conditions de voyage. Tous ces objets avaient été abandonnés, laissés à titre de gage ou confisqués. Ils étaient des trophées éphémères d'une guerre des sables dont seuls sortaient grandis l'appétit des nations et la fierté des capitaines. Des officiers partaient loin de leurs bases-arrière pour faire fortune ou obtenir la promotion que les concurrents et les supérieurs hiérarchiques mettaient un zèle inflexible à ne pas accorder en dépit de la qualité des soupirants.

La boutique que Kali visita se présentait en un entassement de bric et de broc. Mais un lieu, où étaient recensés, répertoriés et exposés une telle diversité d'objets, méritait le qualificatif de musée plutôt que d'échoppe. Certes, les babioles qui y étaient exposées faisaient l'objet d'échanges mais pouvait-on accorder une juste valeur à ces reliques sans âme ? Pour l'observateur attentif, elles étaient dans ces lieux pour rappeler une époque et pour témoigner que des hommes, loin de leurs terres d'origine, y avaient laissé leur vie ou leur santé. Impassibles, elles rendaient compte que des amitiés étaient nées dans la douleur et que des nations s'étaient constituées ou, au contraire, avaient disparu en raison même de ces intrusions. Elles renseignaient sur l'histoire et la destinée des sociétés et des hommes ; les unes et les autres continuaient leurs parcours tels les mouvements perpétuels des astres. Ces objets étaient vendus mais était-ce vraiment à leur juste valeur ? Ils étaient échangés mais n'était-ce pas plutôt une manière de les rendre visibles ? On évitait ainsi de les laisser mourir, enfermés dans ce réduit de boutique. Il revenait à l'acquéreur d'en prendre soin. Il se devait de conserver précieusement le souvenir qu'il s'était offert pour une modique somme. Il se devait d'en prendre soin comme on le faisait d'un trésor dont chacune des composantes du magasin présentait les caractéristiques. Il se devait de les conserver comme le démembrement d'un patrimoine à sauvegarder afin de le transmettre aux générations suivantes.

---

[91] Gourdes enveloppées dans un tissu assorti à la tenue des soldats ; en général, elles sont portées en bandoulière.
[92] En arabe tchadien, selles de forme variable.

Chérif, le gérant de ce musée d'un autre genre, descendait d'une famille venue de la Tripolitaine ou de la région de Koufra pour la propagation de la religion. Il se disait ressortissant de la Tripolitaine ou descendant de la confrérie des oulémas de Koufra, selon ses humeurs ou l'importance qu'il souhaitait accorder à son ascendance maternelle ou paternelle. Il maîtrisait parfaitement le Coran et les Hadith. Il s'était installé dans la capitale régionale. Il y avait fondé une famille par le truchement de son mariage avec une fille du pays. Une telle union était rare, compte tenu du comportement sectaire des coreligionnaires venus du septentrion. Il dépensait sa fortune pour aider les nécessiteux. Il transmettait son savoir aux enfants. Il entretenait une cour d'érudits qui vivaient à ses frais. Ceux-ci lui vouaient un respect justifié, s'agissant d'un homme brillant et bienveillant.

Parcourant l'échoppe, Kali s'arrêta un instant devant le compartiment des armes. Il aperçut pêle-mêle des couteaux de jet, des sabres anciens, des épées en état de servir ou abîmées, des cottes de maille dont certaines en lambeaux, des boucliers en cuir, en bois ou en métal, des gourdins tenant lieu de massue, des lances de toutes les tailles et de toutes les formes. Il se mit à observer, de près, les lances comme s'il recherchait une référence particulière. Certaines étaient jetées éparses. D'autres, liées par une attache, étaient dans leur hotte, suspendue à un support fatigué de les porter depuis des lustres. Kali remarqua dans le coin gauche un ensemble de six lances : une grande et cinq armes d'attaque à distance. Elles prenaient appui contre les parois du mur, hésitantes et isolées de cette collectivité à laquelle elles n'appartenaient que par le sort. Il hésita, tergiversa puis finit par interroger le Guide[93]. Il souhaitait connaître l'origine des six lances et voulait s'assurer si elles étaient à vendre. Non, répondit le sage homme. Il s'agit d'espèces rares déposées pour la garde ; leur propriétaire ne les céderait pour rien au monde, dit-il. Un sourire vint éclairer son visage. Il semblait préserver une confidence ou taire une information interdite à la divulgation. Pourtant, la ceinture couleur cuivre de ces sagaies parlait à Kali. Elles lui étaient sensibles comme le serait une prose de Chateaubriand à un romantique ou un poème de Lamartine à un amoureux mélancolique. Il se résignait à se diriger vers la sortie mais, brusquement, il s'immobilisa.

---

[93] Un des noms de Chérif.

Il fit demi-tour et revint vers le boutiquier. Il le considéra quelques secondes, le temps de se pénétrer de sa sincérité et de l'absence d'équivoque dans ses propos. Il se retourna et repartit.

Madji, surpris de voir son compagnon s'en aller précipitamment, le héla puis l'agrippa par l'épaule. Il lui rappela le but de leur détour par l'échoppe de Chérif. Le voyant distrait, en dépit de sa tentative de le sortir de son étourdissement, il se flanqua devant Kali. Il lui barra littéralement le passage et dit : regarde donc cette malle, c'est exactement la valise qu'il faut pour les effets que tu auras à emporter. Se heurtant à son maître, Kali se ressaisit et finit par souscrire à sa suggestion, ne pouvant repartir bredouille.

Contrairement au désordre apparent de la boutique où les choses étaient la plupart sens dessus dessous et couvertes de poussière, la trouvaille du maître d'école bénéficiait d'une attention particulière. Elle luisait. Kali hésita un moment puis s'enquit de sa place et de son sort dans ce monde d'objets pas chers et de pacotilles. Le boutiquier montra ce que contenait la mallette : des feuilles manuscrites, des billets de banque, un cadenas muni d'une clé, un chapelet aux grains en bois brun foncé, une flûte traditionnelle, *billil*[94], utilisée pour accompagner les chants nocturnes des groupes de jeunes. L'instrument égayait aussi l'humeur maussade du voyageur solitaire et lui était d'une compagnie inestimable le temps d'arriver à bon port.

Le réceptacle était à la fois le coffre-fort, le vide-poche et le seul objet personnel de Chérif. Il accepta de s'en séparer après les explications dithyrambiques dont Madji était coutumier. S'agissant de son élève parmi les plus brillants, il s'était dépassé pour en faire l'éloge. Le boutiquier ne sut résister à tant de sollicitude et offrit la mallette. L'insistance des deux compères pour verser une compensation fut vaine. Le sage finit par faire valoir son point de vue. Il fit prévaloir son droit d'aînesse et son ascendance naturelle face aux plus jeunes. Il se référa à la morale qui, en l'occurrence, dictait que la valise serait plus utile à Kali qu'elle ne le serait pour lui-même. C'est mon cadeau pour ton départ, asséna-t-il pour couper court à toute insistance.

---

[94] En arabe tchadien, en kanembu et en dazzaga, flûte en roseau à cinq ou six trous.

Lesté de sa trouvaille, Kali reprit le chemin du retour. Il ne remit plus les pieds dans ce lieu destiné à une renommée plus grande que ne pouvait le laisser présager son anonymat d'alors. Il se résigna à écouter les sornettes de son accompagnateur, intarissable sur le bonheur de la vie estudiantine, lui qui n'avait guère franchi le cours moyen deuxième année. Elevé à l'école de la formation sur le tas, Madji avait suivi des cours par correspondance. Il avait obtenu son brevet d'enseignement supérieur, son baccalauréat et une licence en sciences naturelles. A l'occasion, il brandissait ce dernier diplôme tel un butin de guerre. Il n'oubliait pas de préciser ses préférences qui portaient sur la botanique relative aux plantes sans fleurs d'Afrique et à l'étude des arthropodes. Heureusement pour nombre de ses élèves, son centre d'intérêt s'étendait au-delà du sort de la faune et de la flore.

Madji pensait évoquer le vieux Bampel[95] dans ses discussions avec Kali. L'ancien directeur de l'école avait fait valoir ses droits à la retraite après plus de trente ans de dévouement. Il avait assumé des services qu'aucun agent de l'Etat ne rendit avec autant d'abnégation aux ressortissants de la région. C'était un Monsieur à l'aspect farouche d'un père fouettard. Son rigorisme maladif, son regard froid, ses idées simples et dénuées de quiproquo en dissuadaient plus d'un. Son physique ingrat, son crâne pourvu d'un cerveau plus volumineux que la moyenne des hommes et ses yeux vifs témoignaient de l'étendue de son savoir. Ses mains fines, terminées par des doigts comparables à ceux d'une princesse qui ne s'en servait que pour des choses usuelles, montraient sa délicatesse. Son humour grinçant, son tutoiement mesuré, sa rectitude et sa piété étaient autant de signes de distinction d'un homme de rigueur. Il faisait montre de convivialité, de simplicité, de tolérance, de disponibilité et de douceur. Pour ceux qui le connaissaient, ce versant de sa personne s'opposait à son autoritarisme. En effet, pendant les cours, incarnant son autorité, il tenait de la main droite une règle. Il ne la quittait que pour écrire. Après sa retraite, il paraissait encore solide, avec son allure athlétique. Sa corpulence comparable à celle d'un ascète était sans le moindre gramme superflu de graisse. Ses longues jambes qu'il traînait avec quelque difficulté, sans que l'on sût vraiment pourquoi, trahissaient son âge avancé. Son dos légèrement voûté, à l'image

---

[95] Nom de l'un des rares ressortissants du Kanem qui avaient enseigné dans leur région natale. Bampel faisait la fierté de ses compatriotes.

du fameux docteur d'une célèbre bande dessinée, lui donnait l'apparence d'un savant dont le plus clair du temps se consommait devant des éprouvettes et autres matériels utilisés dans les salles aseptisées. Il avait la particularité d'infliger une double punition aux élèves qui se dispensaient des cours de l'après-midi. Il prenait à cœur les récriminations des moniteurs contre les déserteurs des cours d'arabe, l'une des deux langues officielles que l'administration utilisait avec plus ou moins de bonheur. Les récalcitrants, les absents occasionnels et les récidivistes étaient retenus. Ils étaient empêchés d'aller déjeuner, jouer et vaquer à leur guise. De surcroît, ils étaient soumis à une vigoureuse séance de bastonnade. Cette attitude, à première vue injuste et illogique, provoquait la révolte des gamins. Incapables de répondre au directeur ou de lui résister, ils trouvaient plus sage d'éviter la récidive. En particulier, les garçons avaient à cœur de fuir l'humiliation d'être fouettés en public. Prendre quelques coups sans broncher devant d'autres garçons passait pour une bravade mais la présence des filles suffisait à dissuader les téméraires. En leur présence, il ne suffisait pas de ne pas manifester de signe de douleur, il fallait se montrer stoïque. C'était une autre paire de manches !

Au vu du temps qui fuyait, Madji abandonna l'idée d'évoquer les souvenirs du vieux directeur. Il glissa son centre d'intérêt vers la petite Myriam, camarade de classe et de banc de Kali. Elle se battait, ainsi que confirmé par sa production scolaire, avec les armes et des résultats égaux à ceux des meilleurs parmi les garçons. Elle avait obtenu une des trois premières moyennes pour le passage en sixième. Pourtant, ses parents s'étaient montrés intraitables. Ils refusaient de la laisser partir pour le collège qui était la destination de tout enfant de douze ans qui achevait, avec succès, les six années d'école primaire. Loin de partager le même progressisme que Bou, en matière d'émancipation féminine, les parents de Myriam s'accrochaient à l'idée de la femme idéalisée. De fait, ils en faisaient une personne sans voix au chapitre. De leur point de vue, la femme devait trouver son avenir dans les grâces de son mari ou de son père. Or, l'expérience avait prouvé qu'un époux était au mieux un censeur. Il se substituait à sa conjointe pour mettre en avant ses propres souhaits, ses désirs ou ses pensées. Il la censurait plus qu'il ne l'écoutait ou tenait compte de ses desiderata. Il décidait et imposait sa vision des choses. Il agissait à la manière d'un fakir intercédant en faveur du commun des croyants. Celui-ci faisait passer le crédule pour inapte à adresser la parole juste ou la prière idoine. Il convainquait les naïfs de l'utilité de son entremise. Il se disait seul apte à favoriser le pardon divin ou à susciter la réussite tant attendue. Il laissait croire que la réussite comme le bonheur dans l'au-delà souriraient à ceux qui, se sachant humbles, s'en remettaient aux plus aptes. Contrairement au religieux, le mari fourbe n'avait pas à finasser pour imposer son emprise sur sa conjointe. La religion, prétendait-on, lui donnait toute latitude.

Myriam s'était battue comme une lionne pour ne pas se laisser voler une des rares chances de s'offrir une place au soleil. Elle avait démontré que, outre sa dextérité aux travaux manuels, elle savait faire preuve de combativité. Elle tint la dragée haute aux hommes, déterminés à vaincre son obstination. Elle leur répliqua, avec détermination, d'être certaine d'entreprendre et de réussir des études de médecine pour la protection des femmes et des enfants. Son père, adepte du conservatisme davantage par ignorance que par conviction, refusa la plaidoirie de Madji. Pourtant, l'enseignant mit toute sa verve, toute la qualité de son art oratoire, toute sa conviction et même toutes les variantes de son émotivité pour plaider la cause. En vain ! Des notables respectables et respectés tentèrent à leur tour de le ramener à la raison. Sans plus de succès ! Il fallut faire intervenir le Bampel. Tiré de sa retraite, il essaya d'infléchir le père de Myriam. Toutes les tentatives avaient échoué. La trouvaille du maître d'école de faire défiler, à la file indienne, tous les élèves laissa inflexible l'aide-infirmier vétérinaire. Il finit par lâcher, sèchement et sans aucun espoir de concession : c'est ma fille ou la vôtre, foutez-moi la paix ! On le laissa, en effet, confortablement assis dans sa méprise. Que pouvait-on faire de mieux ou de plus face à l'imbécile entêtement d'un passéiste agrippé à des prétendues normes surannées, vieilles de plusieurs siècles ?

La loi imposait d'envoyer les enfants à l'école à partir de la septième année. Au-delà, elle restait muette. Elle ne prévoyait même pas l'achèvement du cycle primaire. Ce n'était que pure chance si les fillettes parachevaient les six années de l'école primaire. A cet âge, elles ne pouvaient encore servir de cible aux hommes en quête de vierges pour leurs couches qui en avaient compté d'autres. En prédateurs sexuels, ils guettaient leur croissance et se précipitaient, dès treize ans, pour obtenir l'autorisation légale d'assouvir leurs envies jamais rassasiées. La période de scolarisation minimale était la seule occasion que la société laissait à Myriam et à d'autres fillettes pour apprendre à lire et à compter. Plus malheureuses étaient celles qui, faute d'école à proximité, se voyaient contraintes à mimer, trop tôt, le rôle de femme au foyer.

Face à l'absence de coopération du père de Myriam, les autorités administratives, d'ordinaire mieux disposées, avaient baissé la tête. Elles souhaitaient éviter une confrontation avec la notabilité locale qui pouvait obtenir leur mutation. Les opposants au progrès menaçaient de leur trouver un autre lieu d'affectation. S'ils insistaient, on les priait d'aller s'adonner, ailleurs, à leur prétendue ouverture d'esprit. Ce n'était pas qu'une vue de l'esprit. Gaspard, le commis aux écritures, en fit la triste expérience. Il avait voulu intercéder en faveur d'un pestiféré qui avait eu pour seule tare d'avoir contrarié le cousin de la première épouse du chef de village. Mal lui en avait pris. Il se vit sommé de partir dans les quarante-huit heures. Il quitta le village sans regret autre que de constater l'avilissement de sa hiérarchie. Elle était réduite à quémander des avantages auprès des riches et des détenteurs de l'ordre auxquels elle ne pouvait manifestement rien refuser. Elle courbait l'échine et assumait, sans rechigner, son rôle d'obligé.

L'arrivée du nouveau commandant de la gendarmerie bouscula les habitudes. Il introduisit le désordre dans cette organisation huilée au point de paraître inamovible. Il était de la promotion 1960 de l'Ecole nationale des officiers de la gendarmerie dont le nom de baptême était *Les Indépendantistes du 11 août*. Il mit un point d'honneur à porter haut les couleurs de sa promotion. Il fit, tout le long de son séjour dans la capitale régionale, preuve d'une rectitude sans faille. Il s'honora à défendre les faibles et à participer activement à l'animation de la vie locale. Venant d'un non-musulman, ce comportement marqua Kali pour toujours.

En dépit de sa méfiance vis-à-vis des jeunes cadres sortis frais émoulus des facultés et de grandes écoles, Madji interpella le responsable de la maréchaussée. Les intellectuels observent leur environnement de manière manichéenne, assenait le maître d'école. Il critiquait leur prétention à réduire la vision du monde à une suite d'équations ainsi que leur raisonnement tenant en une présentation dichotomique de n'importe lequel des aspects discutés. Aussi, se gardait-il de les approcher. Le cas de Myriam rompit cette réserve. Il demanda au gendarme de descendre dans l'arène afin d'équilibrer une confrontation qui se trouvait de facto faussée. La nouvelle attrista profondément le gendarme. Il eut d'autant plus de mal à comprendre la situation qu'il avait une indéniable bonne impression de l'agent des services vétérinaires. En effet, l'infirmier était un homme attaché au bien-être de ses semblables. Ses intérêts personnels ne venaient qu'en second plan. Il avait refusé une promotion sous-tendue par une affectation dans une grande ville. Il préférait rester dans cette grosse bourgade pour continuer d'aider les éleveurs.

Le père de Myriam et le gendarme échangèrent des points de vue, à l'instigation de ce dernier. Ils constatèrent leurs désaccords. L'infirmier, fils unique, n'avait d'enfant que sa fille. Il butait sur le risque de la perdre. Il avait à cœur de lui donner une bonne éducation avant de la laisser s'éloigner. Son interlocuteur, tout en gardant un ton cordial, exprima sa désapprobation. La balance est trop en défaveur de Myriam car l'éducation traditionnelle bien qu'utile reste dépassée ; elle ne peut se substituer à la poursuite des études et à une ouverture au monde, dit-il. Personne, ajouta le maréchal de logis, ne doit supporter seul la charge de l'histoire. Nous devons, ensemble, contribuer à la cohésion et au progrès de la société. En tant que parents ou autorités, nous devons nous prémunir contre toute décision susceptible de contrecarrer le devenir de ceux qui sont sous notre protection. En l'occurrence, l'enfant doit pouvoir disposer de son libre jugement. Il y a donc lieu de l'écouter, suggéra-t-il. Ce qui fut fait. La sentence était entendue d'avance. Il ne restait au père de Myriam qu'à s'incliner. Il ne pouvait s'opposer à une démarche à laquelle il avait souscrit. Bien heureusement car sa fille était décidée, avec ou sans son consentement, à partir pour le collège.

Le dénouement consensuel évita de provoquer une rupture familiale. Kali exprima là le point de vue de la jeunesse. Elle s'était concertée et résolue, s'il le fallait, à organiser le départ à l'improviste de Myriam. Une chaîne de complicité, dont celle du conducteur du camion, avait été requise. La fillette devait quitter tôt le matin le domicile familial et devait attendre le passage du camion à un endroit convenu d'avance. La suite n'aurait été qu'une question de délais de route.

Madji, effaré et ravi, écoutait Kali. Rebelle dans l'âme, il aurait penché pour l'option mettant hors course le père récalcitrant plutôt que le consensus auquel parvint le gendarme. Le maître d'école était un joueur, un très bon joueur de *karé*[96]. Il préférait faire échec et mat après

---

[96] Variante locale du jeu d'échecs.

une diagonale du fou menée d'une main de maître plutôt que de s'imposer grâce à la suprématie d'un roi. Les deux compères refermèrent la parenthèse et le plus jeune des deux poursuivit son parcours muni de sa valise.

Kali s'arrêta chez Kinda. Il lui rendait visite chaque fois que l'occasion s'offrait à le faire. Son oncle le reçut avec un large sourire et un plaisir non dissimulé. Souvent, il le retenait, au risque de devoir le raccompagner au village. Comme de coutume, il lui remit du sucre, du thé, quelques mètres de tissu, un complet kaki pour un garçon de douze ans qui lui alla fort bien. Kali emporta aussi du henné[97] et du khôl[98] utilisé pour le maquillage des femmes. Outre cette utilisation cosmétique, on attribuait au khôl des vertus thérapeutiques, notamment pour les soins des yeux. En Afrique noire, sur toute la bande sahélienne, allant du Sénégal à l'Ethiopie, il n'était pas rare de rencontrer des hommes, en particulier chez les Peuls et les Haoussa, utilisant du khôl pour leur toilette. Ils le disputaient à leurs épouses et leurs enfants, à l'occasion des fêtes religieuses ou païennes.

Kali parla de son prochain départ pour le collège à Kinda. Cela ne serait qu'une formalité, n'eût été la séparation d'avec la famille pour une année scolaire, reconnut-il. Il envisageait de revenir au début des grandes vacances pour participer aux travaux de la période d'hivernage. Il se dit rassuré par la présence de Walè dont le dévouement et le sérieux l'avaient imposé comme un pilier et une assurance. Hanna et le petit dernier avaient en sa personne un vrai chef de famille. Il parla aussi de Bou et de Malla. Il rappela leur amitié avec feu son père et leur disponibilité à l'aider tant pour son installation à Dabala que pour les préparatifs de son départ. Il dénombra les animaux de la ferme, estima la moisson attendue et présenta à son oncle une ébauche de budget. Toutes ces informations étaient destinées à rasséréner sa confiance personnelle et à rassurer son oncle. Une manière de lui dire : rien n'est laissé au hasard. Il jugea bon de prendre congé, prétextant la fuite du soleil vers le couchant et l'obscurité qui couvrirait chacun de ses pas sur le chemin du

---

[97] Utilisé par les Sahéliennes pour l'embellissement des pieds et des mains. Dans une société où la beauté semblait liée à la couleur plus ou moins claire de la peau, le noircissement des pieds et des mains paraissait paradoxal.
[98] Contrairement à la définition du Petit Larousse, le khôl ne provient pas de la carbonisation de matières grasses mais d'une roche friable de couleur noire, l'antimoine.

retour. L'oncle ne l'entendait pas ainsi. Il le convia au dîner servi en début de soirée.

Le regard de Kali s'assombrit. Que dirait Hanna ? Elle s'inquiétera de mon absence, à une heure où la famille doit se trouver réunie, pensa-t-il. Le silence qui suivit fut traduit comme un transfert de responsabilité. La sienne s'arrêtait et celle de son oncle se trouva en première ligne. Il revenait à l'adulte de trouver les mots justes pour relativiser la frayeur prévisible de Hanna.

Plusieurs étrangers vinrent se joindre à Kinda et à Kali pour le repas du soir. Le sous-préfet, une personnalité parmi les plus en vue dans la ville, et le maréchal des logis, commandement de la gendarmerie locale, arrivèrent en même temps. L'un et l'autre n'habitaient pas plus loin qu'à un jet de pierre. Ils avaient fait le trajet à pied.

Kali était préoccupé en dépit de l'animation assurée par les hôtes. Il anticipait l'angoisse de sa mère et l'empressement de son petit frère de le voir revenir. Même si sa tenue ne révélait aucune inquiétude, il était tourmenté. Tout au long du diner, les convives se déplaçaient. Certains sortaient pour fumer une cigarette, se soulager la vessie ou transmettre quelques confidences. D'autres s'enquéraient du retour du messager parti se renseigner de l'état de préparation de la dame aperçue tantôt au bureau ou dans la boutique. Pour sa part, le commettant espérait s'entendre dire que la convoitée s'apprêtait à le recevoir. En galant homme, il avait sollicité un entretien en tête-à-tête. Il s'astreignit à attendre, tout en sachant que la réponse dépendait du bon gré de la future partenaire. Ces manigances se tramaient à l'insu de Kali dont l'attention fixait les aiguilles de l'horloge murale. Fatigué ou résigné, il se ravisa. Ses pensées quittèrent le mur et l'horloge pour se diriger vers l'enclos aux veaux. Passant d'un animal à l'autre, son regard s'arrêta sur le veau blanc, tacheté de noir, auquel Kahla[99], la noiraude, avait donné naissance trois semaines plus tôt. Cette mère-vache produisait des taureaux destinés à la vente dès trois ans. Ceux d'autres ascendances attendaient quatre à cinq années avant de quitter les pâturages en direction des abattoirs. Ils finissaient en escalope, filet, faux-filet et autre viande pour les

---

[99] En arabe tchadien, *noire* ou *personne de sexe féminin à la peau foncée* ; dans le contexte, une vache à robe noire.

soupes ou les sauces. Quelquefois, les petits de la noiraude étaient prêtés ou vendus à des fermiers pour servir de mâles reproducteurs afin de perpétuer la robustesse de leur constitution.

Kali avait espéré la naissance d'une femelle. Toute la lignée de la noiraude donnait huit à dix litres de lait. En comparaison, les autres vaches parvenaient à peine à remplir une outre d'une contenance de moitié moindre. La contrariété de compter un mâle plutôt qu'une femelle dans son troupeau le frustra.

Le repas s'acheva tard. Kinda, le gendarme et le chef de district s'accordèrent pour ramener Kali à domicile. Le chauffeur du sous-préfet, tiré hors de la compagnie des siens, arriva fulminant. C'est à peine s'il ne rudoya pas son patron qui tenta de le calmer en évoquant, pour s'excuser, l'exception qui confirme la règle. Le chauffeur se rasséréna et, d'un ton plus coopératif, prononça distinctement, contrairement à la plupart des gens de sa condition : à votre service, mon commandant. Il se mit au pas de course pour aller chercher la Land Rover de service. Il reçut l'ordre de se hâter.

Durant le trajet, la conduite, bien que maîtrisée, paraissait agressive. La visibilité était limitée. La nuit attendait encore la lueur de la lune. L'obscurité empêchait d'admirer le défilé des animaux nocturnes. Ceux qui profitaient de la nuit pour se reposer furent malencontreusement expulsés de leurs refuges. Ils couraient ou s'envolaient dans tous les sens. Mésanges, tourterelles, lièvres, rats et autres rongeurs, pintades et autres oiseaux nichés à même le sol, tous dérangés dans leur sommeil, se bousculaient, effrayés ou étourdis. Ils risquaient de s'écraser contre la voiture. Il fallut toute la dextérité du chauffeur pour éviter que l'irréparable ne se produisît tout au long du parcours. Kali se rendit compte combien l'agressivité humaine pouvait être nuisible à la nature, aux animaux et aux plantes. Il ravala son acrimonie et se recentra sur le trajet. Le parcours, en dépit du contournement de deux dunes, ne dura pas plus d'un quart d'heure. A l'arrivée, la voiture éclaira tout un pan du quartier. Quelques chiens aboyèrent sans trop insister. On remarqua une vache tentant de chasser, grâce aux balancements de sa queue et aux hochements de sa tête, des insectes imaginaires sans cesser de ruminer. Un agneau courait dans tous les sens en raison de la présence intempestive de la voiture qui apportait le jour à un moment où hommes et bêtes s'assoupissaient. Plus loin, un bélier séduisait avec fougue une brebis qui n'y consentit que contrainte et forcée. Elle eut beau pousser force bêlements, son galant compagnon n'entendit sa complainte qu'une fois son envie assouvie. On ramena l'agneau égaré auprès de sa mère. Le calme revint derechef, comme pour saluer le retour de Kali que la famille attendait non sans appréhension.

La halte fut aussi courte que l'arrivée impromptue. Les visiteurs présentèrent leurs civilités à Hanna. Ils s'excusèrent de ne pouvoir rester plus longtemps. Ils déclinèrent la prévisible invitation à prendre un rafraîchissement. Le sous-préfet promit de se donner une nouvelle chance pour découvrir la ferme, ses produits et la cuisine de la maîtresse des lieux. Pour se montrer courtois, il invita ses hôtes à solliciter ses services chaque fois que son aide pouvait leur être d'une quelconque utilité. Sur ce, la voiture repartit dans un flot de brindilles et de poussières, sous le démarrage hargneux du chauffeur. Il maugréait et maudissait, en secret, son affectation auprès d'un homme encore célibataire à trente ans révolus.

Le commandant du district explorait nuitamment la ville. Son célibat l'amenait à solliciter la compagnie de personnes désirant la partager. Il apportait son concours aux âmes en détresse. Il avait bon cœur et servait de médiateur. Il conseillait ou aidait sans discriminer. C'était incontestablement un homme bon.

En cette après-midi de septembre, la chance sourit à Kali. Il en fut convaincu. Sans son maître d'école, comment aurait-il pu disposer d'une valise sans en payer le prix ? Sans le dîner en compagnie du sous-préfet, comment aurait-il pu transporter une malle remplie à ras-bord pesant pas moins de dix kilogrammes ? Elle contenait les articles offerts par son oncle et deux koro de blé tendre acheté chez Amti[100]. Kali avait parcouru en vain les allées du marché. Il n'avait pu se procurer du blé que sur les conseils d'une marchande qui lui suggéra de se rapprocher d'Amti, la bien-nommée. Quelques années plus tôt, cette dernière avait eu une aventure sentimentale avec un officier français. Dans une société qui faisait de la pudeur une règle, cette relation était suspectée d'illégitime. Etait-ce cela son tort ? Toujours est-il qu'Amti gardait en réserve

---

[100] En arabe tchadien, *tante paternelle*, par extension, pseudonyme des dames d'un certain âge.

des dattes, du blé, des oignons, de l'ail et même des tissus. C'était principalement pour ses besoins personnels. Mais, elle revendait le surplus sans en faire la publicité. Elle faisait du commerce clandestin, sans que cela fût mû par la malveillance. Les mauvaises langues en avaient fait une spéculatrice qui achetait pendant la saison d'abondance et revendait au cours de la période de soudure. Selon les mêmes détracteurs, elle triplait, voire quadruplait, les prix. Elle n'avait cure des avis et des commentaires des spécialistes de la médisance. Elle les ignorait, à moins qu'elle ne fît contre mauvaise fortune bon cœur. A l'occasion de l'achat des deux koro de blé, Kali s'enquit de la réalité. Amti vivait seule dans sa grande maison. Elle n'avait nullement besoin de spéculer pour mettre du beurre dans ses haricots. Elle lui vendit du blé à un prix honnête. La marge bénéficiaire lui parut raisonnable. Il repartit satisfait d'avoir levé une équivoque. On avait mis sur la sellette une femme certes solitaire mais guère blâmable. Elle était une composante de la société. Elle y prospérait avec le même risque d'erreur et la même chance de réussite que ses concitoyens. Son comportement passé n'aurait pas dû être monté en épingle pour la montrer du doigt.

A Hilwé et dans ses alentours, une femme d'un certain âge, seule, était une anomalie. Elle était suspecte. Les défauts d'Amti furent grossis tandis que ses qualités restaient étouffées sous la chape d'une fausse pudeur. L'outrance d'un tel raisonnement minimisa les actes louables de cette aimable dame. Kali conclut qu'elle ne méritait ni la mauvaise réputation dont on l'affabulait ni l'ostracisme dont elle était l'objet. Comme pour se convaincre, il répéta : je sais de quoi je parle.

La nuit fut calme, comme l'avaient été les précédentes et le furent les suivantes. Rien de notable ne vint perturber les habitudes familiales, rompues aux miasmes d'une existence riche en rebondissements. On était à la veille du premier septembre, deux semaines avant le départ de Kali. Chaque jour le rapprochait de son futur collège et l'éloignait du foyer maternel.

Comme attendu, Bou envoya des émissaires. C'était davantage pour dévoiler ses intentions à Hanna que pour préparer le départ de Kali. Sa requête fut discrète et aussi feutrée que l'autorisaient les circonstances. De surprise, la position de Hanna évolua, à la mesure du tact de la médiation. Elle en accepta le bien-fondé. Venant d'une relation considérée comme dénuée d'ambiguïté, elle jugea l'intention louable. Elle y apporta une réponse digne du requérant.

Kali était resté à l'écart des tractations. Il n'y avait pas d'urgence à l'en informer. Du reste, son attention était dirigée vers son ex-hôte mais uniquement pour le somptueux cadeau qu'il reçut. Il se demanda si deux cent mille francs n'étaient pas disproportionnés au regard de sa condition de collégien. Il en parla avec sa mère et, en dépit de sa réticence, il parvint à lui faire avaliser de n'emporter que la moitié.

Malla fit acheter une place en cabine pour le voyage de Kali. Cette attention irrita la susceptibilité de l'intéressé qui se voyait grand pour trouver une solution aux problèmes de cet ordre. Mais, le mal était fait si maldonne il y avait. Il entérinera le choix du député et s'astreignit à ne pas pérorer en en rendant compte à son maître d'école. Madji aurait préféré le voir préparer son voyage sans assistance. Cette contrariété ne le dispensa pas de remercier son bienfaiteur. Voilà donc un problème en moins, admit-il.

Les visites s'étaient succédé. Madji vint à son tour apporter sa contribution aux préparatifs. Kali lui apprit la bonne nouvelle : mon oncle a requis une solution des plus commodes, lui dit-il. L'enseignant philosophe, jamais à court d'argument, releva qu'il n'en attendait pas moins d'un député de la République. Il ajouta : c'est le moins que doit faire ce fils d'Eguey et son représentant à l'Assemblée nationale.

Tout allait si vite que Kali négligea les petites attentions envers les uns et les autres. Wolia prit ombrage de voir si peu son frère. Il aurait souhaité passer davantage de temps en sa compagnie. Les adultes ne tinrent pas rigueur à Kali ; ils savaient les détails à coordonner pour que tout se déroulât sans accroc lors d'un voyage.

Depuis le déclenchement du compte à rebours, Kali vivait intensément chaque minute. Chaque jour oppressait son cœur déjà nostalgique. Chaque heure ravivait une nervosité qu'il évitait d'exposer au su et au vu de tous. Il tint à ranger chaque chose à la place convenue. Il mûrissait ses idées et profitait de chaque répit comme d'une permission à ne pas gaspiller. Il était prêt bien avant l'arrivée du courrier[101].

---

[101] Transporteur chargé de l'acheminement du courrier entre le chef-lieu provincial et la capitale. Par extension, le camion utilisé pour ce trajet.

Un aller simple

Chaque lundi, en début d'après-midi, des camions partaient de la capitale. Ils arrivaient à destination vingt-quatre heures plus tard, après un parcours de trois cent quinze kilomètres. Des gros porteurs, bondés, à la limite de la charge utile, s'annonçaient dans une mer de poussière. Ils attiraient des colporteurs et tout un monde affairé ou en villégiature.

Des *gotabé*[102], piaffant d'impatience, se précipitaient. Des mendiants, des curieux, des chômeurs, des amis ou des parents pressés de voir enfin arriver les leurs, des commerçants anxieux, des épouses surexcitées, des enfants turbulents, toute une cohorte d'individus préoccupés, à la recherche d'une occasion pour donner du relief à leur quotidien monotone, attendaient l'arrivée des camions. Pour la plupart, c'était une manière de tromper l'ennui ou de satisfaire la curiosité. On attendait sans savoir ce que réserverait la providence. L'espoir d'une rencontre avec un visiteur, un ami ou un parent suffisait à susciter la présence des curieux.

Une variété de marchandises : sucre, thé, riz, oignons, ail, piment, tomate et gombo séchés, poissons fumés, boîtes de conserve, étoffes de toutes les provenances, pièces détachées, pneus, chambres à air et valves, carburant pour autos et aéronefs, pétrole lampant, ustensiles de cuisine, couverts et autres nécessaires pour la table, médicaments, tables et bancs pour écoliers, ciment, bois pour la charpente, bâches pour diverses utilisations, tôles, tous les biens nécessaires à la vie de la cité et qui, en raison des conditions géographiques ou météorologiques, ne pouvaient être obtenus localement, emplissaient à ras bord la caisse des camions. Les voyageurs s'installaient par-dessus le chargement. Ils s'accrochaient vaille que vaille pour arriver à destination.

---

[102] Portefaix, porteurs de bagages entre le lieu de stationnement du véhicule et la localisation des commanditaires. Main-d'œuvre utilisée pour charger et décharger les camions.

Contrairement aux coutumes et aux enseignements religieux, hommes, femmes et enfants s'entassaient pêle-mêle. La solidarité, la galanterie et le respect du sexe faible étaient bousculés sinon foulés au pied. La bestialité et *l'à qui mieux mieux*, indignes d'individus issus d'une société qui faisait du respect de l'autre et de l'entraide son socle, frappaient la quasi-totalité des voyageurs. Cette transgression perdurait et s'érigeait en règle, envers et contre tous. La précarité de la condition du voyageur semblait tout justifier. Chacun voulait s'offrir la meilleure place, celle qui exposait le moins au risque d'une chute. On s'agrippait à la moindre bouée pour arriver à bon port.

Kali s'était tenu informé de l'arrivée *du courrier*. C'était un camion de marque Berliet, d'une trentaine de tonnes de charge utile. Il était conduit par Tchari[103] qui l'amenait à bon port chaque mardi après-midi. On le distinguait de loin grâce à la couleur jaune de sa cabine. Le chauffeur était un natif du pays. Il jouissait de l'entière confiance de ses compatriotes qui empruntaient prioritairement son camion pour se rendre dans la capitale ou en revenir. Tchari était tout aussi attaché à ses clients qui l'appelaient respectueusement Al Hadj depuis son retour de pèlerinage à la Mecque et à Médine. Il se comportait en homme juste. A l'opposé de nombreux transporteurs, il était fiable. Sobre et affable, il inspirait sincérité et crédit. Dans sa conduite, il ne forçait pas l'allure. Il calait la mécanique sur un régime régulier. Il économisait du carburant et évitait tout accident qui pouvait survenir en raison d'une conduite mal maîtrisée. Bien plus tard, on ne comprit pas pourquoi cet homme pieux mit fin à ses jours en retournant son calibre 12 contre lui. Un mystère que parents et amis laissèrent entier. Les contrariétés de la vie mettaient sur le flanc plus d'une personne mais on attendait plus de sagesse et de retenue d'Al Hadj.

Deux jours avant le départ, Kali et les autres collégiens furent informés que *le courrier* arrivait en avance. Il avait gagné une demi-journée et arriva six heures plus tôt. En effet, pour l'ouverture de l'année scolaire, début octobre, Al Hadji acheminait les élèves à Dabala. Compte tenu de l'allongement du trajet, en raison d'un détour de plus de deux cents kilomètres, il arrivait une demi-journée en avance. Pour la rentrée 1970/1971, il avait supprimé deux des trois haltes-repos pour gagner du temps. Ainsi,

---

[103] En kanembu, *vieux* au sens d'*un homme âgé* ; dans le texte, nom du chauffeur.

au lieu de mardi aux environs de seize heures, le Berliet arriva à dix heures.

L'anxiété côtoyait Kali, particulièrement dans ses moments de solitude. Ce n'était certes pas la peur au ventre mais une réaction guère différente. Elle coupait l'appétit, retardait le sommeil, paralysait la locution, rendait l'humeur maussade, annihilait l'envie et laissait la susceptibilité à fleur de peau. L'entourage comprit que ce repli était une protection, une meilleure résistance contre le stress. En particulier, la veille du mercredi, jour de marché, la nuit fut longue. De plus, le lendemain, les va-et-vient et la compagnie des proches avaient été rares. Pour Kali, ce fut une journée interminable. La plupart des membres de sa famille s'étaient rendus dans la grande ville pour acheter diverses provisions. Il s'était trouvé seul. Ce qui fut propice à une introspection. Il tut ses peines. Il trouvait inconvenant que l'on pût détecter de la détresse ou de l'amertume sur son visage. Jusqu'aux derniers jours avant le départ, il était resté impassible et tentait de présenter un visage hermétique. A cette étape ultime, les stigmates des conditions désespérées trouvèrent dans sa fragilité psychique un terreau favorable. Son état d'esprit était comparable à celui d'une recrue mal préparée et à la combativité douteuse. D'une certaine manière, sa situation était plus incertaine encore que celle d'un combattant mal aguerri. Ce dernier se raffermissait à force d'entraînement et acquérait du courage avec l'expérience des combats.

Kali se sentit en brouillage de repères. Il était vulnérable. Pour ne pas sombrer dans le découragement, il entreprit d'enlever les bouses des vaches et d'apporter quelques soins aux veaux. Il accomplit cette tâche sans qu'elle fût d'une utilité pertinente. La pratique imposait de nettoyer les enclos en début d'après-midi, après l'assèchement des déjections. Ce rappel des usages séculaires ne l'interrompit pas. Il rétorqua que, dans certaines familles, le déblayage des aires réservées aux animaux se faisait au jour le jour et à toute heure. En effet, les paysans avaient tôt compris que le brûlis appauvrissait le sol. Ils utilisaient les rejets des animaux pour fertiliser leurs champs et augmenter les rendements. Ainsi qu'en avait convenu Kali, dans ce cas de figure, le nettoyage des enclos était quasi immédiat. Deux solutions se présentaient : on répandait immédiatement la bouse fraîche sur les surfaces cultivables ou on la ramassait et la mettait en réserve pour une utilisation juste avant la saison des pluies. Outre la fertilisation des sols, on utilisait la bouse comme combustible anti-moucherons. Dans les villages reculés, l'enfumage était resté le moyen le plus efficace pour apporter un peu de quiétude aux animaux. Au cours de la saison des pluies, les troupeaux étaient constamment perturbés par les parasites, dans leur repos comme dans leur quête de nourriture. Kali admit que la fumée ne pouvait être qu'une solution préventive. Pour parer à ces nuisances de manière durable, le berger surveillait l'état de ses animaux. Il soignait les plaies et les blessures afin d'éviter les infections. Il lui revenait de trouver les moyens appropriés pour éloigner les mouches et les oiseaux qui se nourrissaient de la chair des animaux blessés ou à la santé défaillante avant même qu'ils devinssent des charognes. Les prédateurs s'attaquaient aux plaies et aux parties vulnérables du corps. Ils affolaient les pauvres bêtes et les empêchaient de se nourrir. Sans une assistance, elles étaient poussées vers une mort certaine. L'enfumage était un procédé utilisé pour leur apporter un peu de répit. La solution pérenne consistait à leur prodiguer des soins et surtout une surveillance permanente, plus particulièrement pendant la période où proliféraient les insectes et oiseaux nuisibles. Tous les bergers ne se montraient pas aussi diligents pour prendre soin des animaux dont ils assuraient la garde. Ignorants ou négligents, certains les laissaient dépérir, perdant ainsi une bonne partie de leurs richesses et leur unique gagne-pain.

Kali maîtrisait les soins à apporter aux animaux. Il les surveillait et veillait à leur santé. S'il ne pouvait éradiquer les moucherons, il prenait en charge toute bête blessée et la soignait. Toute négligence entraînait des pertes. De plus, la mort des animaux, en raison d'un défaut de soins, était une faute morale et un manque de pertinence. Ils procuraient de la laine et des peaux, du cuir et de la chair, du lait et des fertilisants, de la locomotion et même de la protection. Laisser mourir ces animaux était en effet une perte économique qui pouvait se transformer en désastre social. En se rappelant ces aspects de la vie sociale, Kali s'émut. La perspective de son voyage n'arrangeait rien à son état d'esprit. Il s'était laissé happer par ses réflexions. Dans moins de quarante-huit heures, il devait se séparer de sa famille et de ses animaux. Les troupeaux devinrent le principal objet de son attention. Alors qu'il croyait fuir le désœuvrement en assurant le nettoyage des enclos, le voilà complètement accaparé. Sa mémoire restituait les moments de bonheur. Elle se focalisa sur le travail du berger qui consistait à conduire les animaux aux pâturages, les surveiller, les ramener dans les enclos, veiller à la tétée, assurer la traite, programmer le passage au puits, puiser l'eau pour abreuver les animaux, etc.

Kali hocha la tête. Il voulut éloigner cette bourrasque de souvenirs. Son esprit bondissait d'un sujet à l'autre. Il se focalisa sur le plus marquant : le regard d'un enfant en admiration devant une chèvre prenant soin de son chevreau. Celui-ci tenait à peine sur ses pattes. Il titubait, tombait et se relevait, taché de brindilles accolées à sa robe blanche immaculée. Kali se souvint que la plupart des chevreaux naissaient pourvus d'une robe faite d'un mélange plus ou moins irrégulier de noir et blanc. Ses idées vagabondes dénichaient la moindre subtilité. Elles titillaient sa curiosité. Il sourit à l'idée qu'il ait pu conserver un fond superstitieux. En dépit de ses dénégations, son subconscient lui rappela que le blanc restait, dans l'acception commune, la couleur de l'innocence, sinon de la pureté. Il refoula l'idée. Faire du blanc un marqueur de positivité tandis que le noir serait le signe du malheur, lui parut plus que discutable. Le sombre, porteur de mauvais augure ainsi que le prétendaient les croyances monothéistes, était aussi la couleur des siens. Il en fut plus qu'ému, il était outré. Il s'interrogea sur ce qui conférait au blanc la pureté et sur le fait que, au contraire, le noir se voyait relégué au rang de malheur, de démon et de diable. Il se rendit à l'évidence que cette présentation dichotomique avait permis à certains hommes, notamment à ceux qui diffusaient les religions et leurs livres, d'en dominer d'autres. Le prétexte était imparable : la couleur désignait certains à subir une souffrance perpétuelle. Par leur soumission et leur asservissement, la religion leur apportait le pardon, le salut puis la rédemption.

Aussi prompt à surprendre le retardataire que pesant pour un esprit en butte à une insatisfaction ou à un échec, le temps s'écoulait. Absorbé par ses pensées et son raisonnement mi-religieux, mi-agnostique, Kali n'avait pas vu défiler les heures. Il reprit ses esprits et rejoignit le groupe d'hommes affairés. La petite dizaine de personnes, habituées à prendre le repas à la table de Hanna, attendait. Elles prenaient part aux causeries animées par Walè. Totalement adopté, ce dernier se révéla aussi à son aise chez Hanna que dans sa lointaine Hilwé. Parmi l'assistance, un clairvoyant avait apporté un demi-koro de *wuli-wuli*[104]. Ce

---

[104] Croquettes de tourteaux d'arachide, résidus de la transformation de cette graine en huile.

coupe-faim était consommé frais ou moulé en boules de la grosseur d'un petit œuf de poule. Séché, il durcissait et se conservait de longs mois. Les enfants prenaient un plaisir non dissimulé à en croquer. Kali en mangea tant et si bien qu'il se contenta de ce repas frugal pour tout dîner. Il se coucha tôt. Dans son sommeil, il fut ballotté entre des rêves et le programme de ses occupations du lendemain.

Dès la première lueur du jour, les coqs, muezzins bénévoles et involontaires, appelaient les fidèles à s'acquitter de leur devoir. Les pieux se dépêchèrent. A une heure où les traces de la nuit s'effaçaient, sans précipitation, pour laisser sa majesté le soleil saluer le retour du jour, d'autres profitaient encore de la douceur de leur lit. Ils ne se levaient que contraints par la voix de stentor du muezzin. Elle les rappelait à leurs obligations. Ceux qui étaient restés sourds à cet appel se levaient de mauvais gré, la lumière rendant inconfortable la poursuite du sommeil. Ils quittaient leurs couchages en bâillant et en marmonnant des jurons inaudibles.

Dans le monde campagnard, le soleil apportait la sécurité aux animaux exposés aux attaques de leurs congénères nuisibles. Il conférait à la vie diurne l'avantage de vaquer en pleine lumière. Kali releva le déséquilibre entre les deux mondes mais se contenta d'un *ainsi va le monde* ! Plus tard, poursuivant ses réflexions sur le jour et la nuit, il nota que le voyageur moderne, utilisateur de l'avion, du chemin de fer ou de la voiture, perdait en liberté ce qu'il gagnait en confort et en rapidité. Le cavalier et le chamelier obéissaient à leurs propres calendrier et horaires. Ils ne s'imposaient ni des étapes obligatoires ni un cheminement préétabli. Ils n'avaient pas besoin de pilote, de conducteur ou de chauffeur pour maîtriser le véhicule. La comparaison entre les modes moderne et traditionnel de locomotion fit faire à Kali un détour par son voyage entre Hilwé et Kudu[105], le chef-lieu régional. Il se mit à décrire les conditions du voyage autant que sa mémoire en gardait les traces.

Le transport avait été assuré par un dromadaire. C'était un mâle de sept ans, au faîte de sa force. Il portait une charge d'un quart de tonne comprenant des objets disparates. Kali répertoria le nécessaire pour le couchage, des aliments, des vêtements, des ustensiles en métal, en terre

---

[105] Nom d'emprunt, à ne pas confondre avec Mao-Kudu, village situé à quelques encablures de Mao, chef-lieu du Kanem.

cuite et en fonte, des tapis, deux couvertures, etc. Les bagages étaient accrochés à la selle ou posés pêle-mêle puis amarrés à la monture. De loin, l'attelage ressemblait à une case en région équatoriale dans laquelle serait maintenu accroupi un chameau. Kali éclata de rire. Il admit que seule son insuffisante imagination pouvait se risquer à une telle comparaison. Poursuivant son invraisemblable descriptif, il souligna que la tête du dromadaire se dressait au-dessus de l'amoncellement.

Pendant le voyage, hormis les mouvements saccadés du dromadaire, au moment de quitter sa position accroupie, les passagers avaient voyagé confortablement. Rahma était devant, Hanna derrière lui tandis que les deux enfants occupaient les aménagements latéraux qui dépassaient d'environ un mètre de chaque côté. Bien que conçu pour le port, l'échafaudage était renforcé par un garde-fou. Cette précaution permettait aux enfants, postés à près de deux mètres du sol, d'ajouter au confort procuré par le balancement du dromadaire, l'assurance de ne pas risquer une chute.

Les mouvements brusques du dromadaire au moment de se tenir debout ne rassuraient pas les inquiets. Ils y voyaient un risque de chute et s'agrippaient à leur partenaire ou même descendaient précipitamment. Or, en dépit de son apparence fruste, le dromadaire est un moyen de transport agréable. Il tangue non en raison du volume de sa charge mais parce que l'architecture de son ossature impose une démarche majestueuse. Son allure résume l'aboutissement d'un équilibre parfait.

Le penchant de Kali pour le dromadaire s'explique par l'opposition entre son apparence ingrate et sa sensibilité à fleur de peau. On le croit rude et résistant alors que son sens de l'équilibre est à nul autre égal. L'âne, l'autre compagnon bon à tout faire, connaît des conditions plus déplorables que le dromadaire…

Sur le chemin vers la gare routière, l'image de l'âne interrompit l'introspection de Kali. Il aperçut l'attroupement de la foule des curieux. La gare était à portée de vue. Son appréhension et les questions qui l'assaillaient se dissipèrent comme par miracle. Il n'y pensa plus jusqu'au départ du camion. Il retrouverait ses soliloques plus tard, loin de l'enfance et de Hilwé. Il les revivrait comme des souvenirs agréables et amicaux parfois nostalgiques.

Le moteur du camion gronda à neuf heures. Tchari attendait depuis une heure que les passagers occupassent leurs places. Flanqués des parents venus les accompagner, les futurs collégiens, dont Myriam, étaient présents bien avant l'heure limite d'embarquement. Kali se souvint d'avoir rejoint la foule exactement à huit heures et treize minutes. On avait vérifié son nom sur la liste transmise par le directeur de l'école. Les deux pages, estampillées par l'apposition de la signature du préfet et un cachet, attestaient que les enfants voyageaient aux frais de l'Etat, par réquisition, disait-on. L'administration avait réglé la somme de trente-sept mille cinq cents francs, soit deux mille cinq cents francs par enfant. Ce débours incluait le transport des bagages qui, pour la plupart des élèves, se limitaient aux balluchons et aux malles n'excédant pas dix kilogrammes. Les commerçants, convoyeurs de gros volumes, acquittaient un tarif spécial. Les transporteurs leur proposaient deux solutions : le paiement de dix francs par kilogramme ou un forfait global par bagage enregistré.

L'enregistrement des bagages, le chargement du camion, l'inscription des voyageurs sur la liste tenant lieu de manifeste et l'occupation des sièges se faisaient dans un vacarme bon enfant. Dans cet apparent désordre, chacun trouvait une solution à ses préoccupations. Les occupants de la cabine, à l'image des passagers de première classe, avancèrent en dernier vers les sièges tant convoités mais que peu pouvaient s'offrir.

Kali réfléchissait à l'inconfort de Myriam. Perdue dans la masse, elle était exposée aux intempéries, à la poussière et au désagrément des bousculades tout au long du parcours. Cela ne la dissuada pas de refuser une des trois places en cabine. N'est-ce pas une autre manière de penser agir à la place de la femme ? se dit-elle suspicieuse mais non sans raison. Fière d'avoir bravé le courroux paternel, elle envisageait le voyage comme un amusement. Le plus dur fut, semblait-elle croire, de se dégager des mailles et des présupposés sociaux qui laissaient peu de liberté aux enfants et encore moins aux filles.

Les préparatifs pour le départ traînaient en longueur. Le conducteur sortit de son calme, jamais pris en défaut pour tempêter contre ses assistants. Les apprentis firent observer que, si cela avait tenu à leur bon gré, le départ n'aurait pas enregistré la moindre minute de retard. Ils désignèrent une dame à la vindicte de leur patron qu'ils savaient à cheval sur la ponctualité et l'observance des règles.

La dame en retard était parée de bijoux précieux que Kali jugea inutiles au vu d'une expédition aussi pénible. En effet, le voyage en camion, pour un parcours de près de cinq cents kilomètres, n'était pas aisé. La pimbêche allait au-delà de Dabala, vers la capitale, peut-être plus loin encore. Ainsi que les difficultés du parcours le laissèrent voir, ses ornements se révélèrent aussi inutiles qu'encombrants. La prétentieuse maugréa à l'idée de partager la cabine avec le conducteur et un garçon. Elle voulut voir, ce dernier, perché sur le monticule difforme qu'était le chargement à ras-bord du camion. Elle tenta de faire valoir sa parenté avec le sous-préfet, homme agréable et exemplaire. Kali sourit de l'incongruité de la situation. L'administrateur appelé au secours se garda d'intervenir. Confus de constater que l'on avait utilisé son sous-couvert pour une requête à l'issue incertaine, il désapprouva la démarche. Le pire était que Kali, informé de la grotesque revendication, glosa. Elle peut toujours attendre, laissa-t-il échapper. Le chauffeur ne fut pas en reste pour rappeler qu'à l'aune de la position sociale, l'enfant n'était pas le moins bien loti. Constatant la désapprobation générale, la duègne en mal de soutien se fit toute petite. Elle se recroquevilla autant que sa généreuse corpulence le permettait. Elle regagna son siège à la manière d'un prétentieux éconduit sans ménagement. A l'inverse, elle tenta d'être aimable pour effacer sa bourde. Mais, le mal n'était-il pas déjà fait ? Dieu merci, en ces temps-là, les gens pardonnaient les facéties et les bévues. Pour peu que l'auteur exprimât un regret, on oubliait tout et on repartait de plus belle.

Au cours du voyage, le conducteur, la bonne dame et Kali, condamnés à la solidarité de la cabine, vinrent à parler de l'incident comme d'une bonne blague. Piquée au vif, notre voyageuse endimanchée, pas encore totalement remise de sa mégarde et flattée de la tournure des causeries, retourna la situation en sa faveur. Elle agit tel un rugbyman tentant de transformer un essai réussi dans un angle mort. Elle fit preuve de beaucoup de contorsions et gagna à sa cause les autres occupants de la cabine. Après la première heure, Madame s'assoupit plus qu'elle ne participa aux échanges. Elle était adepte des réjouissances et affectionnait les fêtes nocturnes. Elle ne négligeait aucune sortie, du lundi au dimanche. Elle ne s'accordait de répit qu'au moment où le citoyen ordinaire s'éreintait à contribuer à la production des biens utiles. Ses deux compagnons s'étaient montrés circonspects mais ne troublèrent pas sa tendance à piquer du nez. La conduite du camion étant bien maîtrisée, elle n'interrompait son sommeil que pour désengourdir ses membres. Elle acheva de se torturer et demanda que l'on consentît à la laisser s'allonger. Le conducteur releva le séparateur des sièges et lui suggéra de poser ses jambes sur les siennes tandis que sa tête reposait sur les cuisses de Kali. Elle ne se fit pas prier pour emprisonner les deux complices. Elle empêchait Kali de se mouvoir à sa guise. Plus grave, elle obligeait le conducteur à limiter ses gestes à passer la vitesse et se saisir d'une serviette suspendue du côté gauche, à la hauteur de l'épaule.

Kali subissait son inconfort sans broncher. La présence dans la cabine, d'une dame pesant un quintal, surchargeait une atmosphère déjà lourde. L'assurance que lui et Tchari faisaient à peine les deux tiers de la dame ne soulageait que très relativement la pesanteur. Contrairement à son apparence et hormis sa véhémence, *Bobonne*[106] passait inaperçue. Elle était allègre et affichait un besoin viscéral de mouvements. Elle se déplaçait avec la souplesse et la grâce d'une danseuse du Bolchoï.

Les cent premiers kilomètres furent parcourus sans accroc. Les passagers du dessus, affairés à nombre d'occupations dont celle vitale de rester haut perché, maintenaient toutes leurs facultés en émoi. Le corps harassé, les membres fourbus mais le moral solide, ils assuraient l'animation. Ils raillaient les fortunés, claustrés dans leur protection de moins de deux mètres carrés pour trois personnes.

Les difficultés s'annoncèrent avec la fin du parcours sablonneux et l'arrivée en terrain semi-dur. En saison des pluies, ce tronçon devenait difficile à traverser. Les camions s'y enlisaient. Lorsque les chauffeurs étaient inexpérimentés, le sol argileux se transformait en un terrible piège. Il hantait les apprentis chauffeurs qui avaient la charge de dégager les camions embourbés. En dépit de la longue expérience de Tchari, le Berlier patina. Le moteur ronflait de plus en plus fort. Les passagers attendaient de reprendre la route. Ereintés, ils n'eurent pas le bon sens de se douter que quelque chose ne tournait pas rond. Ceux qui ne dormaient pas attendaient. Ils observaient, neutres, l'issue d'un combat inégal entre le camion et le terrain glissant dans lequel il s'était enlisé. Les tentatives pour enclencher le levier de vitesse afin d'imprimer à la traction davantage de puissance s'étaient avérées vaines. On ne décelait pas

---

[106] Surnom de la voyageuse.

d'ordre ni d'issue. On distinguait à peine les vociférations des mécaniciens des vrombissements du moteur soumis à un haut régime et manquant de surchauffer.

L'austère conducteur descendit de son siège. Il fit le tour du camion et ordonna que les passagers missent pied à terre. Après quelques hésitations, les jeunes sautèrent les premiers. Les plus âgés et les invalides tentèrent tant bien que mal de s'accrocher, ici ou là, pour se laisser glisser jusqu'à terre. Après avoir pris connaissance de la mésaventure, certains s'éloignèrent pour attendre, hors de la boue et des bousculades, que la monture devînt accessible. Une dizaine de courageux apportèrent leur concours aux mécaniciens et apprentis afin d'accélérer la sortie du séquestre. Les dames s'écartèrent du lieu de l'arrêt et vaquèrent à quelques besoins hors de la vue des curieux et des espiègles qui n'auraient pas manqué de les surprendre dans une posture intime pour les railler. Les esprits les moins distraits scrutaient l'horizon et sollicitaient la clémence divine pour se voir libérés de cette emprise tentaculaire.

Des jeunes gens trouvèrent, dans ce qui leur semblait un répit, l'occasion d'étaler leurs aptitudes à la drague et à la séduction. Sans préjuger des retombées de leurs tentatives audacieuses mais hypothétiques, ils engagèrent les demoiselles à accepter du moins leurs jolis mots sinon l'expression de leur tendresse. En ces temps, draguer n'était pas une chose aisée. Il fallait bien plus qu'une phrase bien dite pour décider des dulcinées formées à l'école de la prévoyance et de la méfiance. Les jouvenceaux s'adonnèrent sans retenue à leurs passe-temps habituels faits de jeux et de joutes tant oratoires que physiques. Ils galopaient pour démontrer leurs aptitudes physiques. Ils luttaient afin de montrer leurs forces et s'impressionner les uns les autres. Ils tentèrent quelques défis pour exposer leur vigueur qu'ils auraient pu employer à meilleur escient.

Le travail foncier reposait sur le conducteur et ses assistants. Ils décrochèrent les planches métalliques, les *saaja*[107], d'une épaisseur d'un demi-centimètre. Elles étaient forgées dans un matériau suffisamment solide pour supporter la charge d'un camion de trente tonnes. Il y en avait trois de chaque côté du camion. Elles ne paraissaient pas particulièrement

---

[107] Structures métalliques utilisées pour le désensablement d'un camion ou d'une voiture.

lourdes, le plus chétif des mécaniciens en soulevait une et la portait sans grand effort. Elles étaient larges d'environ quarante centimètres, longues de deux bons mètres et parsemées de trous réguliers. Cette configuration leur évitait de se tordre sous la charge. Elle facilitait leur semi-immersion dans le sable, terrain sur lequel leur usage donnait les meilleurs résultats. Elles furent disposées en avant des roues, de manière à raffermir le sol et faciliter le dégagement du camion. Le premier essai fut infructueux. Dans leur précipitation, les mécaniciens ne s'étaient pas aperçus que la boue couvrait les trois-quarts des jantes. La plate-forme de dégagement était trop élevée. Au lieu d'entraîner l'ensemble des dix roues, la force de traction créait un décalage entre ces dernières et les *saaja* au fur et à mesure que le conducteur accélérait. Constatant le manque de progrès, le chauffeur reconsidéra une manœuvre devenue inutile. Il ordonna que l'on creusât plus profond, le sol sous le châssis, afin que les planches métalliques fussent coincées entre la boue et les pneus. Le résultat fut meilleur. Après chaque mètre gagné, on reposait les *saaja* jusqu'à ce que le territoire hostile fût traversé.

Les jeunes hommes avaient délaissé leurs amusements pour apporter leur assistance. Ils firent leur possible qui se révéla fort utile. A la fin, ils étaient couverts de boue et transpiraient. Ils travaillèrent d'arrache-pied et se montrèrent joviaux autant que la dureté de la tâche le permettait.

La mise en application des consignes du chauffeur accéléra le dégagement du camion. Au total, la besogne avait pris plus de deux heures pendant lesquelles les mécaniciens firent leur maximum pour contenter leur patron qui n'était pas resté les bras croisés.

Le monticule de terre dégagé du dessous du camion sécha rapidement. Une demi-heure plus tard, il avait durci. Il était devenu un terrain de jeu pour les adolescents. Ils y trouvèrent un exutoire pour assouvir leur besoin irrépressible de sauter, gambader et rouler à même le sol. Ils montrèrent leurs aptitudes, pour leur propre plaisir certes, mais aussi pour la joie de ceux, parmi les adultes, qui les taquinaient. Envieux de ne pouvoir s'adonner au même rituel qui leur rappelait un passé datant d'à peine une doublette d'années, ils firent mine de minimiser l'exploit des plus jeunes. Les femmes, émues par tant de dévouement, offrirent le contenu de leurs garde-manger. Elles proposèrent les meilleurs morceaux aux héros qui se régalèrent non sans avoir remercié leurs bienfaitrices. Pour finir, ils prièrent Dieu pour qu'il prît sous sa protection leurs bienheureuses nourrices. On festoya avant que le véhicule ne fût tout à fait tiré d'affaire. C'était un signal annonciateur de la fin des difficultés. Il ne fallait pas gâcher ce concours de circonstances favorables à ceux qui avaient travaillé à s'éreinter la santé. Le chauffeur jugea discourtois de décaler, fût-ce de quelques minutes, cet instant de fête. Avant le repas, les trois mécaniciens et le marmiton procédèrent à une toilette sommaire. Ils se lavèrent les bras et les jambes pour se mettre en état de mériter autant d'égards de la part des dames qui, en d'autres circonstances, ne leur auraient pas accordé le moindre regard. Ils s'assirent autour de la nappe et dévorèrent des poulets rôtis, du *tii,* de la bouillie, du méchoui, du *tira* et bien d'autres aliments. Pour finir, ils eurent droit aux sucreries, compléments inoubliables dont la gent féminine se gave pour renforcer l'embonpoint. En guise de digestif, on dégusta du thé vert préparé par le plus âgé des voyageurs. Il avait apporté sa contribution à l'œuvre collective pour sortir le camion de son séquestre. Les mécaniciens forcèrent leur naturel galant pour féliciter les dames. Ils remercièrent le préposé au thé. Ils entonnèrent, de tous leurs atouts lyriques, une tirade à la gloire des adolescents dont certains étaient de leur âge. Enfin, ils avouèrent leur dévouement et louèrent la bonté de leur maître et compagnon de corvée.

La fête n'était pas encore finie lorsque le pilote ordonna la remise de l'ordre dans la pagaille ambiante. Il commanda que l'on rattrapât, autant que faire se pouvait, les heures perdues à se sortir de la boue et à festoyer. Sa directive fut interprétée par ses aides comme un ordre d'application immédiate et sans possibilité de négociation quant à la manière de le voir aboutir. Ils rangèrent les babioles qui traînaient çà et là puis reprirent le travail là où ils l'avaient laissé en suspens. Le raffermissement du sol facilita le dégagement du camion de l'emprise. Quatre planches métalliques suffirent pour le mettre hors de la boue.

Les passagers regagnèrent leurs places. Les ustensiles et les outils de dépannage furent rangés. Après une dernière vérification, pour s'assurer que rien n'avait été oublié et que les précautions d'usage étaient observées, le conducteur fit tourner la clé et enclencha la première. Le Berlier[108] ronfla. Lentement, comme pour tester son aptitude à atteindre

---

[108] La marque de fabrique était couramment utilisée pour désigner le véhicule.

sa destination, il se remit en branle. Il roula prudemment puis atteignit son rythme de croisière, une vitesse guère au-delà de quarante kilomètres à l'heure.

L'embourbement du véhicule avait eu lieu à une centaine de kilomètres du point de départ. Les voyageurs étaient alors à mi-parcours et se trouvaient à plus de quatre heures du point d'arrivée. Grâce au soleil, le sol se raffermit. Ce qui permit d'accélérer l'allure mais Al Hadj se tint à sa prudence. Il continua de rouler suivant un schéma invariable : ne jamais prendre de risque inutile. Dans tous les cas, disait-il, il vaut mieux arriver tard mais entier que risquer un accident dont les conséquences sont par définition imprévisibles. On ne le contredit pas. La confiance était à son zénith. On roula au rythme imprimé par le chauffeur jusqu'à destination, sains et saufs.

La canicule de midi fut digérée pendant la pause forcée. A partir de quatorze heures, la chaleur diminua d'intensité et devint supportable. Dorlotés par le bercement des secousses, certains passagers s'essayèrent à la sieste. Ils utilisèrent les dos ou les jambes des voisins comme oreillers de circonstance. D'autres bavardaient tandis que trois ou quatre trouvèrent le moyen de jouer aux cartes. Les mauvaises langues disaient que ces amoureux du jeu passaient le plus clair de leur temps à cette occupation. On l'aurait jugée stérile si les joueurs n'avaient pas misé des sous et parfois beaucoup plus que quelques sous.

Les colportages des salles de jeux véhiculaient nombre d'histoires pittoresques. Les malchanceux, sinon les naïfs, se faisaient dépouiller. Ils mettaient en gage et perdaient leurs logements, leurs véhicules et leurs épouses. Parfois, les parties se déroulaient en plein air. La condition était que les joueurs gardassent leur calme et encaissassent le mauvais sort sans faire le pitre. Pour autant que l'on accordât quelque crédit à la médisance, on présentait ces cercles prétendument amicaux comme la pègre. Il y était question de toutes sortes de traitements. On disait que des malheureux pouvaient se retrouver nus, dépouillés de tout. Allez parler de bon sens aux cupides !

Le seul arrêt, entre le lieu de l'immobilisation involontaire du camion et le point d'arrivée, fut motivé par l'obligation de prier. La halte fut bien accueillie par les passagers. Ils en profitèrent pour se détendre les membres courbatus après plusieurs heures de route passablement chaotique. Une heure plus tard, les femmes saluèrent par des youyous l'arrivée à Dabala. En retour, les hommes poussèrent des grognements pour exprimer leur joie. Les unes et les autres formulaient ainsi leurs remerciements à l'équipage. Le chauffeur klaxonna trois fois pour signifier que le message avait été reçu sans distorsion. Les mécaniciens chantèrent à tue-tête, joignant leurs voix au tumulte.

Des curieux s'empressèrent d'envahir l'aire de stationnement. Ils bousculèrent des amis et des parents venus accueillir leurs proches. Des badauds flânaient vaguement. Des porteurs cherchaient les moyens de se payer, en cette fin d'après-midi, le pain quotidien ou de compléter la ration à rapporter au foyer. La station était bondée de monde. Cette surchauffe se produisait deux fois au cours de l'année : lorsque les enfants reprenaient le chemin du collège et au moment du départ des pèlerins pour La Mecque.

Kali observa avec circonspection le bouillonnement de la foule. Il n'avait pas de repère précis. Après avoir récupéré ses bagages, il soupira. Il s'assit à vingt mètres du camion et se mit à réfléchir. Un jeune homme faisait commerce de quelques paquets de cigarettes, de boîtes d'allumettes, de bonbons, de savons en barre ou de forme cubique, de mèches pour les lampes-tempête, de pétrole, de comprimés analgésiques, des aspirines, couramment dénommés *Aspro*[109], de pots de pommade pour protéger la peau contre le dessèchement, de flacons de parfum peu cher, de l'eau de Cologne, de cahiers d'écolier, etc. Kali évalua le fonds de commerce et l'estima à six mille cent vingt-cinq francs. Il félicita le commerçant en herbe qui ne devrait pas tarder à prospérer. Il lui suffisait de faire preuve de sérieux et d'être constant dans l'ingéniosité dont il fit preuve lors de leurs brefs échanges. Suivant la conversation, Myriam fit observer que le mérite revenait aux parents. Ils avaient procuré au commerçant la mise de départ. Le reste, dit-elle, n'est qu'un jeu d'enfants dans les circonstances d'un marché captif et de commerces nocturnes plutôt rares.

Kali s'était tu. Il était absorbé par leur prochain point de chute mais évita d'en parler à Myriam. Elle devait croire qu'une solution était à portée de main. Mais, si elle avait pu s'immiscer dans son intimité, elle se serait rendu compte de leur commun embarras. L'appel d'Al Hadj

---

[109] La marque de fabrique ou le nom commercial du produit.

les sauva du doute. Le chauffeur avait fait plusieurs fois le tour du camion, arpentant la station de long en large. En bon musulman, il avait entamé sa recherche en partant de la droite. Il se situait du côté opposé à l'emplacement du *Timbre*[110], la boutique à six mille cent vingt-cinq francs devant laquelle Kali et Myriam attendaient une solution. Après un troisième tour infructueux, il s'apprêtait à demander à un mécanicien de crier le nom de Kali. Fort heureusement, il les vit assis, devisant comme si le monde entier se pliait en quatre pour leur venir en aide. Bien qu'irrité, il dit d'un ton courtois : Rahma, ton oncle vient te chercher ; prends tes affaires et suis-moi. Kali lui fit remarquer qu'il leur fallait un coup de main, à lui et à sa sœur.

La Jeep du capitaine attendait à une centaine de mètres plus loin. L'homme était bedonnant. Il avait les poings aux hanches, le sourire large et l'œil gourmand. Ce devait être Ngar, supposa Kali. Il pensait pouvoir le débusquer parmi mille soldats. Il est à croire que tous les hommes d'arme se ressemblent, convint-il. Kali fit les présentations usuelles à cet officier qu'il rencontrait à cette occasion. Capitaine Balthazar, fit celui-ci, en s'avançant vers les deux enfants. Je t'attends depuis deux heures. De toute évidence, votre camion a connu quelques soucis. Le plus important est que vous soyez sains et saufs, conclut-il. Il fut surpris par la présence de la fillette, seul Kali était attendu. Cependant, il ne manifesta pas d'étonnement. Il servit en premier Myriam, lui prenant la valise des mains, et ordonna à Kali de se débrouiller en grand garçon. Ce qu'il fit.

La dizaine de minutes que dura le parcours entre la station et le camp militaire fut mise à profit pour décrire le voisinage. La ville, située dans une cuvette, tenait sur les deux pans d'une vallée dont le point culminant dépassait à peine trois cents mètres. Une rivière coulait nonchalamment. C'était un cours d'eau intermittent. Il grossissait pendant la saison des pluies et était en étiage huit mois sur douze. Il traversait de part en part la ville. Il servait d'abreuvoir aux animaux et de piscine à ciel ouvert aux enfants, heureux de trouver une occasion de barboter et

---

[110] Mot d'origine douteuse, sans doute une déformation de *table*. Il désigne un dispositif constitué d'une table munie d'un système de fermeture et contenant des marchandises proposées à la clientèle.

d'apprendre à nager. Il contribuait à créer un microclimat qui adoucissait la chaleur torride et introduisait une touche verte dans un paysage aride en saison sèche.

Le conducteur de la Jeep, aide de camp du capitaine, ne dit pas le moindre mot durant le court voyage. Il se contenta des salutations au moment d'embarquer ses passagers. Il répondait brièvement aux questions du capitaine. Sa formule fétiche était : *oui, mon commandant* ou *non, mon commandant*. Il prononçait ses réponses de manière ferme et sèche. Son supérieur hiérarchique se satisfaisait de cette communication limitée à sa plus simple expression. Les deux enfants écoutaient la description de la ville. De temps à autre, ils tournaient la tête à gauche puis à droite pour admirer la résidence du sous-préfet, regarder avec ravissement le collège, sourire aux salutations des gamins qui courraient derrière le véhicule. Des va-nu-pieds avaient pris l'habitude de faire une haie d'honneur au capitaine qui répondait amicalement en mimant le salut militaire.

Kali et Myriam côtoyèrent un champ de mil. Les épis ayant été récoltés, les tiges attendaient, en silence, d'être coupées pour servir à la confection des seccos et des cases. N'eût été la vigilance du propriétaire du champ, les chèvres, les vaches et les ânes errants se seraient fait un plaisir de transformer le champ en pâturage.

Un jeune homme, coureur de fond et futur décathlonien, prit en chasse la Jeep. Il était pourvu d'une cage thoracique surdimensionnée, ample tel le soufflet d'un forgeron. Sa poitrine se gonflait et se dégonflait à chacune de ses graciles foulées. La comparaison de la respiration du coureur avec un soufflet de forge n'était pas usurpée. L'outil animait sans discontinuer le foyer afin de permettre au forgeron de produire des houes et des haches, des sagaies et des couteaux de jet, des faucilles et des rasoirs, avec la même habileté. Koolu[111] demandait à ses clients de payer d'avance. En retour, ces derniers prenaient livraison d'outils à la fiabilité incontestée. Pour le capitaine, la qualité de coureur du garçon était tout aussi incontestable. Il restait à la mettre en évidence.

---

[111] *Forgeron*, en kanembu ; dans le contexte, nom masculin.

Arrivé à mi-pente, le chauffeur accéléra pour distancer le jeune homme. Le capitaine ordonna de ralentir. Le coureur rattrapa son handicap et se porta au niveau de la voiture. Balthazar lui sourit avec tristesse comme s'il se reprochait de laisser se consumer un don. Il semblait, déjà, prendre un rendez-vous pour réparer ce qui aurait été une injustice sinon une perte tout à fait évitable. Les deux complices, le capitaine et le coureur, trouvèrent matière à se flatter. Le premier pour avoir détecté dans un enfant de la rue un athlète. Le second pour avoir tenu son pari de ne guère céder plus de dix foulées lors de sa course derrière la voiture. Il courait en montant la colline et en la descendant. A quinze ans, un âge où d'autres arpentaient les cours des établissements scolaires, l'athlète eut la chance, en une après-midi de septembre, de croiser la route du capitaine. Deux ans plus tard, à l'occasion des jeux clôturant la Fête nationale, il gagnait les huit cents, les mille cinq cents, les cinq mille et les dix mille mètres en une semaine de compétition. On se demandait s'il n'eût pas enchaîné, victorieux, le marathon non inscrit au concours. Abba[112] relata, avec emphase et malice, ses exploits à travers une lettre remarquable de vérité, en dépit d'une écriture quelconque. D'ailleurs, peu lui importait la qualité du texte, il voulait transmettre ses sensations. Un intermédiaire en aurait certes affiné la forme mais non la teneur de ses sentiments. Il avait ainsi commencé sa lettre à l'attention de Kali et de Myriam : petit frère et petite sœur, c'est pour vous que je cours. Mon commandant sera content de mes résultats ... Il s'ensuivait un descriptif méticuleux sur le déroulement des courses, sur les noms des concurrents, leurs dossards et leurs réputations respectives, sur les mets, sur la qualité du service au camp d'hébergement, sur l'atmosphère fraternelle entre les participants. Il donnait un maximum de détails qui avaient agrémenté sa vie, au jour le jour, pendant les jeux. Il insistait sur sa motivation et sa reconnaissance envers le capitaine qui l'avait sorti de la précarité.

A l'arrivée au camp militaire, la séance de descente des couleurs était à peine achevée. Le clairon venait de conclure ses dernières notes. Les soldats saluèrent leur commandant avec le respect convenu et la discipline exigée. On dirigea les enfants vers leurs chambres. Avant de prendre congé, le capitaine fixa le dîner à dix-neuf heures trente minutes, foi de militaire.

---

[112] *Père,* en arabe tchadien, en kanembu et en dazzaga. Le mot peut aussi prendre le sens de *gamin ;* dans le contexte, nom masculin porté en homonymie d'un grand-père.

Les deux heures précédant le repas du soir avaient suffi pour prendre une douche et faire une petite sieste. Au réveil, les enfants partirent à la découverte de leur nouveau foyer. La résidence était une grande demeure presque vide. Hormis le capitaine, les occupants étaient au nombre de cinq : sa nièce, inscrite en classe de troisième, grande lectrice de la Bible dont elle avait fait son livre de chevet ; sa mère, âgée de soixante-dix ans. Il se sentait l'obligation de l'entraîner dans ses déplacements de garnison en garnison. Il avait mobilisé pour sa convenance une cousine qui pourvoyait aux besoins de la vieille et maintenait propres les parties de la maison non entretenues par les soldats de corvée ; un jeune homme au parfait profil intellectuel qui avait échoué chez le commandant de bataillon faute d'avoir réussi les tests d'aptitude physique. N'eût été cette défaillance, il aurait fait un bon officier ; une fille adoptive âgée de six ou sept ans. Elle avait été abandonnée nuitamment près du dispensaire. Cet événement avait jeté l'émoi et provoqué la réprobation générale dans une société où un tel acte ne s'était jamais produit auparavant. Les deux collégiens venaient ainsi compléter un foyer de six personnes. En réalité, la composition de la famille, comprise dans son acception locale, était très élastique. Le commandant comptait souvent à sa table des soldats méritants, pour les encourager ou les conseiller. Il recevait à table ou pour quelques jours des commerçants, des fonctionnaires, des enseignants, des paysans ou des représentants de l'Etat. Le responsable du district, qui, en l'absence d'élu local, faisait office de maire, déjeunait ou dînait quasi quotidiennement avec le capitaine.

Les enfants prirent leur premier repas en compagnie des six membres permanents du foyer. En limitant le nombre des couverts aux proches, le capitaine souhaitait présenter ses hôtes pour qu'ils fissent partie intégrante du foyer dès le premier contact. Leur première soirée fut animée par les contes du capitaine, les sentences tremblotantes de la mère, la poésie romantique de Ngon[113], le militaire manqué, les extraits bibliques cités à satiété par l'étudiante et les rires ravis des enfants.

Une heure après le dîner, le capitaine appela son aide de camp et réclama la radio. L'usage du téléphone était circonscrit aux seuls appels vers la capitale politique. Il réussit à établir le contact avec le lieutenant,

---

[113] *Fils* ou *enfant,* en sara ; dans le contexte, nom masculin.

commandant la Garde nationale du chef-lieu de région. Après les salutations usuelles, il demanda qu'on fît venir, prestement, le député Malla. Quelques instants plus tard, on les mit en contact radio. Le député attendait que son ami confirmât l'arrivée de Kali. La communication, pas très aisée, était réduite à l'essentiel : les enfants sont bien arrivés, stop ; accueil et prise en charge assurés, stop ; pour le reste rien à signaler, à vous. Le faiseur des lois, en dépit de son art oratoire, n'avait pas la dextérité du militaire dans le maniement de la radio. Il parvint à transmettre, tant bien que mal, l'essentiel de son message : merci, cher ami, pour le service rendu ; j'ai entendu les enfants, est-ce une erreur ? Je dis bien la fillette et le garçon, le militaire se tourna vers les enfants et s'entendit répéter les noms qu'il répercuta : Kali et Myriam, si vous voulez, sauf votre respect, honorable. Bien noté, merci une fois de plus et à très bientôt ; je ne vais pas abuser de votre temps, conclut le député en donnant du cher ami pour finir.

La conversation prit fin au bout de cinq minutes. Le capitaine marmonna quelques mots de désappointement. L'enfant ou les enfants, va savoir ce qui se passe dans la tête des hommes politiques, dit-il en raccrochant. Kali expliqua sobrement le quiproquo. Le militaire sourit, hocha la tête et laissa éclater un rire franc. Tu es un chef, mon petit, crut-il dire. Il se leva, embrassa les enfants et leur ordonna de rejoindre leur lit. Ils n'abordèrent plus jamais le sujet.

Le camp militaire était un quartier isolé. Perché au sommet de la dune, il dominait, écrasait même, de sa majesté et de ses murs hauts de deux mètres cinquante, les autres parties de la ville. Les logements y étaient construits dans un ordre précis. On trouvait en première ligne les cases des officiers puis celles des gradés, enfin les baraquements des soldats. Cet agencement et la beauté apparente du site n'impressionnèrent pas Kali outre mesure. Il se rappela que son père aurait pu faire partie de ce monde. Il eut l'impression d'un déjà vu, sans savoir exactement pourquoi.

Les deux jours qui précédaient la rentrée des classes furent mis à profit pour découvrir la ville. Kali et Myriam s'y étaient rendus à pied ou dans la Jeep. Des soldats leur montrèrent tous les recoins. Ils assistèrent, dans l'après-midi de samedi, à un match de football entre un club civil composé de joueurs des quartiers populaires et une formation militaire. Cette dernière avait pour avantage sa puissance et sa forme physique. En dépit de leur vaillance, les militaires furent défaits sur un score sans appel de quatre buts à un. Leur goal tenta, plutôt mal que bien, de boucher les espaces laissés béants par une défense qui confondait football et exercice physique. La fête, car c'en fut une, s'acheva dans l'allégresse. Un tour de ville couronna l'exploit des civils, pour la plupart des étudiants et des élèves. Les vaincus acceptèrent d'accompagner leurs bourreaux du jour. Ils s'offrirent, par la même occasion, une permission avec la bonne grâce du capitaine.

Au début de l'année scolaire, le premier jour se déroula sous un soleil éclatant. Le ciel était d'un bleu à rendre jaloux les habitants des horizons brumeux. La température se fit agréable. Kali, flanqué de Myriam et plongé dans le tumulte, sursauta au retentissement de la cloche. Un ancien du collège cria : mettez-vous en file indienne, et il trouva le moyen d'ajouter : les bleus, vous ne perdez rien pour attendre ; la brimade est pour bientôt. Tous ne saisirent pas le sens de ces paroles. La plupart parmi les nouveaux étaient émus ; certains paraissaient surpris mais tous retrouvèrent les rangs menant à leurs classes. Il y en avait quatre, soit une pour chaque niveau.

Les quatre professeurs étaient français. Ce qui ne manqua pas de surprendre Kali et de courroucer Myriam. Elle pinça son compagnon pour lui faire remarquer l'absence de femmes parmi les membres du corps enseignant. La classe de sixième avait pour professeur principal le directeur du collège. Il prononça quelques mots de bienvenue puis demanda le calme afin de procéder à l'appel : Amédée, Taddi[114], Bra[115], Charles, Clotilde, Madou[116], Sou[117], Wala[118], Guy, Myriam, Nono, Pascale et Pierre-Henry (les deux enfants du directeur), Kali et Tom. Chaque élève répondit présent à l'annonce de son nom et regagna son banc. Il fut laissé à chacun le soin de s'installer à son aise. Kali occupa la première table, juste en face du bureau du professeur. Il eut pour voisine Pascale dont le jumeau se retrouva de l'autre côté, près de la porte d'entrée, en compagnie de Myriam.

---

[114] *Pagailleur*, en dazzaga ; dans le contexte, surnom donné à un enfant turbulent.
[115] Diminutif de *Brahim*.
[116] *Demoiselle* ou *jeune fille*, en kanembu ; dans le contexte, nom féminin.
[117] *Esprit*, ou *Ange*, en sara ; dans le contexte, nom masculin.
[118] *Pourquoi* ou *quoi*, en kanembu ; par extension *celui qui rouspète*, *une personne rebelle* ; dans le contexte, nom masculin.

Kali se saisit du calme relatif qui suivit l'appel pour explorer ses souvenirs. Ses idées voguèrent de Max à Walè, de Hanna à Najma, de Rahma à Ngar. Il visita des fragments de vie et un résumé de son histoire personnelle. Il en tira une synthèse de bon sens qu'il résuma ainsi qu'il suit : chacun construit sa trajectoire ; la mienne est en point de mire ; le monde appartient aux optimistes et Dieu est avec les patients[119]. Le fourmillement d'idées qui traversait son esprit était à l'opposé de son souhait de s'en tenir à cette maxime. Ses cogitations s'envolèrent loin de la classe de quinze d'élèves qui disposaient de beaucoup plus d'espace qu'il n'en fallait pour loger le double des effectifs.

Kali s'interrogea sur la raison justifiant une telle rigueur sélective pour l'entrée en sixième. Eu égard à la capacité des infrastructures, cette drastique limitation ne s'imposait pas. Cela l'attrista. Beaucoup plus tard, il comprit que d'autres critères présidaient à ce choix. On triait sur le volet une petite quinzaine d'élèves méritants mais privilégiés pour rejoindre le collège. Pourtant, compte tenu du nombre des candidats, quatre cents, on pouvait s'attendre à voir entrer au collège une bonne centaine d'élèves. Les besoins du pays en personnel d'encadrement méritaient des choix plus audacieux en matière de scolarisation et de formation. Le corps enseignant composé d'expatriés illustrait la myopie du ministère chargé de l'Education et de l'alphabétisation. Même si ses prérogatives n'incluaient pas l'enseignement secondaire, la question de la pertinence du système de formation restait posée.

Kali n'eut pas le temps d'épiloguer davantage. Il arrêta ses réflexions et emboîta le pas aux autres élèves. Il se mit en situation de prendre son premier cours qui portait sur la grammaire moderne. De retour à la maison et après avoir plutôt bien vécu cette première journée, il entama une lettre à l'adresse de sa mère mais destinée à l'ensemble de la famille. Il voulait tout raconter. Voyant la vacuité et la vanité d'une pareille tentative, il se résolut à écrire l'essentiel : son arrivée, son installation et le début des cours. Il acheva la missive par une réflexion prémonitoire qu'il conclut par ces termes : vu la facilité avec laquelle toutes mes entreprises trouvent une fin heureuse, je crains d'être happé au point que même notre séparation me paraisse supportable. Retiens, maman, qu'en dépit de la distance qui nous sépare et des occupations qui pourraient

---

[119] Kali fit usage de la formule coranique incitant à la patience : *in Allah maalsabirin*.

imposer des sacrifices, je conserverai toujours de toi l'image d'une mère douce et d'une femme à nulle autre égale. Tu as été un modèle et tu demeureras une référence. Je tâcherai de garder, ma vie durant, le premier des enseignements que tu m'as prodigués, celui de respecter et d'aimer l'autre. Je serai toujours avec toi, où que je me trouve. Maintiens une place spéciale pour moi dans ton cœur et dans tes prières. Je te porterai pour toujours dans le tréfonds de ma mémoire. La route est longue, la voie est claire, Dieu est le plus grand. A bientôt !

Récits, Mémoires, Témoignages aux éditions L'Harmattan

Dernières parutions

ATOUT-CHŒUR
Un demi-siècle de direction chorale – Entretiens avec Jacqueline Heinen
Heinen Jacqueline, Rebut Jean-Louis
Après avoir dirigé des chœurs, dont nombre qu'il a créés, et enseigné la musique à Genève, Jean-Louis Rébut, passionné de chant grégorien et polyphonique, est Maître de Chapelle en Bourgogne. Quand il dirige, il partage avec choristes et public l'histoire des musiciens et l'expressivité des écoles flamande et italienne. Il livre ici les qualités essentielles pour un chef de chœur, la satisfaction retirée de ses tournées à l'étranger, la fierté d'avoir vu certains élèves devenir des solistes renommés ou suivre sa trace.
(Coll. Graveurs de Mémoire, 12.50 euros, 108 p.)
ISBN : 978-2-343-05667-8, ISBN EBOOK : 978-2-336-37026-2

FLEURIS LÀ OÙ DIEU T'A SEMÉ
Histoire d'une vie
Dhejju Mgr Léonard
Le récit de Mgr Léonard plonge ses racines dans la foi chrétienne que l'enfant a rencontrée dès les premières années de sa scolarité, grâce aux missionnaires Pères Blancs qui ont fondé en Ituri l'Église Catholique, dans laquelle il est devenu prêtre puis évêque. Le lecteur cheminera avec lui tout au long des péripéties de son histoire jusqu'au grand drame peu connu, qui a profondément blessé les populations de l'Ituri ces dernières décennies.
(Coll. Graveurs de Mémoire, série Récits de vie / Afrique centrale, 25.00 euros, 256 p.)
ISBN : 978-2-343-05044-7, ISBN EBOOK : 978-2-336-36865-8

UN REGARD DE HAUTE-BRETAGNE
Une enfance à la Roche aux fées
Beuchée Laurent
Laurent Beuchée évoque dans ce livre les faits et anecdotes qui ont jalonné son parcours d'élu local et d'exploitant agricole. C'est son attachement au monde rural et son goût du partage qui l'ont poussé à écrire ce recueil fait de pensées, d'interrogations, rassemblant ses convictions et ses doutes sur notre société et sur la vie.
(Coll. Rue des écoles, 19.50 euros, 212 p.)
ISBN : 978-2-343-05033-1, ISBN EBOOK : 978-2-336-36857-3

LE SOURIRE DU PÈRE
Un souvenir d'enfance à la Libération
Duhameaux-Lefresne May
64 ans après la Libération, l'auteur est partie fouiller les Archives à Lille, Roubaix et Lewarde à la découverte de l'action héroïque de l'ingénieur en chef des mines de charbon du Nord-Pas-de-Calais. Elle n'a jamais oublié l'instant où, à six ans, sur le balcon de l'Hôtel de ville de Béthune, elle vit son père se tenir à côté d'un inconnu, le général de Gaulle. Malmenée par la vie, elle n'a jamais pu élucider le mystère de cette apparition jusqu'au jour où elle se lança dans cette quête de vérité.
(Coll. Rue des écoles, série Récits, 16.50 euros, 160 p.)
ISBN : 978-2-343-05471-1, ISBN EBOOK : 978-2-336-36977-8

LES TRIBULATIONS D'UN TECHNOCRATE EUROPÉEN
Récit
Renauld Patrick
«Je suis là pour promouvoir et défendre des valeurs européennes comme la légalité, l'état de droit, le respect de la dignité humaine par exemple». Combattre l'obscurantisme européen et oriental à coups d'utopies. Ce récit est l'histoire d'un mec, technocrate mais pas complètement. C'est l'histoire d'une Europe qui défend la dignité et la justice, qui est fière et encore respectée pour cela dans les pays du Proche Orient.
(21.00 euros, 212 p.)
ISBN : 978-2-343-05436-0, ISBN EBOOK : 978-2-336-36868-9

L'AVENTURE DES SURFS
Souvenirs d'un groupe vocal malgache
Rocky A. Harry Rabaraona
L'auteur de ce récit a fait partie du groupe mythique originaire de Madagascar, les Surfs, qui fit carrière jusqu'en 1971, date de leur séparation. En tournée avec Sheila pour trente spectacles, ce groupe vocal formé de quatre frères et deux sœurs Rabaraona, va connaître le succès aux côtés des nombreuses stars de la chanson française des années 60. C'est leur histoire et celle de l'un des protagonistes qui nous est racontée ici enrichie des anecdotes les plus savoureuses.
(Coll. Graveurs de Mémoire, 28 euros, 286 p., novembre 2014)
EAN : 9782343047560 EAN PDF : 9782336362618

IL FAUT QUE JE RACONTE
Conversations avec son fils, Pierre Aron - Récit
Edith Aron
Une vieille dame octogénaire et devenue aveugle raconte à son fils aîné sa vie au sein d'une famille juive de Berlin, au XXe siècle, entre fuite, émigration en France, misère, lutte pour la survie, nouvelle guerre, occupation, fuites répétées, arrestation, camps en France, père et mari morts en déportation, suicide de sa mère, assignation à résidence et enfin libération, en 1944. Une femme pour qui le combat continuera au service de ses enfants, des personnes déplacées et des jeunes rescapés du désastre jusqu'à ce que l'épuisement l'oblige à arrêter.
(Coll. Rue des écoles, 33 euros, 454 p., novembre 2014)
EAN : 9782343040899 EAN PDF : 9782336362144

UN JEUNE BRETON DANS LA GUERRE
Raymond Jaffrézou
Dans ce récit relatant les souvenirs de guerre d'un jeune garçon vivant avec ses parents dans une ferme du bocage breton, on sent que le jeune spectateur a vécu intensément les événements qu'il rapporte. Il veut les faire partager et laisser un témoignage poignant de ce que fut réellement la guerre 1939-45 dans son terroir natal des Côtes-d'Armor. Il insiste sur la dureté de l'existence, les privations, la peur, le rationnement, sans omettre les exactions des occupants et des résistants.
(Coll. Graveurs de Mémoire, 16,5 euros, 164 p., décembre 2014)
EAN : 9782343045450 EAN PDF : 9782336362786

LES SEIGNEURS DU CHÂTEAU
Souvenirs d'un réfugié hongrois en Alsace
Georges Ferdinandy – Texte révisé par Marc Sénéchal
Le premier soulèvement contre l'empire soviétique, la révolution hongroise de 1956, aura bientôt 60 ans. Après l'échec de la révolte, quatre-vingts jeunes Hongrois trouvèrent asile à Strasbourg. Avec les yeux de la maturité, c'est leur histoire que relate l'auteur, un ancien du Château de Pourtalès. Comment ont-ils vécu ces premières années d'exil ? Que sont-ils devenus ? Tout au long de cette chronique, on découvre peu à peu le portrait de ces jeunes dont le sort s'est joué ces années-là le long du Rhin.
(Coll. Graveurs de Mémoire, 19 euros, 194 p., novembre 2014)
EAN : 9782343047225 EAN PDF : 9782336362076

VALEUREUX PAYSANS DU HAUT BOCAGE VENDÉEN
Ces géants qui m'ont précédé
Marc Girard

En évoquant la vie de ses ascendants, François et Francis, l'auteur nous dépeint des paysans rudes et généreux, des hommes humbles et dignes, des travailleurs vaillants et infatigables, rivés à cette terre du Haut Bocage vendéen. C'est là, en effet, aux Landes-Génusson, une petite cité du canton de Mortagne-sur-Sèvre située entre Les Herbiers et Montaigu, qu'ils vécurent l'un et l'autre tout au long du XXe siècle, au lieu-dit Le Plessis.
(Coll. Rue des écoles, 15 euros, 174 p., décembre 2014)
EAN : 9782343043814   EAN PDF : 9782336363073

UNE VIE
Fernand Sage, notre Papé
Jean Le Bot, Pierre Sage

Fernand Sage a vécu les formidables transformations de la société française à travers les grands progrès technologiques et deux guerres mondiales. Avec le regard de Jean Le Bot, il nous devient familier tant les diverses anecdotes, demeurées 60 ans après intactes dans la mémoire de l'auteur, semblent avoir eu lieu hier. Du bassin d'Arcachon au Havre de Rothéneuf, en passant par Verdun, Hédé, Paramé et Saint-Malo, ce témoignage offre de nombreuses images de la France d'autrefois.
(21 euros, 170 p., novembre 2014)
EAN : 9782343045870   EAN PDF : 9782336362410

VOL AU-DESSUS DES BIDONVILLES
Parcours d'une femme des Aurès à Paris (1957-2010)
Akila Hadjadj

«Voici le journal d'une femme d'aujourd'hui, riche d'une expérience peu commune, ayant traversé plusieurs vies contrastées. C'est l'histoire d'une petite fille algérienne de 6 ans née sous le signe de la baraka, dont l'enfance insouciante fut brutalement interrompue par une guerre cruelle et un exil déboussolant» (Extrait de la préface de Catherine Serrurier).
(Coll. Rue des écoles, 17 euros, 172 p., novembre 2014)
EAN : 9782343039626   EAN PDF : 9782336360171

LES CAHIERS D'IDA
Mémoires d'une jeune femme juive, de la Pologne à la France dans la première moitié du XXe siècle
Ida Spitzberg
Traduit du yiddish par Jean Spector

La voix de sa grand-mère Ida c'était le yiddish ; en lui remettant ces cahiers, écrits semble-t-il d'une traite et sans ponctuation, son petit-fils, Daniel Haber, croit avoir compris qu'Ida, cachée à Varenne, en 1944, son mari déporté, recherchée sans cesse par les polices française et allemande, avait été saisie par une sorte d'urgence d'écrire tout ce qu'elle pouvait avant d'être arrêtée. Grâce à cette traduction son passé redevient héritage, un dernier cadeau inestimable.
(22,5 euros, 272 p., octobre 2014)
EAN : 9782343030203   EAN PDF : 9782336358376

CHEZ LA TARDIVE, UNE AMITIÉ INACHEVÉE
Régions : Auvergne, Champagne, Languedoc-Roussillon
Gérard Quesor

J'ai écrit ce livre pour oublier le regard que Pierre, mon copain d'enfance, m'a adressé du fond de son lit d'hôpital où je lui rendais une visite longtemps différée. Je savais, et il ne l'ignorait sans doute pas lui aussi, que c'était une des dernières. Tous deux fils de la guerre nous resterons amis jusqu'à sa mort dramatique.
(Coll. Graveurs de Mémoire, série Récits de vie / France, 25 euros, 304 p., octobre 2014)
EAN : 9782343040875   EAN PDF : 9782336358864

GRANDEURS ET SERVITUDES SCOLAIRES
Itinéraire passé et réflexions présentes d'un professeur
Andrée Walliser
Comment l'évolution de l'enseignement en France, des lendemains de la guerre à nos jours, peut-elle être appréhendée à travers un parcours à la fois banal et singulier d'élève, d'étudiante et de professeur ? Une scolarité commencée dans une ville de province et poursuivie à l'Université de Strasbourg fait revivre une époque trop souvent idéalisée, puis, de nombreuses expériences pédagogiques en tant que professeur permettent d'élaborer une fresque contrastée du système éducatif.
(Coll. Graveurs de Mémoire, 20 euros, 208 p., octobre 2014)
EAN : 9782343043258 EAN PDF : 9782336358895

LES MASQUES SONT SILENCIEUX
Chronique familiale au fil du XXe siècle – Récit romancé
Martine Merlin-Dhaine
Ce récit romancé est l'histoire d'une famille du Nord de la France, sur trois générations, au travers des parcours de vie noués aux grands mouvements de l'Histoire qui ont marqué cette région. C'est Anne, enfant de cette lignée, qui questionne les absents pour tenter de suivre au plus près ces fragiles humains de bonne volonté ballottés dans les tourments du XXe siècle.
(Coll. Rue des écoles, 20,5 euros, 238 p., octobre 2014)
EAN : 9782343043586 EAN PDF : 9782336358994

DU MAQUIS CREUSOIS À LA BATAILLE D'ALGER
Albert Fossey dit François - De la Résistance à l'obéissance
Christian Penot
Préface de Laurent Douzou ; postface de Guy Pervillé
Nous découvrons ici le parcours atypique d'Albert Fossey. Destiné à la prêtrise, sa personnalité et la Seconde Guerre mondiale ont bouleversé son parcours. Engagé dès 1941 dans la résistance creusoise, il en devient chef militaire en 1944 et sera fait Compagnon de la Libération. Son entrée dans l'armée professionnelle remet en cause ses choix d'avant-guerre. Devenu officier parachutiste, il connaîtra tous les champs de bataille de l'Indochine à l'Algérie jusqu'à sa mort en 1958.
(Coll. Graveurs de Mémoire, 33 euros, 328 p., septembre 2014)
EAN : 9782343041742 EAN PDF : 9782336356716

ENTRE DEUX LONGS SILENCES
Récit
Galatée Dominique Hirigoyen
Au fil des pages de ses souvenirs d'adolescente solitaire, rêveuse et révoltée, l'auteure évoque la relation avec sa mère, rendue plus difficile par sa perte d'autonomie et son entrée tardive en maison de retraite, et celle avec son père, timide et réservé, dont la réminiscence est à la fois douloureuse et lumineuse. Elle met ainsi en avant la préoccupation partagée par de nombreux adultes qui doivent gérer la fin de vie parfois complexe de leurs parents.
(Coll. Rue des écoles, 24 euros, 292 p., septembre 2014)
EAN : 9782343042411 EAN PDF : 9782336356310

GILBERT PÉROL
Un diplomate non conformiste
Huguette Pérol
Si les écrits de Gilbert Pérol, ici réunis et présentés par son épouse, méritent de retenir l'attention, c'est d'abord parce que cet ambassadeur de France accomplit ses missions en un temps où se produisaient dans le monde de grands évènements, mais aussi parce que ce «diplomate non conformiste» était un homme libre, aussi exigeant envers lui-même qu'attentif et accueillant aux autres. Il contribua au développement des relations entre la Chrétienté et l'Islam. Son message reste d'une grande actualité.
(Coll. Graveurs de Mémoire, 30 euros, 312 p., septembre 2014)
EAN : 9782343038094 EAN PDF : 9782336355265

L'HARMATTAN ITALIA
Via Degli Artisti 15; 10124 Torino

L'HARMATTAN HONGRIE
Könyvesbolt ; Kossuth L. u. 14-16
1053 Budapest

L'HARMATTAN KINSHASA
185, avenue Nyangwe
Commune de Lingwala
Kinshasa, R.D. Congo
(00243) 998697603 ou (00243) 999229662

L'HARMATTAN CONGO
67, av. E. P. Lumumba
Bât. – Congo Pharmacie (Bib. Nat.)
BP2874 Brazzaville
harmattan.congo@yahoo.fr

L'HARMATTAN GUINÉE
Almamya Rue KA 028, en face
du restaurant Le Cèdre
OKB agency BP 3470 Conakry
(00224) 657 20 85 08 / 664 28 91 96
harmattanguinee@yahoo.fr

L'HARMATTAN MALI
Rue 73, Porte 536, Niamakoro,
Cité Unicef, Bamako
Tél. 00 (223) 20205724 / +(223) 76378082
poudiougopaul@yahoo.fr
pp.harmattan@gmail.com

L'HARMATTAN CAMEROUN
BP 11486
Face à la SNI, immeuble Don Bosco
Yaoundé
(00237) 99 76 61 66
harmattancam@yahoo.fr

L'HARMATTAN CÔTE D'IVOIRE
Résidence Karl / cité des arts
Abidjan-Cocody 03 BP 1588 Abidjan 03
(00225) 05 77 87 31
etien_nda@yahoo.fr

L'HARMATTAN BURKINA
Penou Achille Some
Ouagadougou
(+226) 70 26 88 27

L'HARMATTAN SÉNÉGAL
10 VDN en face Mermoz, après le pont de Fann
BP 45034 Dakar Fann
33 825 98 58 / 33 860 9858
senharmattan@gmail.com / senlibraire@gmail.com
www.harmattansenegal.com

L'HARMATTAN BÉNIN
ISOR-BENIN
01 BP 359 COTONOU-RP
Quartier Gbèdjromèdé,
Rue Agbélenco, Lot 1247 I
Tél : 00 229 21 32 53 79
christian_dablaka123@yahoo.fr

Achevé d'imprimer par Corlet Numérique - 14110 Condé-sur-Noireau
N° d'Imprimeur : 123072 - Dépôt légal : novembre 2015 - *Imprimé en France*